밑줄 쫙!
교과서 과학실험 노트

선생님이 알려 주는 초중등 핵심 과학

밑줄 쫙!

교과서 과학 실험 노트

내가 궁금한 물리

내가 궁금한 화학

내가 궁금한 생명과학

내가 궁금한 지구과학

서울과학교사모임 지음

국민출판

머리말

몇 년 전, 어느 시트콤에서 "연애를 책으로 배웠습니다."라는 장면이 나와, 참 많이 웃었습니다. 책으로만 빠삭한 연애 기술을 막상 진짜 연애에 쓰지 못하는 허점이 고스란히 드러나 웃음을 자아냈지요.

이처럼 어떤 기술이나 지식을 직접 적용해 보지 않고 이론으로만 배운다면 제대로 익히지 못하거나 현실에서 써 보기 어렵다는 사실을 누구나 알고 있을 것입니다.

우리 교육도 이론에 치우쳐 있다는 허점을 많이 가지고 있지요. 요즘 학생들은 중·고등학교 시절부터 열심히 공부해 웬만한 지식을 다 갖추지요? 생활에서 그것들을 적용해 보면 더 많은 것을 알 수 있을 텐데 실제로 그러지 못한 모습에 많이 안타까웠습니다. 저도 중·고등학교 때 정말 열심히 공부하였으나 '성적 좋은 깜깜이'라고 불리곤 하였답니다. 수많은 지식을 배웠지만 어딘가에 써 보지 못했기 때문이었지요.

그래서 과학 교사가 되었을 때 머릿속에서 맴도는 이론만 가르치기보다 학생들에게 실제로 경험해 볼 수 있는 기회들을 주자고 결심했습니다. 그 기회들 가운데 하나가 과학에서 해 볼 수 있는 '실험'이었습니다. 학생들의 지도를 위하여 미리 실험해 보면서 책에서 얻을 수 없는 경험에 즐거워하고 신기해하곤 했습니다. 그리고 학생들이 실험하는 과정을 지켜보며 다음과 같은 사실들을 깨달았습니다.

첫째, 실험을 하면 우리가 배우는 지식은 쉽게 이루어지지 않았다는 것을 깨닫고 과학자들의 노력과 수고를 생각한다는 점입니다. 이를테면 농촌에 가서 며칠 농사일을 도와준 뒤 "쌀이나 채소가 이토록 힘들게 만들어지니 소중히 다루어야겠다."라고 생각하는 것처럼 말이지요.

둘째, 무엇이든 정확하게 나오는 이론 학습과 달리 막상 딱 떨어지는 결과가 나오지 않는 실험에서 더 많이 배울 수 있다는 점입니다. 이는 모든 지식이 절대적이지 않기 때문이지요.

셋째, 이론과 다르게 나온 실험 결과나 오차는 학생들에게 "왜 그럴까? 어떻게 하면 결과가 잘 나올까? 이론이 틀리진 않았을까?"처럼 많은 생각을 갖게 한다는 점입니다. 또 새로운 시도를 하게 하기도 하지요.

넷째, 머릿속에서만 이론이 맴돌고 시험을 치른 뒤 바로 잊어버리지 않고 몸으로, 손으로 익혀 오랫동안 기억하는 데도 실험은 큰 역할을 한다는 점입니다.

실험을 다양하게 하면 이렇게 좋은 점이 많습니다.

학생들이 스스로 과학 실험을 쉽게 할 수 있었으면 하는 마음에서 이 실험 책을 냈습니다. 이 실험들은 교과서를 바탕으로 이론은 같지만 조금 다르게 바꾸어 집에서 직접 할 수 있는 실험들로 모았습니다.

학생들이 이 책으로 실험해 보고 관련 문제를 해결하며, 결론을 내보고, 배운 내용을 되짚어 보기를 바랍니다. 저절로 과학 지식이 내 머릿속과 몸속에 자리 잡을 것입니다.

서울과학교사모임 일동

목차

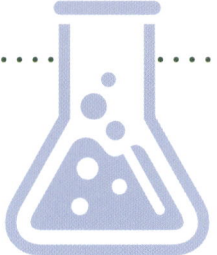

4   머리말

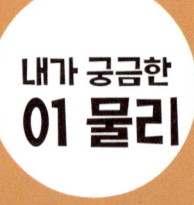

내가 궁금한 01 물리

12   물속에 들어가면 왜 몸이 가벼워지는 것 같을까? (중1 여러 가지 힘)
16   파동이 뭐야? (초3 소리의 성질, 중1 빛과 파동)
23   악기를 쉽게 만들 수 있을까? (초3 소리의 성질, 중1 빛과 파동)
31   색깔 마법사가 될 수 있을까? (초6 빛과 렌즈, 중1 빛과 파동)
35   그림자 색은 언제나 검은색일까? (초6 빛과 렌즈, 중1 빛과 파동)
40   뜨겁고 차가운 물체가 서로 만나면? (초5 온도와 열, 중2 열과 우리 생활)
46   똑같이 데우면 어느 것이 더 빨리 뜨거워질까? (초5 온도와 열, 중2 열과 우리 생활)
51   겨울날, 교실에서 발은 왜 시려울까? (초5 온도와 열, 중2 열과 우리 생활)
56   더운 여름날, 모래사장을 걷기 어려운 이유는? (중2 열과 우리 생활)
61   털옷을 입고 벗을 때 왜 따끔거릴까? (초6 전기의 이용, 중2 전기와 자기)
67   TV 화면의 먼지를 쉽게 없애려면? (초6 전기의 이용, 중2 전기와 자기)
72   선풍기 날개는 어떻게 돌아갈까? (중2 전기와 자기)
78   어떤 구슬이 컵을 더 많이 움직이게 할까? (초6 에너지와 생활, 중3 에너지 전환과 보존)

내가 궁금한 02 화학

86	공기로 총알을 쏠 수 있을까?	(초6 여러 가지 기체, 중1 기체의 성질)
91	그릇이나 동전이 스스로 움직인다고?	(초6 여러 가지 기체, 중1 기체의 성질)
96	아이스크림을 살 때 왜 드라이아이스를 넣어 줄까?	(초4 물의 상태 변화, 중1 물질의 상태 변화)
102	물질이 바뀔 때 질량이나 부피는?	(중1 물질의 상태 변화)
107	불꽃놀이의 다양한 색은 어떻게 생길까?	(중3 화학 반응의 규칙과 에너지 변화)
111	맛보지 않고 물과 소금물을 구별할 수 있을까?	(초4 혼합물의 분리, 중2 물질의 특성)
115	사인펜은 단색으로 이루어져 있을까?	(초4 혼합물의 분리, 중2 물질의 특성)
120	색동 띠를 만들 수 있는 사연은?	(중2 물질의 특성)
125	과일 주스에서 순수한 물을 얻을 수 있을까?	(초4 혼합물의 분리, 중2 물질의 특성)
130	예쁜 결정 목걸이를 어떻게 만들까?	(초5 용해와 용액, 중2 물질의 특성)
135	문지르기만 해도 형광등을 켤 수 있다고?	(중3 화학 반응의 규칙과 에너지 변화)
141	로봇의 대변신에는 질량 보존의 법칙이?	(중3 화학 반응의 규칙과 에너지 변화)
146	드라이아이스와 에탄올이면 슬러시가 뚝딱?	(중3 화학 반응의 규칙과 에너지 변화)
150	시원한 쿨 팩은 무엇으로 이루어져 있을까?	(중3 화학 반응의 규칙과 에너지 변화)
154	큰 초는 작은 초보다 언제나 오래 탈까?	(중3 화학 반응의 규칙과 에너지 변화)
158	흔들이 손난로는 왜 한 번밖에 사용할 수 없을까?	(중3 화학 반응의 규칙과 에너지 변화)
162	지하수에는 왜 비누가 잘 풀리지 않을까?	(중3 화학 반응의 규칙과 에너지 변화)

내가 궁금한
03 생명과학

168 생물은 무엇으로 이루어져 있을까? (중1 생물의 다양성)

175 쌍떡잎식물과 외떡잎식물은 뭐가 다를까? (초3 식물의 생활, 중1 생물의 다양성)

183 식물이 산소를 내뿜는다고? (초6 에너지와 생활, 중2 식물과 에너지)

189 식물의 숨구멍은 어떻게 생겼을까? (중2 식물과 에너지)

194 식물은 어떻게 수분을 흡수할까? (중2 식물과 에너지)

199 식물이 땀을 흘린다고? (중2 식물과 에너지)

204 우리는 어떻게 숨을 쉬는 걸까? (초6 우리 몸의 구조와 기능, 중2 동물과 에너지)

211 피는 무엇으로 이루어져 있을까? (중2 동물과 에너지)

217 효소가 뭐예요? (초6 연소와 소화, 중2 동물과 에너지)

222 피부에서 가장 예민한 부위는? (초6 우리 몸의 구조와 기능, 중3 자극과 반응)

227 우리 눈은 어떻게 사물을 볼까? (초6 우리 몸의 구조와 기능, 중3 자극과 반응)

234 혈액형은 왜 4개일까? (초6 우리 몸의 구조와 기능, 중3 생식과 유전)

239 DNA를 직접 볼 수 있을까? (중3 생식과 유전)

244 생물의 염색체는 왜 쌍을 이루고 있을까? (중3 생식과 유전)

254 건물에 있는 돌을 찾아보자 1 (초3 지표의 변화, 중1 지권의 변화)
258 건물에 있는 돌을 찾아보자 2 (초3 지표의 변화, 중1 지권의 변화)
263 건물에 있는 돌을 찾아보자 3 (초3 지표의 변화, 중1 지권의 변화)
267 지구 내부는 어떻게 생겼을까? (중1 지권의 변화)
275 해류는 왜 생길까? (초4 물의 순환, 중2 수권의 구성과 순환)
279 집에서 구름을 만들 수 있다고? (초5 날씨와 우리 생활, 중2 기권과 우리 생활)
284 몸이 쑤시는 이유는 날씨 탓? (초5 날씨와 우리 생활, 중2 기권과 우리 생활)
288 습도를 잴 수 있을까? (초5 날씨와 우리 생활, 중2 기권과 우리 생활)
293 지구의 크기를 잴 수 있을까? (초4 지구의 모습, 중3 태양계)
298 우리 은하는 어떤 모습일까? (초5 태양계와 별, 중3 별과 우주)
304 별의 거리는 어떻게 잴까? (초5 태양계와 별, 중3 별과 우주)
309 달은 왜 모양이 바뀌지? (초6 지구와 달의 운동, 중3 태양계)
314 멀리 있는 달은 크기를 어떻게 잴까? (초6 지구와 달의 운동, 중3 태양계)
319 시계 없이 시각을 알 수 있을까? (초6 지구와 달의 운동, 중3 태양계)
324 여름과 겨울에 낮의 길이는 왜 다를까? (초6 지구와 달의 운동, 중3 태양계)
334 태풍은 왜 돌면서 불까? (초6 지구와 달의 운동, 중3 태양계)

내가 궁금한 **물리**

> 잠깐만, 친구들!

물리학은 우리 주위에서 일어나는 다양한 자연 현상에 대한 의문을 과학적으로 탐색하고 설명할 수 있는 기본 원리를 찾아가는 학문입니다.
사과는 언제나 땅으로 떨어지는데 달은 왜 떨어지지 않을까요? 세상에 있는 다양한 소리는 어떻게 만들어지고 전달이 되어 우리가 들을 수 있는 걸까요? 하늘에서 내려치는 번개는 과연 신의 노여움 때문일까요? 주위에서 경험하는 이런 많은 자연 현상이나 궁금증을 과학적으로 관찰하고 실험합니다. 그리고 수학적 방법으로 측정하고 그 결과를 분석하지요. 이런 과정을 거쳐 자연에 있는 기본 원리나 법칙을 찾아 궁금증 해결하기, 또는 자연 현상을 이해하고 삶을 풍요롭게 하는 기술 개발에 적용할 기초 과학이 물리학이라고 볼 수 있답니다.

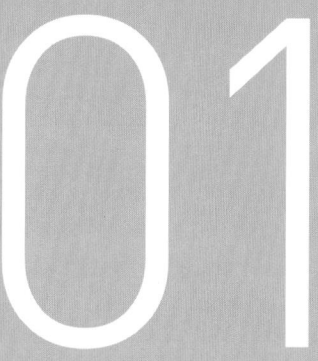

물속에 들어가면 왜 몸이 가벼워지는 것 같을까?

[중1] 여러 가지 힘

여름방학을 맞아, 난 무더위를 피해 가족과 함께 바다로 떠났어. 무더위를 잊을 만큼 시원한 바닷물에서 헤엄치며 신 나게 놀던 때였지. 그런데 이게 웬일? 잘 끼고 있던 물안경이 물속에서 빠지는 바람에 바닥으로 그만 가라앉아 버린 거야! 더 당황스러운 건 다음이었어. 모랫바닥으로 가라앉은 물안경을 집으려고 서둘러 물속으로 들어가려 했지만 헛수고였지. 생각대로 몸이 움직이지 않는 거야! 물에 들어갔을 때 물 위에 떠 있기가 어렵다고 생각했지, 물속으로 들어가는 건 쉬울 거라 생각했는데 말이야!

대체, 왜! 물속으로 들어가는 건 이렇게 어려운 걸까? 그리고 왜 몸은 가벼워지는 것 같을까?

실험

Check List
- ☐ 벽돌(아령 같은 무거운 물체)
- ☐ 비슷한 크기의 스티로폼

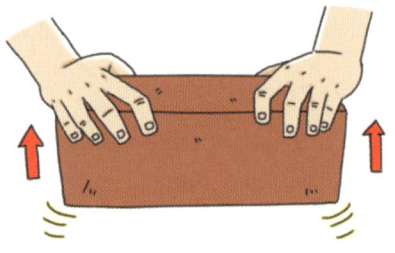

1 벽돌을 직접 들어 올리자.

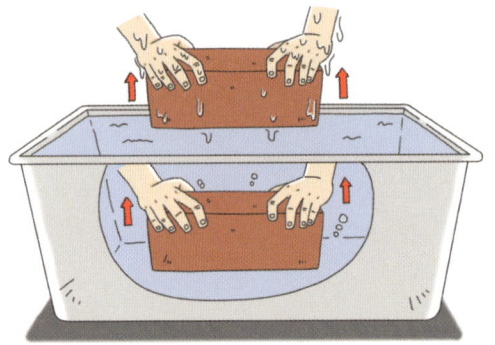

2 욕조에 가득 받은 물속으로 벽돌을 넣었다 들어 올려본다.

12 밑줄 쫙! 교과서과학실험노트

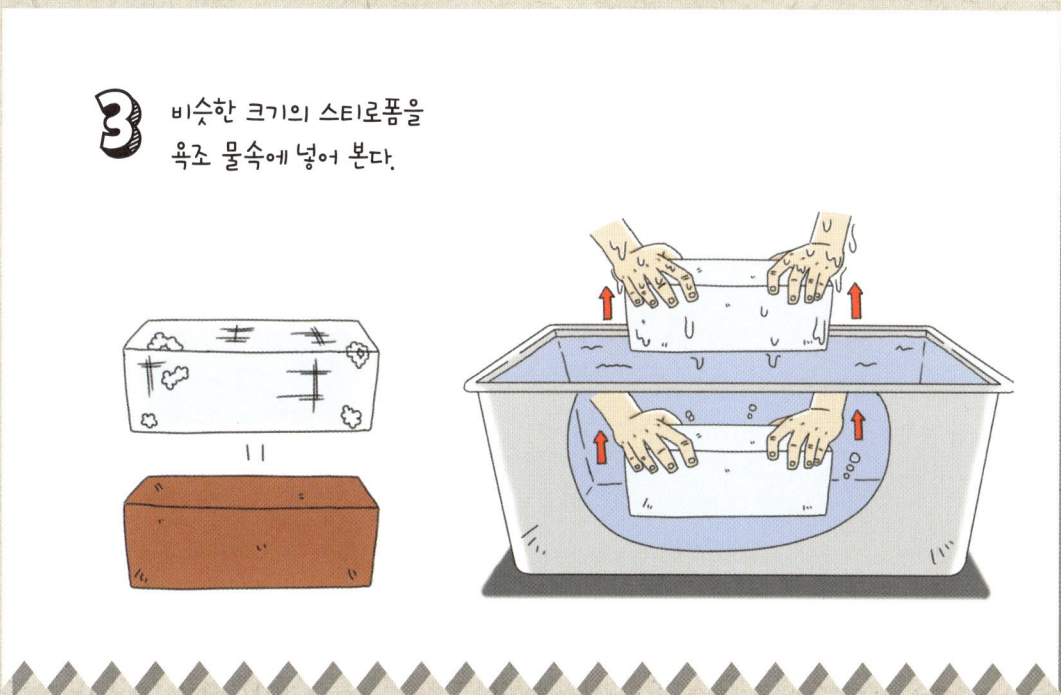

3 비슷한 크기의 스티로폼을 욕조 물속에 넣어 본다.

나만의 노트

1. 무거운 벽돌(또는 돌)을 물 안과 밖에서 들어 올렸을 때 차이는?

2. 비슷한 크기의 돌과 스티로폼 가운데 물속에 넣기 쉬운 것은? 그 이유는 무엇이라고 생각하는가?

왜 그럴까 궁금하지?

물속에서는 왜 무거운 벽돌을 쉽게 들 수 있을까?

물속에서는 무거운 벽돌이나 돌을 쉽게 들 수 있습니다.

그렇다면 물속에서 벽돌이나 돌의 무게가 바뀐 걸까요? 그렇지는 않습니다!

물속에서 물체를 들어 올릴 때 힘이 덜 들었다거나 가볍게 들어 올렸다는 것은 내 힘 말고도 물체에 작용하는 또 다른 힘이 있다는 겁니다.

물은 아래에서 위로 물체를 떠올려 주는 힘이 있는데, 이를 '부력'이라고 합니다. 물체는 지구 중심 방향으로 중력의 영향을 받아서 떨어지려는 성질이 있습니다. 그 반대 방향으로는 부력이 작용하지요. 부력과 중력의 힘겨루기에 따라 물체는 물속에서 가라앉기도 하고 뜨기도 한답니다.

돌과 코르크 마개(나무)를 예로 살펴볼까요? 코르크 마개보다 무게가 더 나가는 돌은 물속에 넣으면 퐁당 가라앉고, 코르크 마개는 물 위에 떠 있을 겁니다.

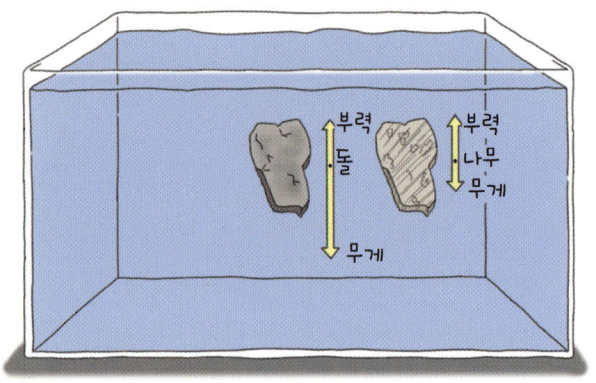

그렇다면 부력은 왜 중력과 반대 방향으로 작용하는 걸까요?

그 이유는 부력이 물의 압력 차이로 생기기 때문입니다.

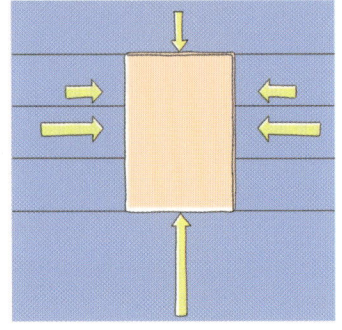

부력의 크기는 물속에 잠긴 물체의 크기와 똑같은 물의 무게만큼입니다. 그래서 무게는 증가시키지 않고 부피를 크게 하면 부력을 크게 받을 수 있습니다.

물놀이에 가서 튜브를 사용하는 것도 부력을 크게 해, 물 위에 잘 뜨기 위해서입니다. 철로 만들어진 커다란 배가 물속에 가라앉지 않고 떠 있는 이유도 배 안에 공기층을 두어 부피를 늘려서 부력을 크게 했기 때문입니다. 또 물고기는 공기주머니 '부레' 덕분에 물속에서 자유롭게 높낮이를 조절하며 움직일 수 있습니다.

개념 돋보기 🔍

아르키메데스의 놀라운 발견은?

고대 그리스의 과학자이며 수학자였던 아르키메데스는 어느 날, 왕에게 불려 갔습니다.

"내 왕관이 순금으로 만들어졌는지 알아오도록 하게!"

왕에게 이런 명령을 받은 그는 며칠을 고민했지요. 아르키메데스는 목욕하려고 욕조에 들어갔다가 우연히 물이 넘치는 것을 보고 크게 외칩니다.

"유레카 Eureka, 알았다!"

그렇게 발견한 원리가 바로 부력을 이용한 것인데요. 물체 부피를 재고 밀도를 알아내어 순금 여부를 판단할 수 있었다고 하지요.

[초3] 소리의 성질 [중1] 빛과 파동

파동이 뭐야?

주말을 맞아 친구들과 난 학교 운동장에서 축구 시합을 했어. 한창 경기하던 때,
골대에서 멀지 않은 곳에 있던 내 앞으로 공이 굴러왔어. 난 있는 힘껏 공을 찼지!
그런데 골대로 가야 할 공이 다른 곳으로 가지 않겠어?
"공이 연못에 빠졌어! 경기 타임!"
우리 학교에는 큰 연못이 있는데 다행히 공은 막대기로 끌어당기면 건질 수 있는 곳에 있었어.
그런데 어디에도 막대기는커녕 나뭇가지도 없는 거야. 고민하던 난 공 맞은편에서 돌을 던져 물결을
일으키기로 했어! 그럼 물결 움직임 때문에 팔을 뻗을 수 있는 곳까지 공이 이동하지 않을까?

실험 1 · 물결의 움직임을 살펴볼까?

Check List ☐ 오목하고 밑이 넓은 대야 ☐ 빨대 ☐ 컵 ☐ 스티로폼 조각

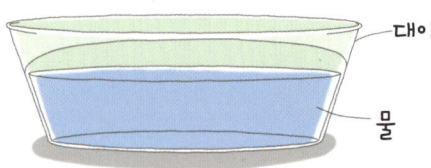

수면이 잔잔해질 때까지 기다리자!

 오목하고 밑이 넓은 대야를 준비하여 물을 담는다.

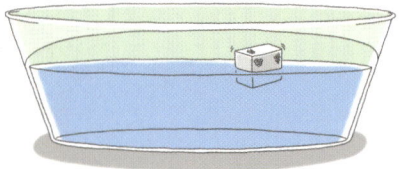

② 대야 가장자리에서 중간쯤에 스티로폼 조각을 가만히 올린다.

3 물이 담긴 컵에 빨대 아래쪽을 중간 정도 담그고 위쪽을 엄지로 막아 물을 빨아들인다.

빨대 스포이트가 되도록 한다!

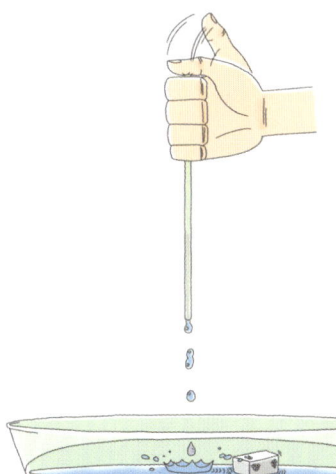

4 스티로폼 조각을 띄운 잔잔한 수면 가운데에 빨대 스포이트에서 물을 한 방울씩 떨어트린다.

※**실험 속 잠깐!**
 빨대 위를 막은 엄지를 살짝 떼었다 막으면 물이 떨어진다!

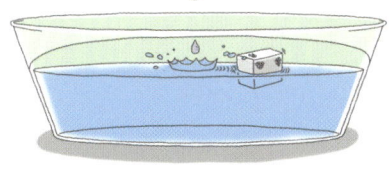

5 물결을 따라 스티로폼 조각이 움직이는지 관찰한다.

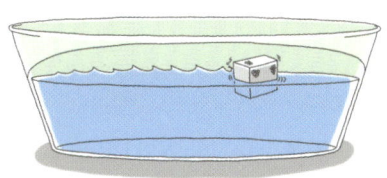

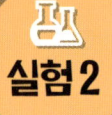

실험 2

용수철로 파동의 종류를 살펴볼까?

Check List ☐ 길이가 긴 용수철   ☐ 리본

어떤 움직임이 종파?

 용수철을 벌리고 그 가운데를 리본으로 묶는다.

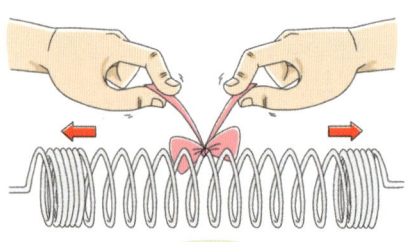

묶은 리본은 관찰 기준점이 된다.

 리본을 묶은 용수철의 한쪽 끝을 잡아 길게 늘인다.

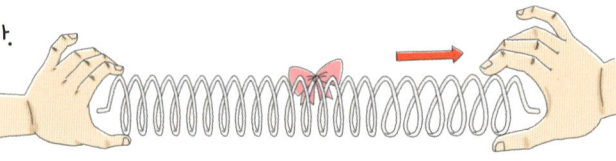

 용수철을 앞뒤로 밀어 진동시킨다.

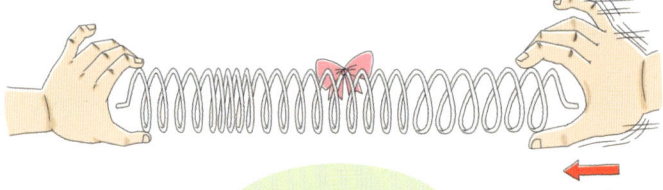

왼쪽에서 오른쪽으로 밀어도 좋다.

어떤 움직임이 횡파?

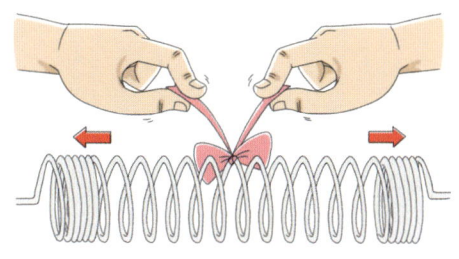

1 용수철을 벌리고 그 가운데를 리본으로 묶는다.

묶은 리본은 관찰 기준점이 된다.

2 리본을 묶은 용수철의 한쪽 끝을 잡아 길게 늘인다.

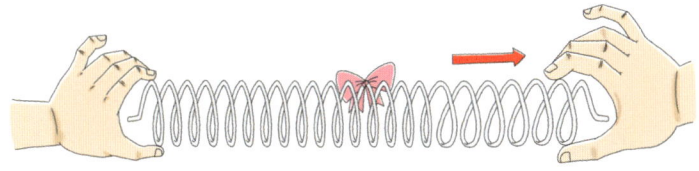

3 용수철을 위아래로 진동시킨다.

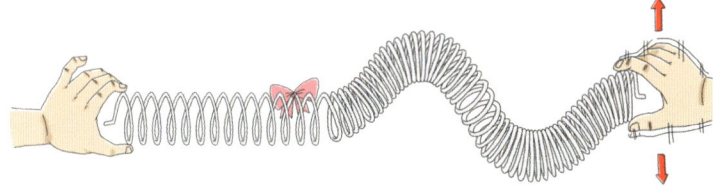

나만의 노트

1. 빨대 스포이트로 물을 떨어트리면 수면에 어떤 변화가 생길까?

    이때 스티로폼 조각 움직임은?

2. 용수철로 종파 모형을 만들었을 때 용수철의 진동 방향과 파동 진행 방향은?

3. 용수철로 횡파 모형을 만들었을 때 용수철의 진동 방향과 파동 진행 방향은?

왜 그럴까 궁금하지?
파동은 어떻게 생길까?

공장이나 주유소에서 아찔한 가스 폭발 사고가 난 뉴스를 접하곤 하지요? 이때 가까운 건물 유리창은 폭발물 조각이 날아와서 깨지는데, 멀리 떨어진 건물 유리창도 깨지는 경우가 많습니다. 가까운 건물은 그렇다 쳐도 멀리 떨어진 건물 유리창은 대체 왜 깨질까요? 바로 폭발로 생긴 공기 진동 에너지가 주변으로 퍼졌기 때문입니다.

'파동'은 어떤 곳에서 생긴 에너지가 주위로 멀리 퍼지는 현상입니다. 물에 돌을 떨어뜨리면 물이 흔들리고 이때 발생한 진동 에너지가 전달되어 물결이 생깁니다. 그러나 물은 에너지만 전달하고 직접 이동하지 않습니다. 그래서 물에 떠 있는 스티로폼이 물결을 따라 가지 않고 제자리에서 진동만 합니다. 이때 물은 진동을 전달해 주는 '매질'이지요.

파동은 그 진행 방향과 매질의 진동 방향에 따라 '종파'와 '횡파'로 나뉩니다.

종파
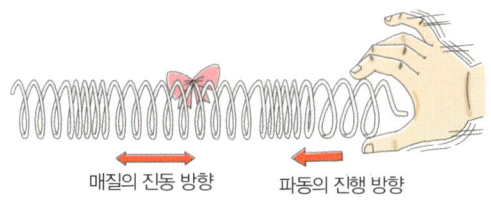

횡파
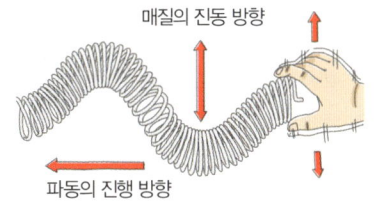

파동을 위치에 대한 변위 그래프로 표현하면 다음 그림과 같고 '파장·진폭·진동수'라는 용어로 파동의 특성을 설명합니다.

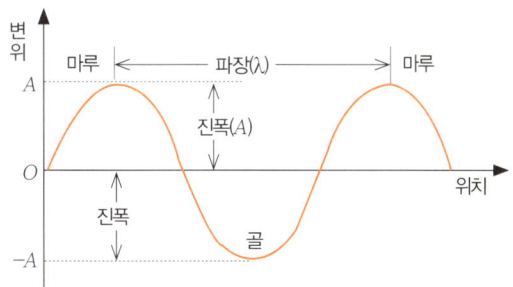

개념 돋보기 🔍
파동 한눈에 보기

	종파	횡파
뜻	파동 진행 방향과 매질 진동 방향이 나란하다.	파동 진행 방향과 매질 진동 방향이 수직이다.
보기	소리(음파), 지진파 중 P파	빛(전자기파), 지진파 중 S파

일상 속 과학 수수께끼

지구 외핵이 액체 상태라는 것을 어떻게 알았을까?

우리가 사는 곳 지구는 단단한 고체로 이루어져 있을 거라고 흔히 생각한다. 하지만! 지구를 살펴보면 그렇지 않다는 사실을 알 수 있다.

실제로 지구 내부를 이루는 외핵은 고체가 아닌 '액체' 상태를 이루고 있는데 대체 어떻게 이 사실을 알 수 있었던 걸까? 직접 지구를 뚫고 들어가서? 아니면 옛날부터 전해 내려온 지식으로? 답은 우리가 앞에서 살펴본 파동으로 알 수 있다!

🔑 Keyword 01 지진파의 종류 Keyword 02 P파, S파 특징
　　Keyword 03 물질 상태와 파동의 전달

지진이 발생하면 지진 관측소의 지진계는 아래처럼 지진파를 기록합니다. 속력이 빨라 먼저 도착한 지진파를 P(Primary 1등의)파, 속력이 느려 나중에 도착한 파를 S(Secondary 2등의)파라고 하는데요. P파는 종파, S파는 횡파랍니다.

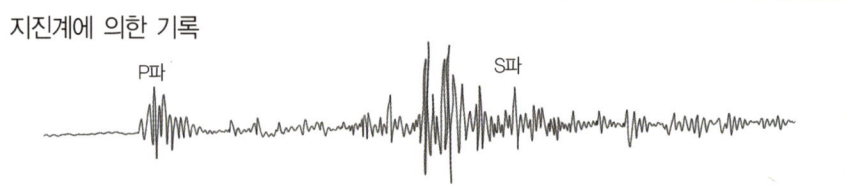
지진계에 의한 기록

아래 그림처럼 종파인 P파는 파동 진행 방향과 매질 진동 방향이 같아서 고체와 액체 그리고 기체 상태 물질을 모두 통과할 수 있습니다. S파는 파동 진행 방향과 매질 진동 방향이 수직이라 고체 상태 물질은 파동을 전달할 수 있습니다. 하지만 액체나 기체 상태 물질은 파동을 전달하지 못합니다.

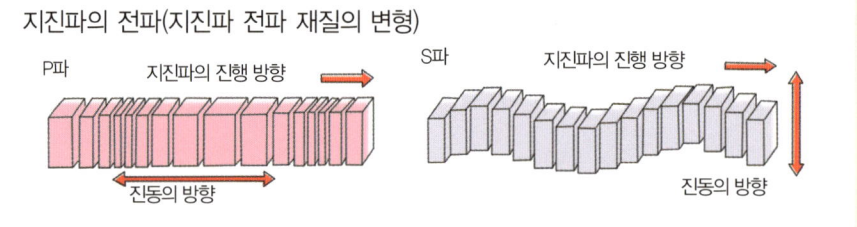
지진파의 전파(지진파 전파 재질의 변형)

과학자들은 지진파의 속력이 물질에 따라 달라진다는 사실을 알았습니다. 그리고 지진파를 이용하여 지구 내부 구조를 연구했지요. 그러다가 S파가 통과하지 못하는 구역을 발견하였습니다. 이 사실을 통해 지구 내부에 액체 상태로 이루어진 부분을 알아낸 거지요.

> **종파인 P파는 고체·액체·기체 물질 모두 통과!**
> **횡파인 S파는 고체 물질만 통과!**

악기를 쉽게 만들 수 있을까?

내가 제일 힘들어하는 음악 시간이 찾아왔어. 한 명씩 앞에 나가 자신 있는 악기로 곡을 연주하는 시험이 있는 날이었지! 앞 번호부터 순서대로 한 명씩 연주를 시작하는데, 플루트·바이올린·피아노 등으로 친구들이 하나하나 연주를 훌륭하게 마치지 않겠어? 1차 연주 시험을 마치고 돌아오는데 대체 난 무슨 악기를 연주하느냐고! 결국 난 아름다운 소리보다 독특한 악기에 무난한 곡으로 승부하기로 했어! 그리고 시험을 대비해 글라스 하프를 다룰 줄 아는 친척에게 특별 지도를 받기로 했는데. 잠깐, 그거 물 담긴 와인 잔으로 연주하는 거잖아? 그런데 어떻게 소리가 나는 거야?

|초3| 소리의 성질
|중1| 빛과 파동

서로 다른 와인 잔으로 소리 내볼까?

실험1

Check List
☐ 크기가 다른 와인 잔 각 1개

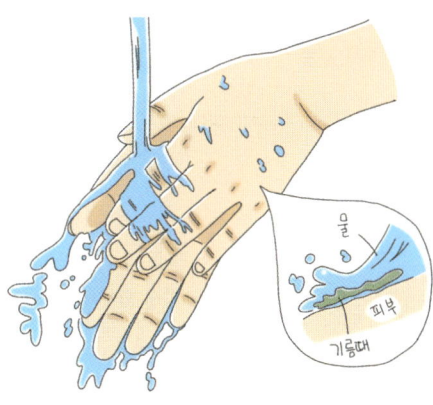

1 손을 깨끗이 씻어 손에 있는 기름기를 없앤다.

내가 궁금한 물리 **23**

2. 손가락에 물을 살짝 묻혀 크기가 작은 와인 잔 주둥이를 천천히 문지른다.

이때 소리를 들어보자!

3. 손가락에 물을 살짝 묻혀 크기가 큰 와인 잔 주둥이를 천천히 문지른다.

이때 소리를 들어보자!

담긴 물 양이 다른 와인 잔으로 소리 내볼까?

 실험2

Check List ☐ 크기가 같은 와인 잔 여러 개 ☐ 물

1. 와인 잔을 같은 크기로 여러 개 준비한다.

2. 와인 잔에 각각 물을 다르게 담는다.

3. 손가락에 물을 살짝 묻혀 와인 잔 주둥이를 문지른다.

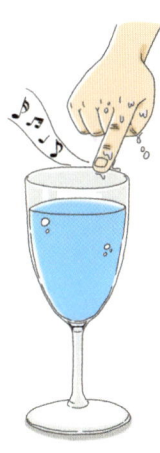  

와인 잔에 담긴 수면의 떨림과 소리를 비교하자!

리코더 대용! 빨대로 소리 내볼까?

실험 3

Check List ☐ 굵은 빨대 ☐ 가위

1 빨대의 아랫부분을 세모 모양으로 자른다.

2 세모로 잘린 부분이 잘 떨릴 수 있도록 이로 납작하게 누른다.

손으로 잘 눌러 줘도 좋다!

3 빨대에서 세모로 자른 부분을 입술에 가볍게 물고 같은 세기로 불어 본다.

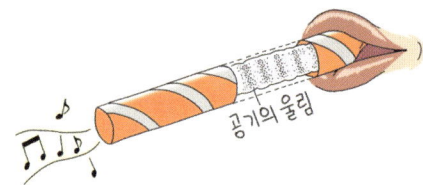

공기의 울림

※**실험 속 잠깐!**
위아래로 갈라진 빨대에서 아래를 지그시 물고 공기를 불어넣어야 소리가 잘 난다!

4 이때 빨대의 떨림을 느껴 보고 소리를 들어본다.

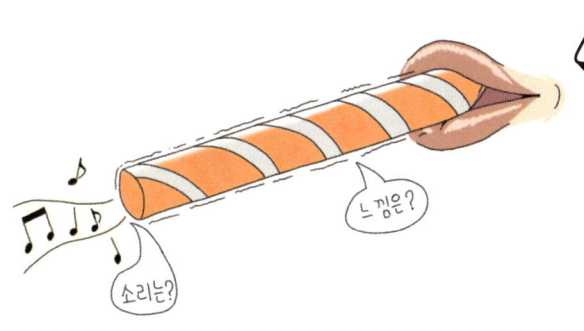

5 빨대에서 소리가 나는 쪽을 가위로 잘라 길이를 줄인다.

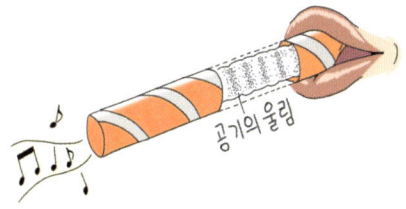

6 짧아진 빨대를 불어 소리를 내본다.

나만의 노트

1. 어떤 크기의 와인 잔에서 높은 소리가 나는가?

2. 물이 담긴 와인 잔을 문지를 때 수면은?

3. 높은 소리가 나는 와인 잔은 물의 양이 많은가? 적은가?

4. 빨대를 불 때 빨대 상태는?

5. 빨대 길이를 계속 줄이면서 소리를 내면 소리는 어떻게 바뀔까?

글라스 하프는 어떻게 소리를 낼까?

소리의 높이(진동수)	소리의 크기(진폭)	소리의 맵시(파형)
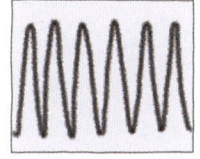 높은 소리	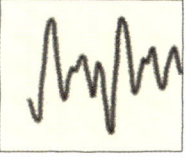 큰 소리	바이올린
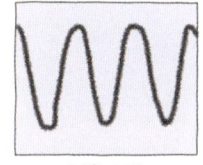 낮은 소리	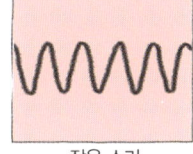 작은 소리	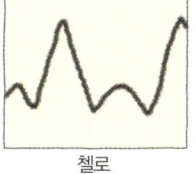 첼로

오케스트라 연주를 들어보면 다양한 악기 소리가 들리지요? 우리 귀는 이 여러 악기가 연주하는 음을 구별할 수 있습니다. 실제로 다양한 소리를 파동 분석기로 측정해 보면 왼쪽 그림처럼 분류할 수 있는데, 소리의 높이, 크기, 맵시를 '소리의 3가지 요소'라고 합니다.

소리의 높이는 음원이 1초 동안 진동하는 진동수, 소리 크기는 진폭, 음원 종류는 소리의 파동 모양인 파형 차이에 따라 달라집니다.

실험처럼 와인 잔을 문지르면 잔에 떨림이 생깁니다. 물이 담겨 있는 경우 이 떨림 덕분에 생기는 잔물결을 볼 수 있답니다. 와인 잔을 이루는 재료가 단단하고 반지름이 작으면서 두께가 두꺼울수록 높은 소리가 나는데요. 와인 잔에 물을 담으면 질량이 늘어나는 효과가 납니다. 물을 많이 넣을수록 진동수가 작아져 낮은 소리가 나지요. 물의 양을 조절하면 노래를 연주할 수 있는 재미있는 악기, '글라스 하프'가 됩니다.

반대로 빨대는 빨대 속 공기를 진동시켜 소리가 납니다. 빨대가 길어지면 공기 진동수가 작아지기 때문에 낮은 소리가 납니다. 이 원리를 이용한 악기가 '리코더'이지요.

개념 돋보기

소리의 3요소 자세히 보기

- **소리의 높이** : 파동의 진동수에 따라 다르며 진동수가 크면 소리가 높아요.
- **소리의 크기** : 파동의 진폭에 따라 다르며 진폭이 크면 소리가 커져요.
- **소리의 맵시** : 파동의 모양에 따라 다르며 악기 종류나 목소리를 구별할 수 있어요.

악기의 고음과 분류에는 어떤 비밀이?

일상 속 과학 수수께끼?

우리가 항상 듣는 음악은 다양한 악기가 모여 만들어 내는 멋진 작품이다. 각기 다른 소리로 매력 있는 음을 내는 악기들은 우리 주위에서 흔하게 볼 수 있다. 여기서 생각해 볼 수 있는 문제, 하나.
악기들만이 내는 특유의 고음은 어떤 부분을 연주할 때 나는 걸까? 또 '악기'하면 따라 붙는 현악기와 관악기, 타악기라는 이름은 어떻게 붙는 걸까?
지금부터 악기의 고음과 분류에 감춰진 비밀을 알아보자!

Keyword 01 높은 음이 날 때 와인 잔과 빨대의 특징
Keyword 02 음의 높낮이와 악기의 물리적 조건(굵기, 길이, 두께……) **Keyword 03** 진동수

바이올린과 플루트 그리고 실로폰은 우리 주위에서 쉽게 볼 수 있는 악기입니다. 이들이 내는 높은 소리도 악기 고유의 특징에 따라 참 매력이 넘칩니다. 그런데 이런 악기들은 어떤 과학적 원리에 따라 고음을 내도록 만들어진 걸까요? 먼저 실로폰을 살펴보겠습니다. 실로폰은 막대가 두드리는 금속판의 길이가 짧아질수록 고음이 납니다. 기타는 줄이 가늘거나 튕기는 줄의 길이가 짧아질수록 고음이 나지요. 팬 플루트는 관의 길이가 짧아질수록 높은 고음이 나는데요.

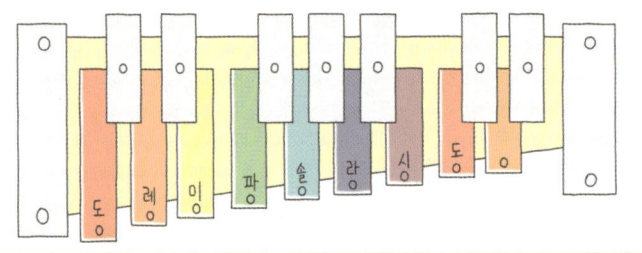

악기 공통점이 손으로 연주하는 부분의 길이가 짧고, 굵기가 다른 부분보다 가늘면 물체의 진동수가 커지기 때문에 고음이 납니다.
악기는 소리를 내는 물체나 방법에 따라 크게 '현악기줄, 관악기관, 타악기두드림'로 나누고 있어요. 그렇다면 다른 악기보다 더 흔하게 볼 수 있는 피아노는 어디에 속할까요? 사실, 현악기라고 할 수도 있고, 타악기라고 할 수도 있습니다. 소리를 내는 물체를 기준으로 하면 현악기, 소리를 내는 방법을 기준으로 하면 타악기이니까요.
피아노 뚜껑을 열어 보면 그 속에 다양한 길이와 굵기의 줄이 들어 있어요. 우리가 피아노 건반을 치면 피아노 속의 작은 망치가 움직입니다. 이 망치가 줄을 치면서 소리가 나는 거예요. 그래서 오르간이나 피아노와 같은 악기를 '건반 악기'라고 부르기도 하지요.

색깔 마법사가 될 수 있을까?

책과 문제집은 없어도 나한테 없어서는 안 될 TV! 리모컨 버튼을 눌러 TV를 켜는 순간, 온갖 볼거리들이 넘쳐난다! 무엇보다 내가 TV에 집중하고 있으면 우리 엄마는 이렇게 말씀하시곤 해.
"어이구, 흑백 TV를 사다 놓든지 해야지, 공부는 안 하고 계속 TV만 보네!"
"흑백 TV? 옛날에도 컬러 TV 아니었어?"
엄마는 옛날에는 TV가 지금처럼 알록달록한 색깔이 아니라고 하셨어. 기술이 많이 발전한 덕분에 생생한 TV를 볼 수 있다는 이야기인데, 대체 TV 속 이런 여러 가지 색깔은 어떻게 나타내는 걸까?

실험

Check List
☐ 컴퓨터 모니터　☐ 루페(또는 카메라 기능이 있는 스마트폰)
☐ 색 사인펜

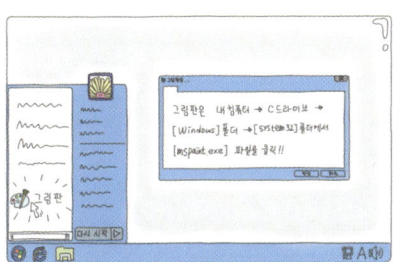

1 컴퓨터에서 그림판 프로그램을 실행한다.

※실험 속 잠깐!
그림판은 컴퓨터→C드라이브→[Window] 폴더→[system32] 폴더에서 [mspaint.exe] 파일을 클릭해도 열린다!

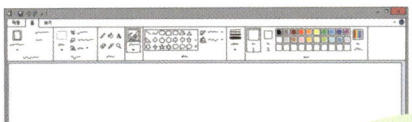

2 화면에 원하는 모양의 흰색 도형을 그리고 루페(또는 스마트폰 카메라)로 확대해 본다.

루페가 없으면 스마트폰 카메라줌 기능을 최대로 해서 화면을 관찰해 찍고 다시 확대하자.

3 빨간색, 초록색, 파란색 도형을 그려서 같은 방법으로 관찰한다.

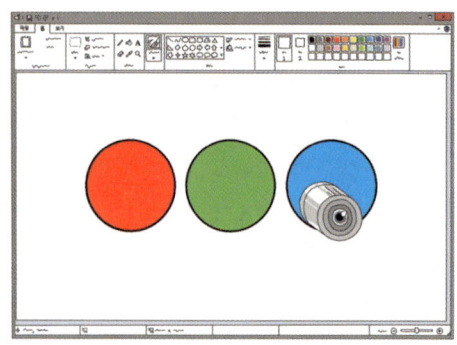

4 노란색, 자홍색, 청록색 도형을 그려서 같은 방법으로 관찰한다.

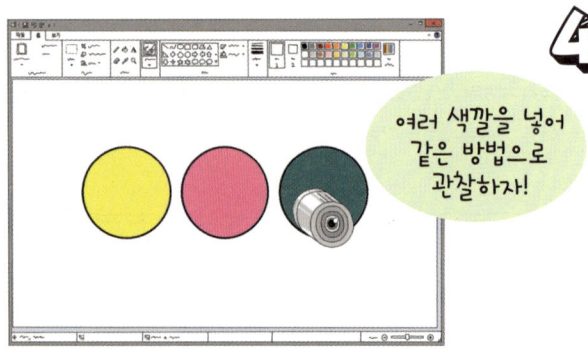

여러 색깔을 넣어 같은 방법으로 관찰하자!

나만의 노트

1. 색깔 있는 화면을 확대했을 때 볼 수 있는 모습을 색 사인펜으로 그려 보자. 컴퓨터 화면에서 다양한 색깔이 나타나는 방법을 설명해 보자.

색	빨간색	초록색	파란색
관찰한 모습			
색	노란색	자홍색	청록색
관찰한 모습			
색	흰색		
관찰한 모습			

왜 그럴까 궁금하지?
TV는 어떻게 여러 가지 색깔로 나타날까?

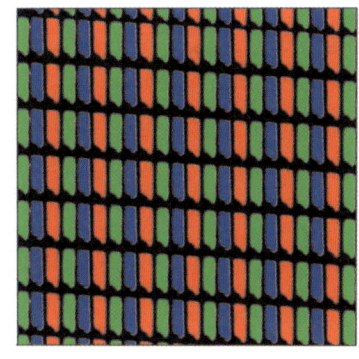

컴퓨터 화면을 보면 여러 색깔이 섬세하고 화려하게 보입니다. 화면을 루페또는 스마트폰 카메라로 확대해 보면 왼쪽처럼 작은 화소색깔점들로 이루어져 있는 것을 볼 수 있습니다.

흰색 화면을 루페로 보면 빨강Red, 초록Green, 파랑Blue 화소가 나란히 배열해 있습니다. 빨간색 화면은 빨강 화소, 초록색 화면은 초록 화소, 파란색 화면은 파랑 화소만 보입니다.

그렇다면 노란색은 어떻게 보일까요? 노란색은 빨강과 초록 화소로 이루어져 있습니다. 자홍색은 빨강과 파랑, 청록은 초록과 파랑으로 이루어져 있지요.

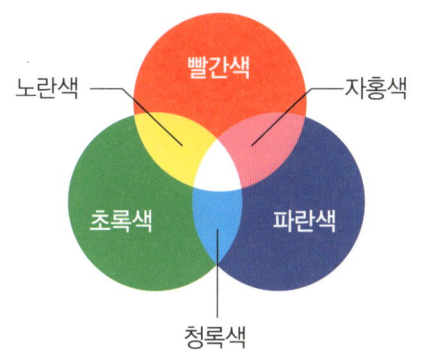

화면에서는 어떤 색깔을 보아도 이 세 가지 색으로 표현된답니다. 그래서 '빨강과 초록, 파랑'을 '빛의 3원색'이라고 합니다. 이 빛을 그림처럼 겹쳐 비춰 보면 세 가지 원색으로 만들어지는 다른 색을 확인할 수 있습니다.

결국 다양한 빛의 색은 이 세 가지 색이 만나서 이루어지는데 이를 '빛의 합성'이라고 합니다.

개념 돋보기

빛의 특징 3가지

- **빛의 3원색**RGB : 빨강Red, 초록Green, 파랑Blue
- **빛의 반사** : 물질의 경계면에서 빛이 되돌아오는 현상.
- **빛의 굴절** : 물질의 경계면에서 빛의 경로가 꺾여 들어가는 현상.
- **빛의 산란** : 빛이 물질과 충돌하여 여러 방향으로 흩어지는 현상.

일상 속 과학 수수께끼

디지털 카메라에 숨은 우리 눈의 비밀

스마트폰 다음으로 사람들이 흔히 갖고 있는 디지털 카메라. 소중한 시간을 추억으로 남기려는 사람들에게 디지털 카메라는 없어서는 안 될 물건이다.

좋은 화질로 생생하게 남기고 싶은 순간을 담는 이 디지털 카메라가 사실은 우리 신체의 어떤 부위를 본뜬 도구라면? 디지털 카메라에서도 이미지 센서는 우리 신체의 특정 부위를 본뜬 기능을 가졌다고 하는데 과연 그 부위는 무엇일까?

🔑 Keyword 01. 눈의 원뿔 세포   Keyword 02. 빛의 3원색   Keyword 03. 빛의 합성

디지털 카메라는 '사람 눈의 구조와 원리'를 응용한 도구입니다. 왜 그런지 그 이유를 살펴보기 전에, 먼저 사람 눈이 어떻게 사물과 색을 보는지 알아야 합니다.

사람 눈의 망막에는 빛의 밝기를 구분하는 막대 모양 세포와 빛의 색을 감지하는 원뿔 모양 세포가 있습니다. 원뿔 모양 세포는 빨강과 초록, 파랑 빛에 민감하게 반응합니다. 우리는 이 원뿔 모양 세포에서 받아들인 빛의 3원색 정보를 뇌에 전달하고 뇌가 이 정보를 적절히 해석해 준 덕분에 색을 알아볼 수 있습니다.

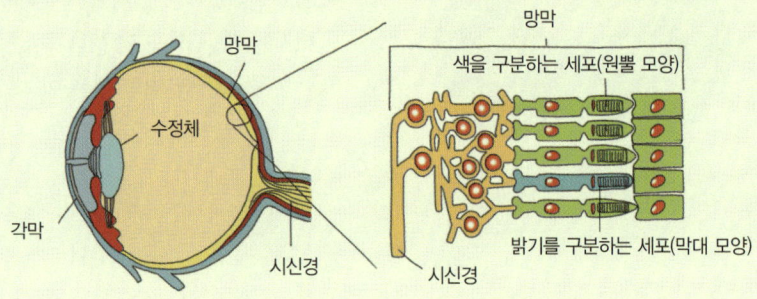

디지털 카메라는 이처럼 눈이 빛의 색에 반응하는 원리를 응용했습니다. 디지털 카메라 안에는 눈의 망막에 있는 색을 감지하는 원뿔 모양 세포처럼 빨강과 초록, 파랑의 빛을 받아들이는 작은 센서가 무수히 박힌 이미지 센서가 있습니다. 이 이미지 센서에서 빛을 받아들여 그 세기에 따라 전기적 신호로 바꾸고 조합하면 세 가지 색깔의 빛으로 여러 색깔을 가진 사진이 나오는 거예요.

> **색을 감지하는 원뿔 세포 역할을 하는 이미지 센서 덕분에 세 가지 색 빛으로 컬러 사진을 찍는다!**

그림자 색은 언제나 검은색일까?

가족과 함께 특별한 공연을 보러 간 나는 기대에 차 있었어. 그동안 자주 봐 온 배우들 모습이 그대로 나오는 뮤지컬이나 연극같은 공연이 아니었거든. '그림자 공연'이란 말에 신기하면서도 공연 시간이 오기를 기다렸지.
배우들이 옅은 천막 뒤에서 움직이니 여러 물체가 모습을 나타내더라고! 공연은 길지 않았지만 검은 그림자들이 만드는 움직임에 조금도 지루하지 않았어. 여러 배우와 물체를 비춘 다양한 색 그림자들이었는데 정말 환상적이었거든! 그런데 잠깐, 원래 그림자는 검은색 아니었나? 어떻게 그림자가 여러 번 색깔이 바뀌는 거야?

|초6| |중1|

실험

Check List
- [ ] 플래시(또는 휴대폰 플래시 앱) 3개
- [ ] 색 셀로판지(빨강, 파랑, 초록)
- [ ] 셀로판테이프
- [ ] 작은 인형
- [ ] 종이

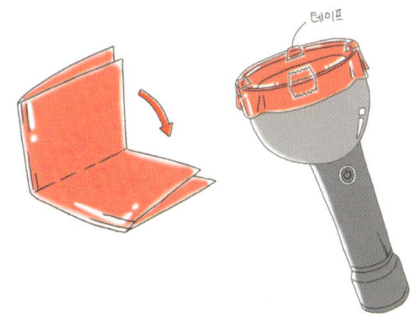

테이프

1 플래시 빛이 나오는 부분에 2겹으로 접은 빨강 셀로판지를 셀로판테이프로 붙인다.

내가 궁금한 물리 **35**

2 초록, 파랑 셀로판지도 앞 과정과 같은 방법으로 플래시에 각각 붙인다.

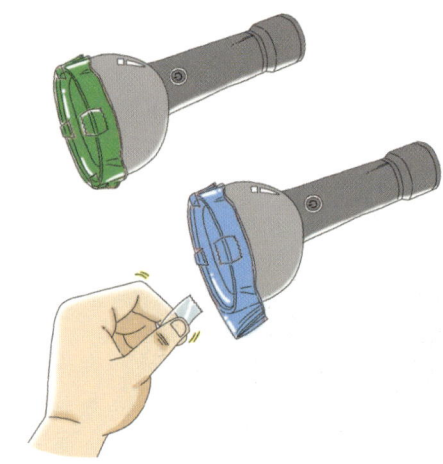

3 바닥에 종이를 깔고 인형을 놓는다.

종이는 아무것도 없는 흰 종이로!

4 인형 앞에서 왼쪽과 가운데 그리고 오른쪽에 플래시를 놓는다.

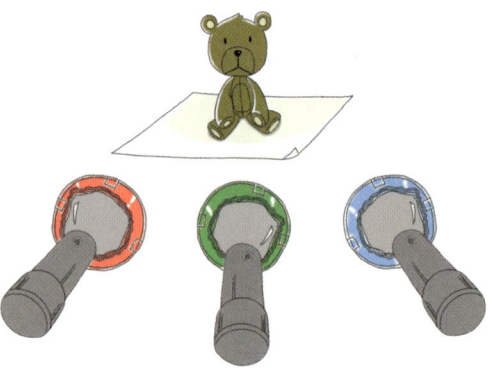

나만의 노트

1. 빨강, 초록, 파란빛을 하나씩 비출 때 그림자 색은?

2. 빨강, 초록, 파란빛을 동시에 비출 때 그림자 색은?

왜 그럴까 궁금하지?
그림자는 어떻게 여러 색이 되었을까?

플래시처럼 '광원빛을 내는 물체'에서 나온 빛은 모든 방향으로 곧게 퍼집니다. 빛이 직진하다가 불투명한 장애물을 만나면 통과하지 못해 검은색 그림자가 생기지요. 빨강, 초록, 파란빛을 하나씩 비출 때 그림자 색은 빛의 색과 상관없이 검은색입니다. 하지만 세 가지 색깔의 빛을 동시에 비추면 색깔이 있는 그림자가 생깁니다.

그렇다면 색깔 있는 그림자는 어떻게 생기는 걸까요?

아래는 각각 색깔 빛이 물체에 가려지는 영역을 나타낸 것입니다.

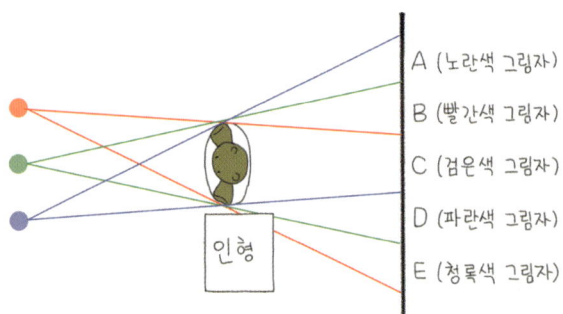 

이를테면 A 영역은 파란색 빛이 물체에 가려져 그림자가 생깁니다. 하지만 빨강과 초록은 빛이 들어오지요. 두 가지 색 빛이 A 영역에서 만나, 빛의 색이 합성되어 그림자 색깔은 노란색이 됩니다.

다른 영역도 마찬가지 원리입니다. 인형 위치를 옮기면 각 영역마다 가리는 빛과 들어오는 빛이 달라지기 때문에 다양한 색 그림자가 생길 수 있습니다.

그러므로 그림자가 검은색이라면 세 가지 색 빛이 모두 가려진 곳입니다. 반대로 흰색이라면 세 가지 색 빛이 모두 들어오는 곳이므로 그림자는 없겠지요.

일상 속 과학 수수께끼?

자연에도 색 그림자가 있을까?

프랑스에서 인상주의 화가로 유명한 클로드 모네. 우리에게는 '모네'로 잘 알려진 그는 자연을 그릴 때 밝은 광선을 나타내는 데 힘을 쓴 화가이다. 실제로 그는 물체의 원래 색이 아니라 밝은색으로만 그려 많은 비판을 받았다. 그런 모네의 작품에서는 특이한 점을 볼 수 있다. 바로 자연에 '특이한 그림자'가 있다는 점이다. 자연 물체에도 빛을 비추면 생기는 그림자가 무엇이 특이하냐고? 바로 그 그림자에 '색'이 있다는 점이다! 과연 자연 물체에 생긴 그림자도 색이 모네의 그림처럼 생길 수 있는 걸까?

🔑 Keyword 01. 빛 Keyword 02. 대기 Keyword 03. 산란

인상파 화가 모네는 그림을 그릴 때 빛 효과를 매우 중요하게 여겼습니다. 모네의 건초 더미 연작 가운데 하나인 다음 작품을 볼까요?

이 그림에서 건초 더미 그림자 색이 짙은 검은색이 아니라 푸르스름한 색이지요? 놀랍게도 이는 모네가 상상을 바탕으로 그린 그림이 아닙니다.

실제로 자연에서 색깔 있는 그림자를 관찰할 수 있는데요.

날씨가 맑고 눈이 많이 온 날, 눈 표면에 비치는 그림자 색은 약간 푸른빛입니다. 대기에 산란된 파란색 빛이 그림자 쪽으로 들어오기 때문입니다. 이 빛이 눈에 반사되어 우리 눈으로 들어오기 때문에 그림자 색은 검은색이 아니지요.

결국 모네와 인상파 화가들은 이 빛을 잘 관찰해 그림으로 표현한, 뛰어난 사람들이었지요.

> **대기에 산란된 빛이 그림자로 들어오면서 자연도 색깔 그림자를 가질 수 있다!**

뜨겁고 차가운 물체가 서로 만나면?

주말을 맞아 우리 가족은 오랜만에 시푸드 뷔페로 외식을 결정했어.
맛있는 걸 많이 먹을 수 있다는 생각에 난 들어서자마자 접시를 들었지. 자주 먹을 수 없는 음식들을 보고 욕심이 앞선 난 평소보다 많은 양을 허겁지겁 먹었어.
그날 밤. 난 속이 더부룩하면서 배가 살살 아프기 시작하더니 체기 증상을 보였어. 어쩔 줄 몰라 하는데 엄마가 들어오셔서 차가운 내 손을 꽉 잡아 주시지 뭐야? 따뜻한 엄마 손이 계속 주물러 주니 속이 편안해지는 거야! 그리고 등짝을 때리면서 하시는 말씀.
"다음부터 미련하게 먹지 마라!"
얼얼한 등과 함께 난 이런 생각이 들었어. 따뜻한 엄마 손이 어떻게 차가운 내 손을 따뜻하게 한 거지?

손가락이 어떻게 느껴질까?

실험1

Check List
- ☐ 차가운 물이 든 컵
- ☐ 따뜻한 물이 든 컵
- ☐ 미지근한 물이 든 컵

1 차가운 물, 따뜻한 물, 미지근한 물을 각각 컵에 담아 준비한다.

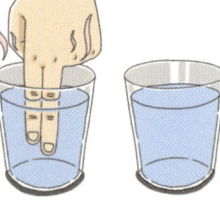

2 오른손과 왼손의 검지와 중지를 붙여 차가운 물과 따뜻한 물에 각각 넣는다.

3 10초 정도 기다리다 양손의 두 손가락을 미지근한 물에 동시에 넣는다.

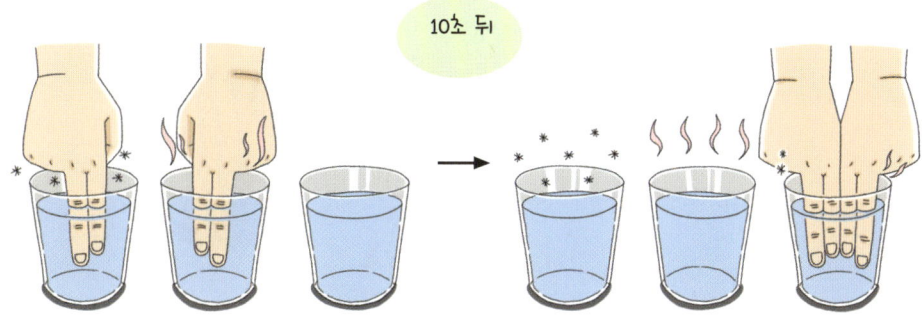

10초 뒤

온도는 어떻게 될까?

실험2

Check List
- ☐ 보온 도시락(열량계 대용) ☐ 스테인리스 컵(또는 알루미늄 컵)
- ☐ 온도계 ☐ 초시계 ☐ 뜨거운 물 ☐ 찬물

뜨거운 물

1 보온 도시락에 뜨거운 물을 넣고 디지털 온도계로 물의 온도를 측정한다.

※실험 속 잠깐!
뜨거운 물을 다룰 때는 조심하자!

2 스테인리스 컵에 찬물을 넣고 물의 온도를 잰다.

3 스테인리스 컵을 뜨거운 물이 담긴 보온 도시락에 넣는다.

4 뜨거운 물이 담긴 보온 도시락과 찬물이 담긴 스테인리스 컵에 각각 온도계를 꽂는다.

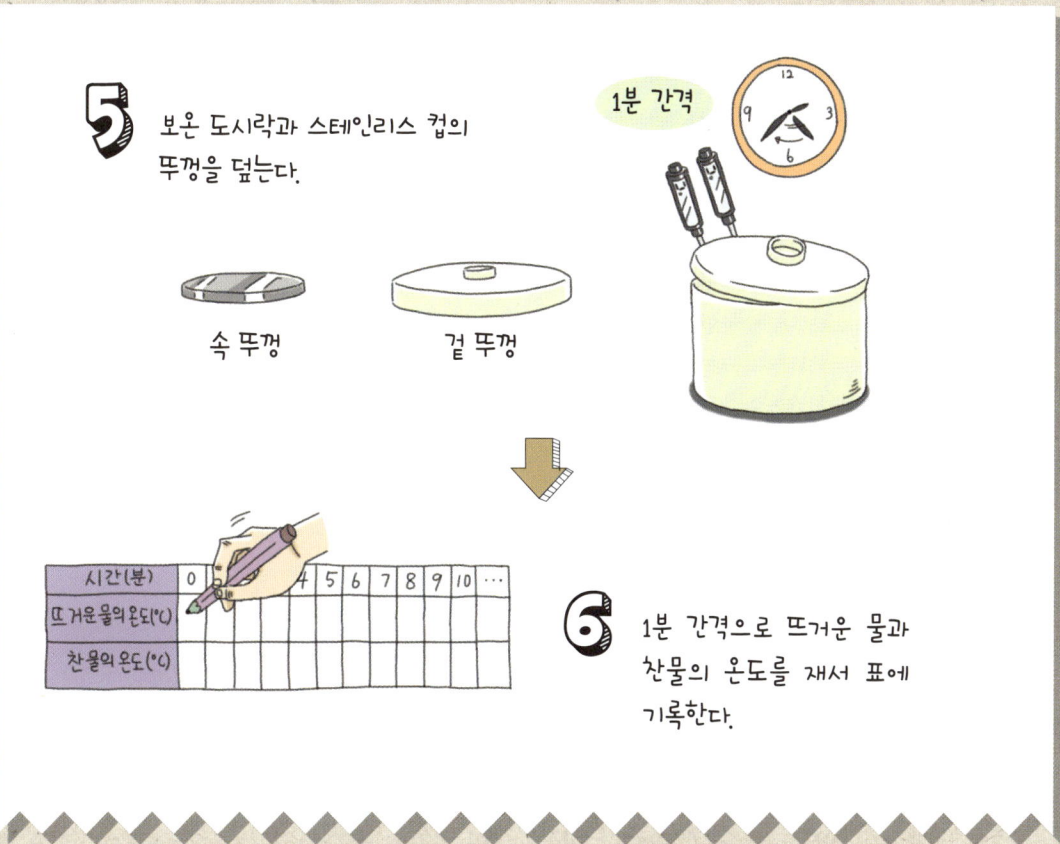

나만의 노트

1. <실험1>에서 양손의 두 손가락을 동시에 미지근한 물에 넣었을 때 왼쪽과 오른쪽 손가락의 느낌은?

2. <실험2>에서 뜨거운 물과 찬물의 온도 변화를 그래프에 그려 비교해 보자.

시간(분)	0	1	2	3	4	5	6	7	8	9	10	,,
뜨거운 물의 온도(°C)												
찬물의 온도(°C)												

3. 온도가 낮아지고 올라가는 이유는?

왜 그럴까 궁금하지?
물체의 뜨겁고 차가움을 어떻게 알 수 있을까?

물체를 손으로 만지면 피부 감각을 통해 뜨겁고 차가움을 알 수 있지만 실험에서처럼 같은 온도의 물도 다르게 느낄 수 있습니다. 그래서 객관적으로 물체의 차고 따뜻한 정도를 수치로 나타낸 것을 '온도'라고 합니다.

우리가 사용하는 섭씨온도는 물의 어는점을 0℃, 끓는점을 100℃로 놓고 그 사이를 100등분한 것입니다.

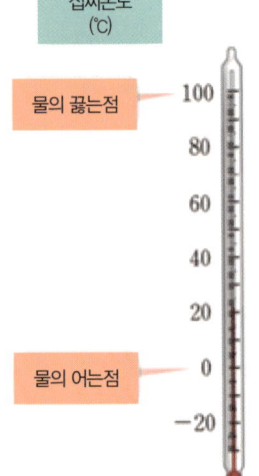

온도는 생활 속에서 매우 중요합니다. 여름철에 폭염이 지속되거나 겨울철에 한파가 있으면 면역력이 약한 노인들과 아이들은 생명에 위협을 받기도 합니다.

〈실험2〉에서처럼 스테인리스 컵에 들어 있던 물 온도는 점점 높아지고, 보온 도시락에 들어 있는 물의 온도는 점점 낮아집니다. 이렇게 서로 다른 온도의 물체와 접촉했을 때 온도가 높은 물체에서 낮은 물체로 이동하는 에너지를 '열'이라고 합니다. 열은 항상 온도가 높은 곳에서 낮은 곳으로 이동합니다. 결국 두 물체의 온도는 같아져 열의 이동이 균형을 이루는데 이를 '열평형'이라고 합니다. 두 물체의 온도가 같아진 상태는 '열평형 상태'라고 하지요. 이때 높은 온도의 물체가 잃은 열량은 낮은 온도의 물체가 얻은 열량과 같습니다.

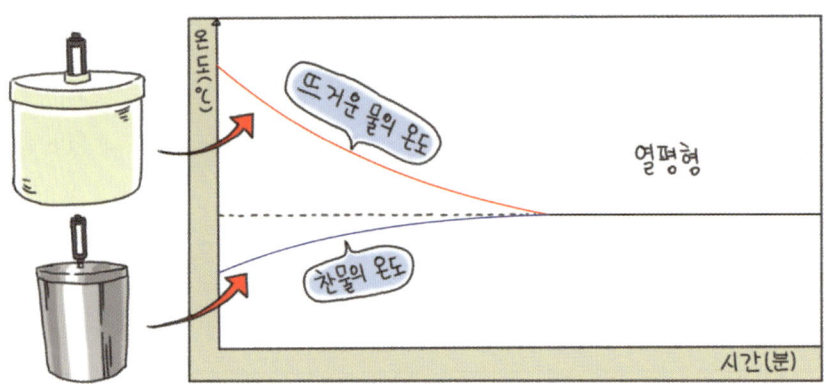

열평형을 알면 체기가 있을 때 지압하는 이유를 알 수 있어요. 흔히 소화가 되지 않을 때는 혈액이 한곳으로 몰려 손발이 차가워집니다. 이럴 때 손을 지압하면 엄마 손에 있는 열이 내 손으로 전달돼요. 그리고 혈이 자극 받아서 소화에 도움되지요.

일상 속 과학 수수께끼?

온도계는 어떻게 온도를 잴까?

여름철에도 가끔 찾아오는 손님, 감기. 여름에는 잘 걸리지 않는다는 감기지만 한번 걸리면 참 떼어 내기 힘든 녀석이다. 막상 감기에 걸리면 친구처럼 같이 오는 증상이 있으니 바로 '열'이다. 병원에서나 집에서나 꼭 필요한 온도계는 놀랍게도 환자의 몸에 들끓는 열을 정확하게 측정해 준다. 그렇다면 이 온도계는 어떤 원리를 이용했는지 알고 있는가? 앞서 살펴본 열평형을 떠올린다면 쉽게 이해할 수 있는 사실.
지금부터 열평형을 통해 온도계 측정 원리를 살펴보자.

🗝 Keyword 01. 열평형   Keyword 02. 열의 이동

우리가 체온이나 물체 온도를 재는 것은 열평형 상태의 온도를 측정하는 것입니다. 보통의 알코올이나 수은 온도계는 입에 넣거나 겨드랑이에 끼워 열평형 상태에 이를 때까지 기다렸다가 체온을 재는 것이지요. 직접 재는 과정을 살펴볼까요?
열은 높은 온도에서 낮은 온도로 이동한다는 사실을 아까 살펴봤지요? 이에 따라 온도계가 어떤 물체와 닿으면 온도계 온도는 재려는 물체 온도와 같아집니다. 이와 같은 현상이 바로 열평형 원리를 이용한 부분이라고 할 수 있습니다.

반대로 귓속형 또는 고막 체온계는 적외선을 귀에 쏜 다음 반사되는 열을 센서로 감지합니다. 파장의 변화를 온도로 바꿔 주는 방식이라 짧은 시간에 체온을 측정할 수 있지요.

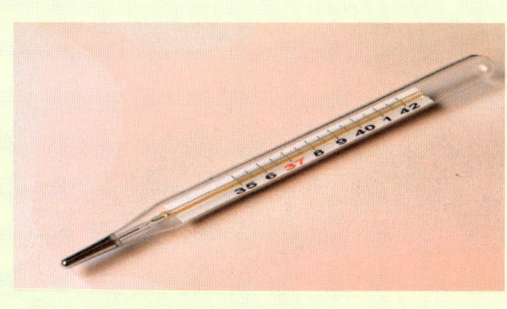

똑같이 데우면 어느 것이 더 빨리 뜨거워질까?

[초5] 온도와 열
[중2] 열과 우리 생활

과학 수업 시간. 이번엔 교실이 아닌 실험실로 이동해 실험 도구들과 함께 실습해 보는 시간이었지. 불과 삼발이와 알코올램프를 활용한 실험이었어. 수업을 마치는 종소리가 들리던 때, 다음이 점심시간이었던지라 아이들이 잽싸게 정리하고 빠져나가지 않겠어? 우리 조가 마지막까지 남자 마음이 급해진 난 삼발이로 손을 뻗었지.
"악, 뜨거!"
분명히 삼발이에서 알코올램프 높낮이를 조절하는 부위는 뜨겁지 않았는데 다리는 너무 뜨거운 거야! 똑같이 가열했는데 부위마다 왜 뜨거운 정도가 달랐을까?

실험

Check List ☐ 나무젓가락 ☐ 스테인리스 젓가락 ☐ 플라스틱 젓가락 (또는 젓가락 굵기의 플라스틱 막대) ☐ 컵 ☐ 매우 뜨거운 물 ☐ 버터

1. 컵 세 개에 뜨거운 물을 담아 둔다.

2. 나무와 스테인리스, 플라스틱 젓가락을 각각 바닥에 세우고 같은 위치에 버터 덩어리를 적당하게 올려놓는다.

※실험 속 잠깐!
젓가락들은 굵기가 비슷한 것으로 준비하자!

젓가락 세 종류를 모두 뜨거운 물이 담긴 컵에 넣는다.

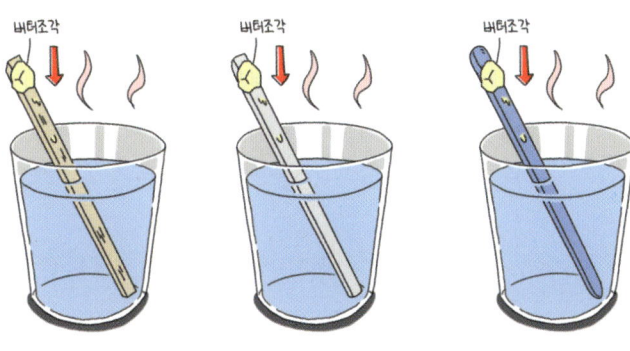

나만의 노트

1. 버터가 가장 먼저 녹은 젓가락은 어떤 재질의 젓가락일까?

2. 그렇다면 그 이유는 무엇일까?

왜 그럴까 궁금하지?
물질은 어떻게 뜨거워질까?

실험 결과, 스테인리스 젓가락에 묻힌 버터가 가장 먼저 녹았지요? 왜 그럴까요?
물체를 구성하는 알갱이들은 모두 운동하고 있습니다. 우리가 배고프면 기운이 없고 밥을 먹으면 기운이 나듯이 이 알갱이들은 에너지를 얻으면 활발히 운동합니다. 즉 물체의 한쪽을 가열하면 가열 부분이 열에너지를 얻어서 활발히 운동하고 차가운 물체의 알갱이와 충돌하면서 에너지가 이동하는 것이지요. 그런데 에너지가 이동하는 정도가 물체마다 다르답니다. 열이 잘 전달되는 순서는 다음과 같아요.

은 > 구리 > 알루미늄 > 유리 > 나무 > 코르크

이처럼 고온의 물체와 저온의 물체를 직접 접촉하거나 이들 사이에 다른 물체를 끼워 연결하면 '전도'가 일어납니다. 이는 열이 가까운 분자 사이에서 일어난 충돌로 물체를 따라 차례로 전달되는 방식을 말합니다.

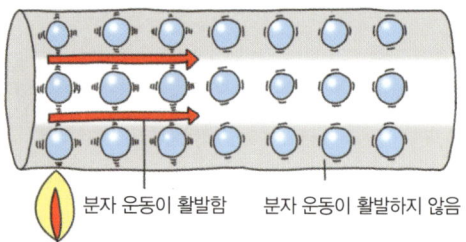

분자 운동이 활발함   분자 운동이 활발하지 않음

전도의 성질을 생각해 보면 똑같이 가열했는데 어떤 부위는 덜 뜨겁고 더 뜨거운지 잘 알 수 있습니다. 삼발이를 만들 때 손이 많이 갈, 높낮이 조절 부위는 열이 잘 전달되지 않는 물질을 이용합니다. 삼발이 다리도 안전을 위해 열전달이 적은 금속을 사용하면 좋지만 비용이 올라가기 때문에 일반 금속을 사용합니다. 따라서 삼발이로 실험할 때는 더욱 안전 수칙을 지켜야 하겠지요?

개념 돋보기

'전도'의 원리가 냄비에?

냄비에도 열전도의 과학 원리가 숨어 있다는 사실을 알고 있나요?

열전도율이 좋은 냄비를 사용하면 음식을 빨리 익힐 수 있지요. 따라서 조리에 사용하는 냄비는 음식에 열을 잘 전달하는 '금속'으로 만들어졌습니다.

반대로 손잡이는 열이 잘 전달되지 않는 플라스틱으로 되어 있어 안심하고 손으로 잡아 조리할 수 있도록 만들었지요. 냄비 받침 역시 냄비의 열이 식탁이나 밥상에 전달되지 않도록 단열재 재질을 사용합니다.

일상 속 과학 수수께끼

뽁뽁이를 붙이면 실내가 따뜻해지는 원리는?

매년 찾아오는 겨울은 유난히 춥고 길다. 나날이 떨어지는 기온에 아무리 난방을 켜도 집 안은 별로 따뜻한지 모르겠다. 무조건 난방만 튼다고 추위가 해결되지 않는다면 어떤 방법이 있을까? 바로 '뽁뽁이'를 이용하는 것이다. 일명 '에어 캡'이라고도 불리는 뽁뽁이를 붙이면 난방비까지 줄이면서 실내 온도가 적게는 2°C에서 많게는 4°C까지 올릴 수 있다는 놀라운 사실! 대체 무엇 때문에 이 뽁뽁이 하나로 집 안 온도가 높아지는 걸까?

🔑 Keyword 01. 공기 Keyword 02. 열전도율 Keyword 03. 단열 효과

뽁뽁이 덕분에 실내 온도가 높아지는 데는 다음과 같은 이유 덕분입니다. 먼저 뽁뽁이의 '형태'입니다. 살펴보면 뽁뽁이 한 면은 공기가 들어 불룩한 공 모양이고 또 한 면은 비닐이 붙어 있습니다. 공기는 유리보다 열전도율이 작은데요. 뽁뽁이의 공 모양 공기층 덕분에 열이 빠져나가지 않는답니다. 이런 점을 감안해 요즘에는 유리창도 조금 다르게 만듭니다. 열이 빠져나가거나 필요 없는 열이 들어오는 것을 막는

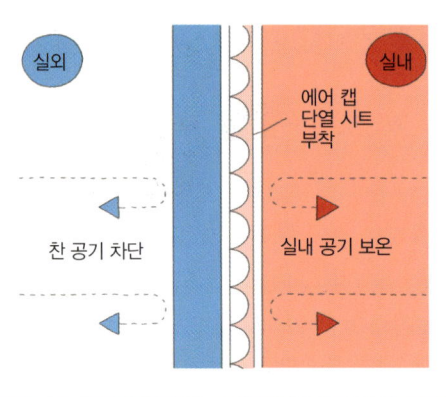

'단열 효과'를 생각해 뽁뽁이의 공 모양처럼 공기층이 있는 복층 유리를 만들지요. 결과적으로 유리창 안쪽에 붙이는 볼록한 뽁뽁이 공기층 덕분에 열전도율이 떨어져 실내 온도가 높아진다고 볼 수 있습니다.

물질의 열전도율은?

은 0.99 구리 0.92 알루미늄 0.49 철 0.17 콘크리트 0.002 유리 0.002
얼음 0.005 목재 0.0002 수증기 0.000057

비슷한 일상 속 과학 원리

1. 겨울철, 공기를 많이 포함한 모 섬유의 옷을 입으면 따뜻할 때
2. 추운 겨울, 나무토막보다 금속 손잡이가 더 차가울 때
→ 금속이 나무보다 열을 잘 전달해, 금속 손잡이에 손을 대면 손의 열이 빨리 빠져나가 더 차갑게 느껴지는 것!
3. 땅 위의 풀, 집, 나무에서만 볼 수 있는 서리
→ 열전도율이 큰 돌이나 콘크리트에는 수증기가 얼기 전 열이 전도되어 서리가 되지 않는다!

겨울날, 교실에서 발은 왜 시려울까?

이번에 난 자리 배치에서 제비뽑기로 교실 한가운데에 앉았어. 우리 학교는 냉난방기가 교실 한가운데 있기 때문에 그 자리가 명당이지. 따뜻한 자리라고 좋아하는 마음이 들던 것도 잠시. 머리는 뜨겁고 발은 여전히 시린 거야.

'대체 이건 뭐야!'

창가나 문 앞에 앉을 때는 난방기에서 떨어져 있으니 추운 게 당연하다고 생각했는데 발이 시리다니. 대체 원인이 뭘까 생각하던 난 곧 이유를 알 수 있었어. 찬 것과 뜨거운 것의 움직임에 이유가 있었던 거야!

뱀 모양 모빌로 이유를 알아보자!

실험 1

Check List ☐ 두꺼운 도화지 ☐ 종이컵 ☐ 양초 ☐ 실 ☐ 가위 ☐ 볼펜 ☐ 라이터

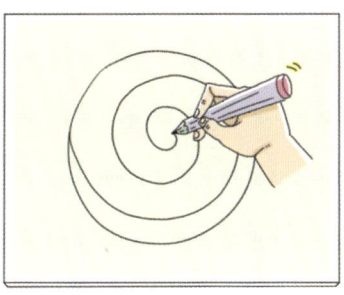 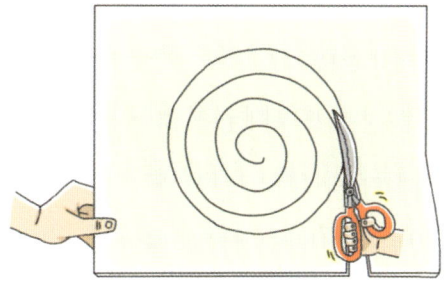

1 두꺼운 도화지에 나선 도면을 그리고 나선을 따라 가위로 잘라 준다.

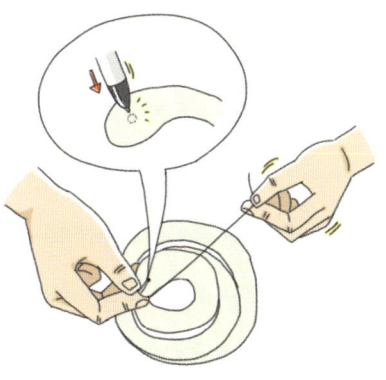

2 나선을 따라 자른 도면 중심에 볼펜 끝으로 작은 구멍을 뚫고 실을 묶어 준다.

종이컵 바닥에 볼펜 끝으로 구멍을 뚫어 준다.

 종이컵을 엎어 놓고 양초를 꽂아 준다.

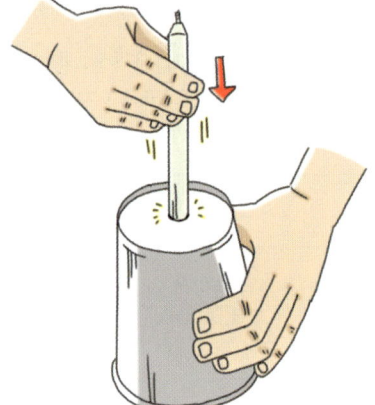

 양초에 라이터로 불을 붙이고 나선에 묶은 실을 잡은 뒤 촛불 위로 가져가 모빌이 움직이는 모습을 관찰한다.

※**실험 속 잠깐!**
라이터를 쓸 때는 언제나 조심하자!

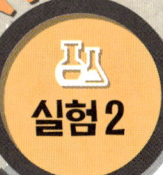

물감 섞기로 이유를 알아보자!

실험 2

Check List ☐빨간색 물감 ☐파란색 물감 ☐차가운 물 ☐따뜻한 물 ☐같은 크기 투명한 컵 2개 ☐투명 필름(교통카드 같은 카드류도 됨!) ☐대야

1 파란색 물감을 섞은 찬물을 투명한 컵에 가득 채운다.

2 대야 안에 크기가 같은 또 다른 컵을 넣은 뒤, 빨간색 물감을 섞은 따뜻한 물로 컵을 가득 채운다.

3 파란색 찬물이 담긴 컵의 입구를 투명 필름으로 막는다.

※**실험 속 잠깐!**
 투명 필름 대신 카드류도 좋다!

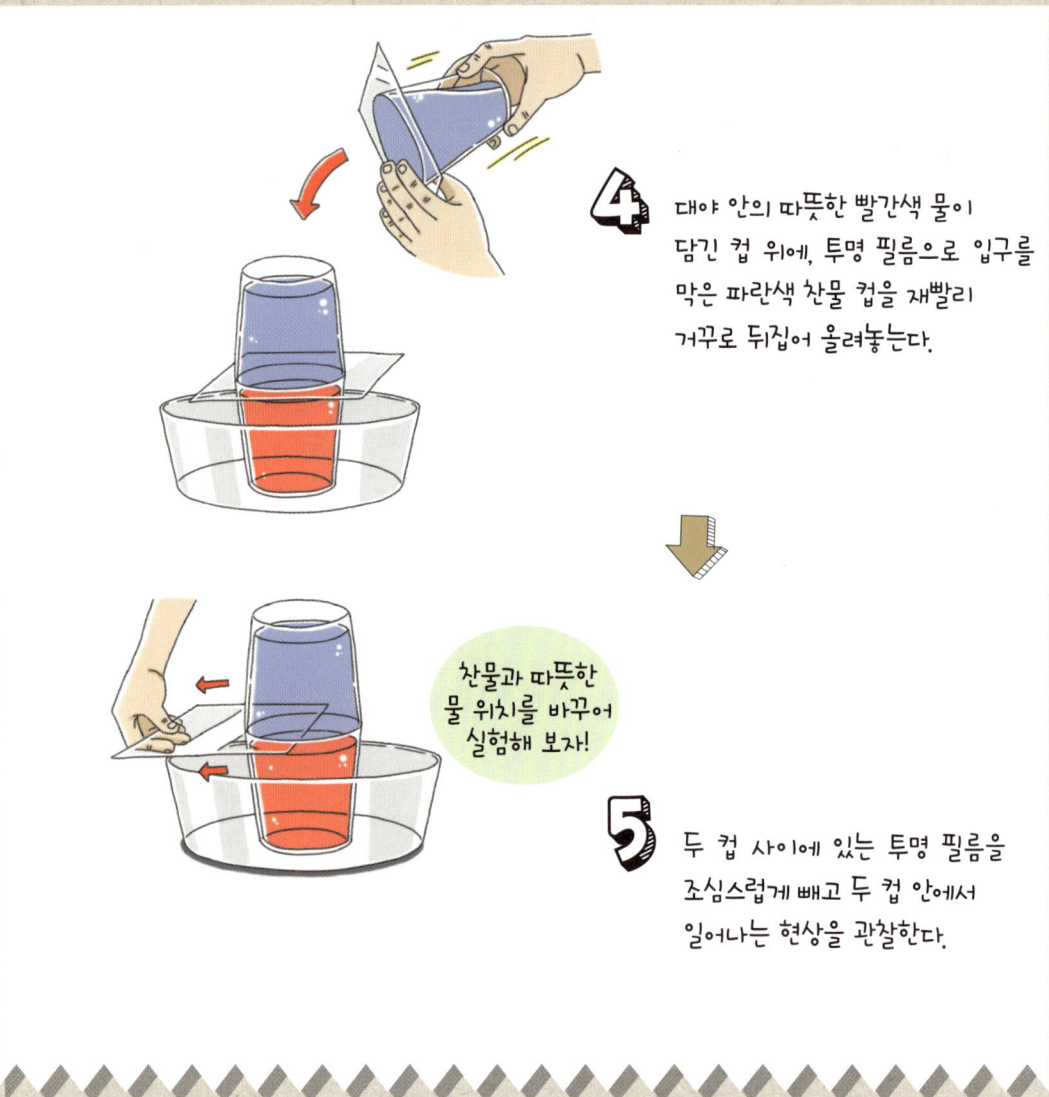

4. 대야 안의 따뜻한 빨간색 물이 담긴 컵 위에, 투명 필름으로 입구를 막은 파란색 찬물 컵을 재빨리 거꾸로 뒤집어 올려놓는다.

찬물과 따뜻한 물 위치를 바꾸어 실험해 보자!

5. 두 컵 사이에 있는 투명 필름을 조심스럽게 빼고 두 컵 안에서 일어나는 현상을 관찰한다.

나만의 노트

1. <실험1>에서 촛불을 켜면 뱀 모양 모빌은 어떻게 될까? 그렇게 생각한 이유는?

2. <실험2>에서 나온 결과를 그림으로 나타내 보자.
   찬물과 따뜻한 물의 위치를 바꿔 실험한 결과가 다르다면 그 이유는 무엇일까?

왜 그럴까 궁금하지?
따뜻한 공기와 차가운 공기는 어떻게 움직일까?

실험에서 뱀 모양 모빌이 스스로 회전하는 비밀은 '촛불'에 숨어 있습니다.

양초에 불을 붙이면 주변 공기가 데워지면서 공기 흐름이 바뀝니다. 따뜻해진 공기는 가벼워져 위로 올라가고, 반대로 위쪽의 차가운 공기는 무거워져 아래로 내려옵니다. 이런 현상을 '대류'라고 해요. 이 대류가 뱀 모양 모빌에 작용해서 빙글빙글 돌아가는 것이지요.

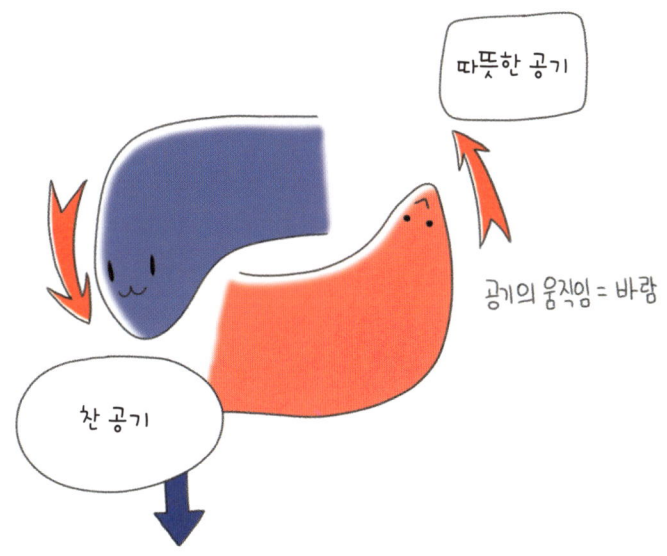

대류는 열에너지를 가진 분자들이 직접 이동하여 열을 전달하는 방식입니다.

기체뿐만 아니라 액체에서도 대류가 일어납니다. 두 번째 실험을 살펴볼까요?

찬물이 위, 따뜻한 물이 아래에 놓인 상태에서 카드를 빼면 아래로 내려오는 찬물을 볼 수 있습니다. 중력 때문에 당연하다고요? 천만의 말씀! 반대로 찬물이 아래에 있고 따뜻한 물이 위에 있으면 아무런 변화가 없답니다. 물론 아주 오랜 시간이 지나면 섞이겠지만요.

한옥의 난방 방식인 온돌도 대류 현상을 이용했답니다. 방바닥이 뜨겁게 데워지면 아래쪽의 공기가 따뜻해져 위로 상승하고 위쪽의 찬 공기가 아래로 내려오면서 방 안의 공기가 전반적으로 데워지는 것입니다.

더운 여름날, 모래사장을 걷기 어려운 이유는?

더운 여름날, 나와 친구는 더위를 식히려고 해수욕장에 놀러 가기로 했어.
해수욕장에 도착한 우리들은 그저 헤엄칠 생각에 신이 났지. 그리고 물에 뛰어들 생각으로 신발을 벗었어.
성격 급한 내 친구는 맨발로 태양 아래 바다를 향해 뛰어간 거야!
바다로 뻗어 있는 모래사장을 무작정 달리기 시작한 거지.
"으악!"
바닷물에 뛰어들려던 것도 잠시! 얼마 가지 못한 채 모래사장에서
펄떡펄떡 뛰고 있는 친구 모습에 당황할 수밖에 없었어.
대체 모래사장에서 무슨 일이 생긴 걸까?

실험

Check List
- ☐ 식용유 ☐ 물 ☐ 스테인리스 컵(내열 컵) ☐ 온도계 2개
- ☐ 종이컵 ☐ 초시계 ☐ 가열 장치(전열기)

1 컵의 1/3 정도 되는 물을 스테인리스 컵에 붓는다.

※실험 속 잠깐!
스테인리스 컵은 종이컵 크기여도 좋다.

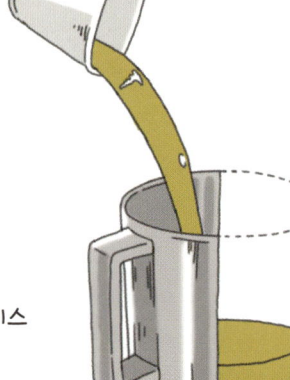

2 물의 양과 같은 양의 식용유를 또 다른 스테인리스 컵에 붓는다.

스테인리스 컵 두 개에 각각 온도계를 꽂는다. 그리고 전열기 위에 두 컵을 동시에 놓고 가열한다.

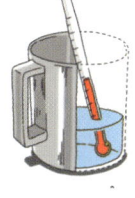

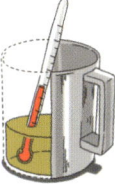

가열

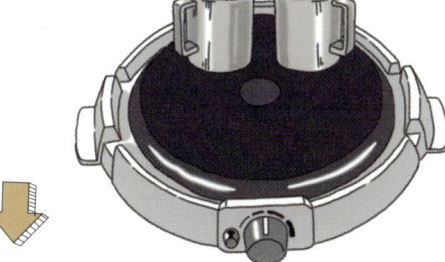

1분 간격으로 온도 관찰

 1분 간격으로 온도 변화를 관찰한다.

※실험 속 잠깐!
스테인리스 컵이 식을 때까지 만지지 말 것!

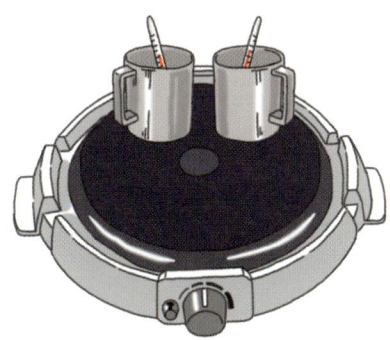

나만의 노트

1. 같은 시간 가열하였을 때 온도 변화가 큰 물질은?

2. 그런 결과가 나타난 이유는 무엇일까?

왜 그럴까 궁금하지?
물질마다 온도 변화가 다른 이유는?

같은 양의 물과 식용유를 동시에 가열했는데도 신기하게 식용유 온도 변화가 더 클 거예요. 그 이유는 무엇일까요? 바로 물질마다 열을 품는 양이 다르기 때문입니다.

어떤 물질 1kg의 온도를 1℃ 높이는 데 필요한 열량을 '비열'이라고 합니다.

같은 열량을 가해도 질량이 같은 경우 비열이 큰 물질은 온도 변화가 작고, 비열이 작은 물질은 온도 변화가 큽니다. 앞의 실험에서 물은 식용유보다 온도 변화가 작으니 물의 비열이 식용유의 비열보다 큼을 알 수 있습니다.

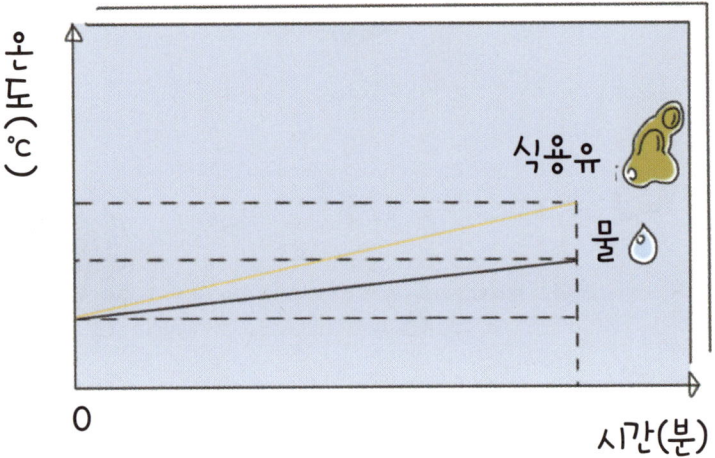

물의 비열은 1kcal/(kg℃)로, 다른 물질보다 그 값이 큽니다. 온도를 변화시키려면 많은 열량을 흡수하거나 방출해야 하므로 온도를 변화시키기가 어렵습니다. 물질의 양이 많으면 1℃ 올리는데 필요한 열의 양도 많을 것입니다. 이때 물질을 딱 1℃ 높일 때 필요한 열량을 '열용량'이라고 부르며 비열과 물질 질량을 곱해 구합니다.

모래는 물보다 열용량이 작아서 같은 태양열을 받아도 모래가 물보다 더 빨리 온도가 높아지거나 낮아집니다. 그래서 한여름에 모래사장을 걷기 어렵답니다.

물질 종류에 따라 저장되는 열에너지 양이 다르다.

같은 질량의 물과 금을 같은 온도로 올리려면 물은 금보다 30배 정도 더 가열해야 한다. 이는 물이 금보다 약 30배 더 열을 저장할 수 있음을 뜻한다.

이와 같은 원리 덕분에 라면을 맛있게 빨리 끓여 먹으려면 라면 양에 맞는 적당한 가열 용기 선택이 왜 중요한지도 알겠지요?

일상 속 과학 수수께끼

사우나와 온탕에서는 왜 화상을 입지 않을까?

태양 빛을 받아 뜨거워진 모래사장에게 호되게 당한 뒤,
친구에게는 한 가지 버릇이 생겼다. 무조건 뜨거운 곳은 의심부터 하고 보는 것!
대중목욕탕에 함께 간 뒤에도 친구의 의심은 여전했다.
뜨거운 물에 데지 않을까 염려하는 친구에게 절대 그럴 일 없다고 말하자 이렇게 묻는다.
"그럼 그렇게 뜨거운 사우나랑 온탕에서는 왜 화상을 입지 않는 건데?"
앞에서 살펴본 '비열'을 알면 간단하다. 자, 그럼 이 수수께끼를 풀어볼까?

 Keyword 01. 열량 차이 Keyword 02. 비열의 차이

흔히 물 온도가 60℃를 넘으면 우리는 화상을 입지요. 대중목욕탕에서 온탕 온도는 약 40℃ 정도, 건식 사우나는 70~100℃, 습식 사우나는 50~60℃ 정도랍니다. 그러나 사우나에서는 화상을 입지 않는데요.

바로 우리 몸에 전해지는 열의 양이 적어서입니다. 사우나 안이 고온이라고 해도 몸에는 고온 그대로 전해지지 않아요. 왜 그런지 사우나 안을 더 살펴볼까요?

사우나 속 기체는 액체와 다르게 멀리 떨어진 상태로 분자들이 운동합니다. 수증기 상태인 물분자들의 운동 에너지(또는 온도)는 클 수 있지만 사우나 속 기체인 수증기에 의해서 전해지는 열량은 액체 상태 열량보다 적습니다. 금속이나 물보다 열 전달 속도도 훨씬 느립니다. 그러므로 사우나에서 피부에 닿는 온도는 실제 온도보다 낮게 느껴지지요.

또 다른 이유로는 물·수증기·공기의 비열이 모두 다르기 때문인데요. 물의 비열은 1kcal/(kg℃)이지만 수증기의 비열은 물의 약 1/2배이고, 공기의 비열은 물의 약 1/4배 정도입니다. 따라서 건식 사우나는 온도가 높아도 열용량이 작아서 화상을 입을 염려가 없는 겁니다.

비슷한 일상 속 과학 원리

- 여름철, 습기가 많을 때 더 더운 느낌도 바로 열용량 때문!
  온도가 높아도 습도가 낮으면 덜 덥게 느껴진다.

털옷을 입고 벗을 때 왜 따끔거릴까?

난 추운 겨울을 좋아하는 편이야. 하얗게 내리는 눈도 좋고 따끈한 군고구마도 좋고 겨울에 있는 내 생일도 기다려지거든. 특히 눈이 내리는 날, 따뜻한 외투를 입고 나가 친구들과 거리를 걷는 것도 좋아해!
마침 엄마가 사 온 새 털옷을 입고 친구들을 만나 분식집에 들어가 앉던 때였어!
따뜻한 기운이 모락모락 나는 분식집 안에서 털옷을 벗었는데 내 몸이 따끔거리지 않겠어?
친구들은 아무렇지 않은데 대체 왜 내 몸만 이렇게 꼬집히는 느낌이 나는 걸까?

|초6| 전기의 이용
|중2| 전기와 자기

실험1 — 빨대를 털옷에 비벼 물체에 가져가면?

Check List ☐ 굵은 빨대 ☐ 휴지 조각 ☐ 털옷(또는 모직 천)

일반 모직 천도 가능!

1 굵은 빨대를 털옷이나 머리카락에 문지른다.

2 잘게 찢은 휴지에 문지른 굵은 빨대를 가까이 가져가 본다.

내가 궁금한 물리

3 부엌 수돗물을 가늘게 틀어 놓고 털옷에 문지른 굵은 빨대를 가까이 가져가 본다.

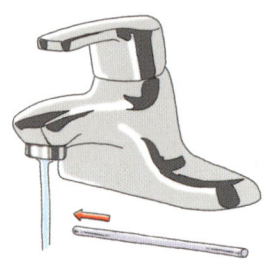

빨대와 빨대, 빨대와 털옷 사이에는 어떤 일이?

실험2

Check List ☐ 굵은 빨대 3개 ☐ 털옷(또는 모직 천) ☐ 시침 핀

1 굵은 빨대 3개를 준비한다.

1번 빨대 2번 빨대 3번 빨대

정중앙에 꽂아야 빨대가 기울지 않는다!

2 빨대 3개에서 1번 빨대 가운데에 시침 핀을 꽂는다.

시침 핀이 꽂힌 1번 빨대와
2번 빨대를 모두 털옷으로 문지른다.

※실험 속 잠깐!
이때 시침 핀에 손이
다치지 않도록 조심!

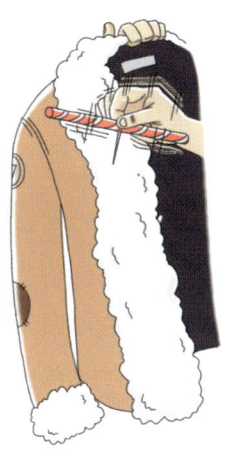 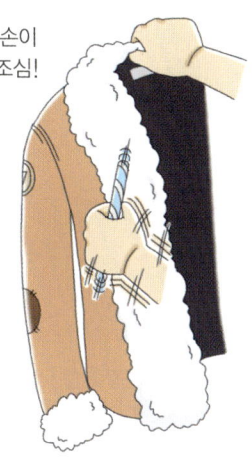

 문지른 1번 빨대를 세로로 세운
3번 빨대에 꽂는다.

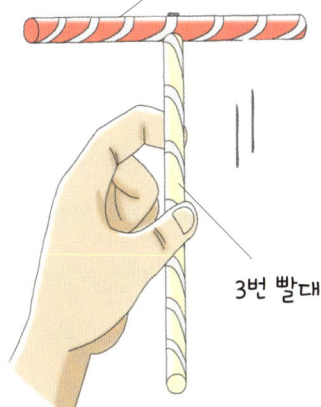

내가 궁금한 물리

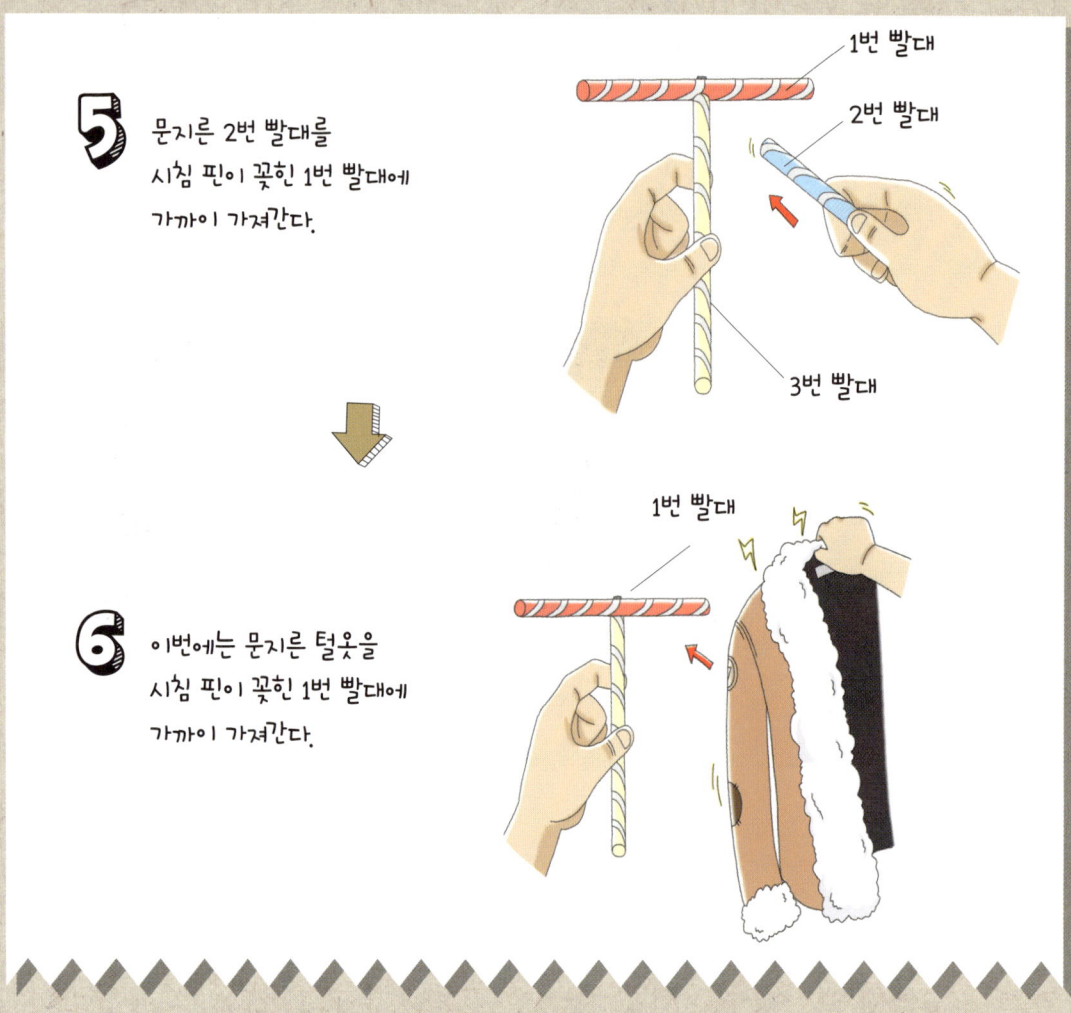

나만의 노트

1. 빨대를 문지른 뒤, 휴지 조각이나 물줄기에 가져갔을 때 그 결과는 어떠한가?

2. 마찰시킨 1번 빨대와 2번 빨대를 서로 가까이 대면?

3. 마찰시킨 털옷과 1번 빨대를 서로 가까이 대면?

왜 그럴까 궁금하지?
문지른 빨대는 어떻게 움직이는 걸까?

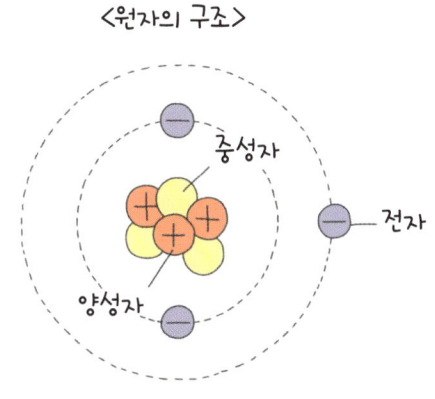

〈원자의 구조〉
중성자, 전자, 양성자

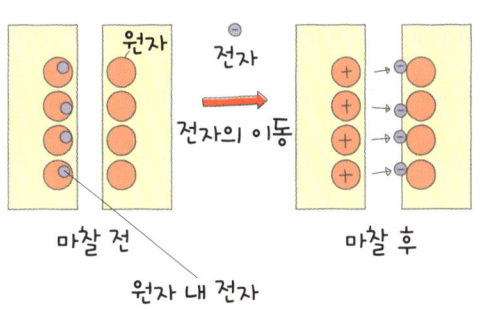

원자, 전자, 전자의 이동, 마찰 전, 마찰 후, 원자 내 전자

두 물체를 서로 마찰하면 한 물체는 (+) 전기를 띠고, 다른 물체는 (-) 전기를 띱니다. 이런 '마찰 전기_{정전기}'는 물질을 구성하는 '원자 구조' 때문에 생긴답니다.

원자는 (+) 전기를 띠는 무거운 핵이 가운데에 있고 (-) 전기를 띠는 아주 가벼운 전자가 그 주변에 있습니다. 원자핵은 양성자와 중성자로 이루어져 있는데 이 양성자 덕분에 (+) 전기를 띠는 것입니다. 원자는 핵과 전자의 전기량이 같아서 중성입니다.

물체끼리 서로 비비면 생기는 열을 마찰열이라고 부릅니다. 이 마찰열 때문에 한쪽 전자가 다른 쪽으로 움직이지요. 이때 두 물체에서 전자를 얻은 쪽은 (-) 전기, 잃은 쪽은 (+) 전기를 띱니다.

실험에서처럼 털옷으로 빨대를 문지르면 털옷의 전자는 빨대로 움직입니다. 털옷은 (+) 전기, 빨대는 (-) 전기를 띠지요. 털옷으로 문지른 두 빨대를 가까이 가져가면 서로 밀어내고, 마찰시킨 털옷과 빨대를 가까이 가져가면 서로 당기는 것을 볼 수 있습니다.

이는 전기력이 같은 종류의 전기를 띤 물체끼리 서로 밀어내고, 다른 종류의 전기를 띤 물체끼리 서로 끌어당기기 때문입니다.

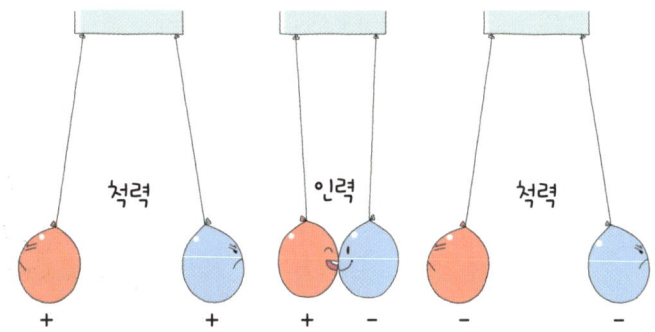

척력 + +, 인력 + -, 척력 - -

또 전기를 띤 물체_{대전체}를 물줄기에 가까이 가져가면 전기력이 작용하여 물줄기가 대전체 쪽으로 휩니다. 이는 대전체와 다른 전기를 띤 물 분자 부위가 대전체 쪽으로 끌리기 때문이랍니다.

복사기가 정전기로 만들어졌다고?

중요한 시험에 꼭 필요한 핵심 요약 자료집. 그런데 이 자료집도 양이 만만치가 않다. 그 내용들이 급하게 필요할 때, 모두 손으로 직접 베껴 써야 할까? 답은 NO! 문구점에 가서 이렇게 말하면 된다.

"이거 복사해 주세요!"

이처럼 꼭 필요한 자료나 문서는 '복사기'로 간단하게 사본을 만들 수 있다. 손으로 힘들게 베껴 쓰지 않아도 빠른 시간 안에 여러 개 만들 수 있다는 것이다.

단 몇 초면 원본과 똑같은 자료집을 만들어 주는 복사기가 정전기를 바탕으로 만들어졌다는 사실을 알고 있는가? 지금부터 복사기가 정전기의 어떤 원리를 이용한 것인지 살펴보자.

 Keyword 01. 빛 **Keyword 02.** 정전기 발생 **Keyword 03.** 전기력(당기는 힘, 미는 힘)

복사기는 정전기 특징을 이용한 도구랍니다.

복사기 유리판 위에 복사하고 싶은 자료가 있는 종이를 올려놓으면 강한 빛이 이 종이를 지나가지요? 이때 종이에 쓰인 검은색 글자는 빛을 흡수하고 흰 여백은 빛을 반사합니다. 이 반사된 빛은 복사기 내부의 드럼으로 향합니다. 복사기에서 중요한 이 드럼은 평소에 (+) 전기를 띠고 있어요. 드럼에 종이에서 반사된 빛이 닿으면 그 부분은 중성이 됩니다.

드럼의 빛을 받지 못한 부분은 (+) 전기가 그대로예요. 종이에 쓰인 글자가 빛을 흡수하여 드럼 쪽으로 빛이 닿지 않았기 때문이지요. 토너의 탄소 가루는 (−) 전기를 띠고 있습니다. (+) 전기를 띤 드럼에 (−) 전기를 띤 토너의 탄소 가루가 정전기적인 힘 덕분에 달라붙으면 글자의 윤곽이 드러납니다. 이 드럼에 붙은 토너 가루를 종이에 옮기고 뜨거운 열로 압착하면 원하는 내용을 간단하게 복사할 수 있지요.

TV 화면의 먼지를 쉽게 없애려면?

난 시골 할아버지 댁에 놀러가는 걸 좋아하는 편이야. 왜냐고? 엄마가 자주 못 보게 하는 TV를 내 마음껏 볼 수 있거든! 리모컨을 독차지해서 내가 보고 싶은 프로그램을 하루 종일 실컷 봐도 누구도 뭐라 하지 않아. 심지어 우리 엄마조차도! 그런데 불만이 딱 하나 있다면 바로 TV 화면에 쌓이는 먼지였어! 먼지 때문에 화면이 뿌예 보여서 여간 불편한 게 아니라니까!

하지만, 저번 과학 시간에 이 먼지를 없애는 법을 알아왔지. 그것도 정전기를 이용해서 말이야! 다음 실험을 해 보면 힌트를 얻을 수 있을걸?

[초6] 전기의 이용
[중2] 전기와 자기

실험

Check List
☐ 작고 투명한 병 ☐ 스테이플러 ☐ 클립
☐ 플라스틱 볼펜대 ☐ 털옷 ☐ 코르크 마개

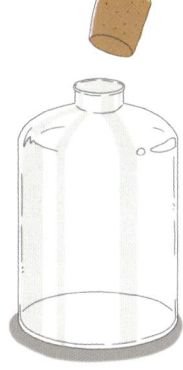

1 작고 투명한 병과 코르크 마개를 준비한다.

※**실험 속 잠깐!**
이 실험은 되도록 건조한 날에 하자!

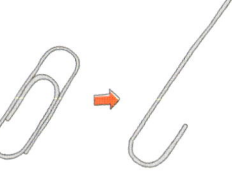

2 클립을 J 자로 펼쳐 코르크 마개에 끼운다.

코르크 마개 위로 클립이 빠져나오도록 끼우자!

내가 궁금한 물리 **67**

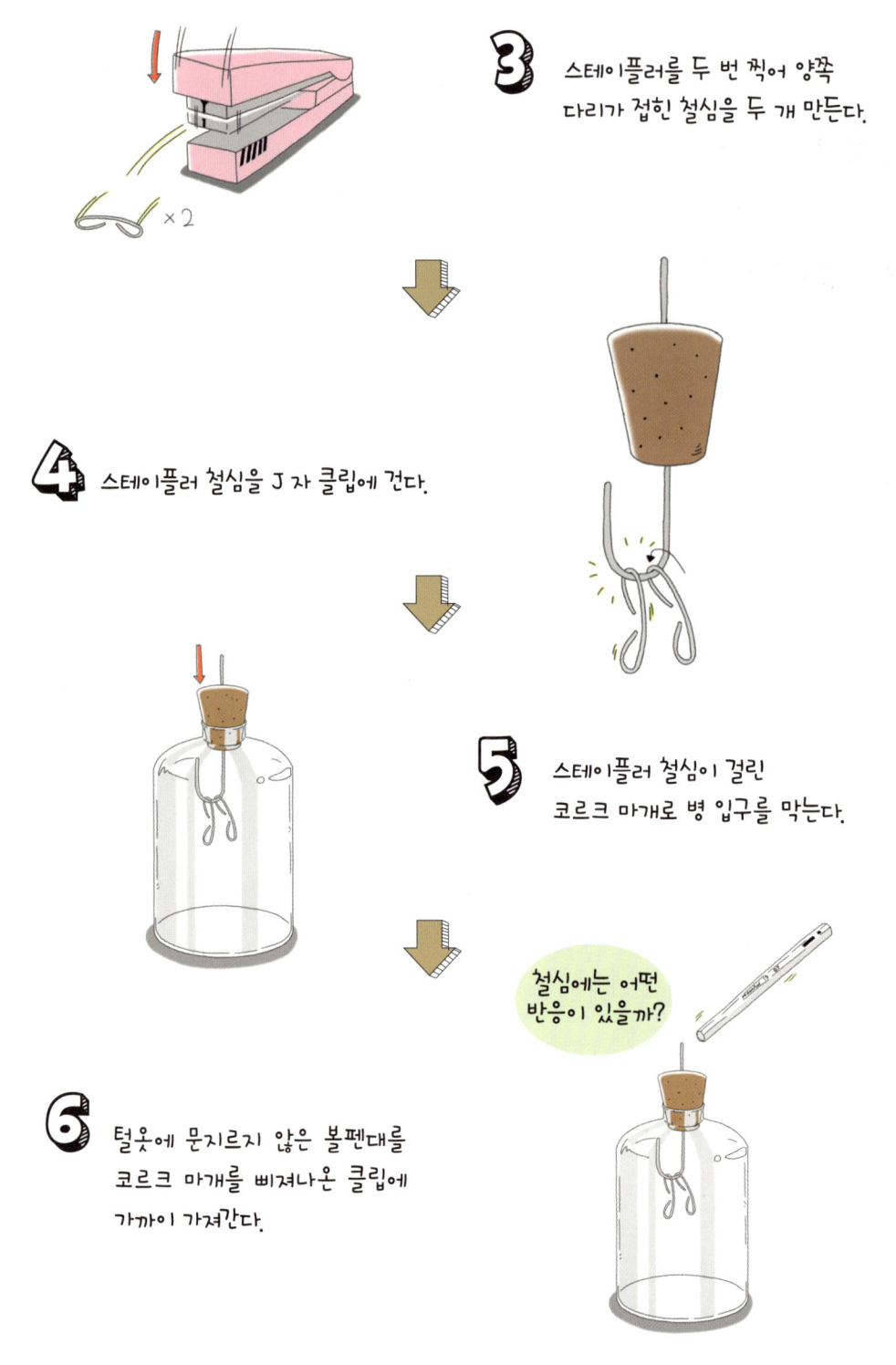

3 스테이플러를 두 번 찍어 양쪽 다리가 접힌 철심을 두 개 만든다.

4 스테이플러 철심을 J 자 클립에 건다.

5 스테이플러 철심이 걸린 코르크 마개로 병 입구를 막는다.

철심에는 어떤 반응이 있을까?

6 털옷에 문지르지 않은 볼펜대를 코르크 마개를 삐져나온 클립에 가까이 가져간다.

7 볼펜대를 털옷에 문지른다.

철심에는 어떤 반응이 있을까?

8 문지른 볼펜대를 코르크 마개 위, 클립에 가까이 가져간다.

✏️ 나만의 노트 ✨

1. 털옷에 문지르지 않은 볼펜대를 가까이 가져가면 철심 2개는 어떻게 될까?

2. 털옷에 문지른 볼펜대를 가까이 가져가면 철심 2개는 어떻게 될까?

3. 털옷에 문지른 볼펜대를 멀리 떼면 철심 2개는 어떻게 될까?

왜 그럴까 궁금하지?
철심은 어떻게 움직일 수 있었을까?

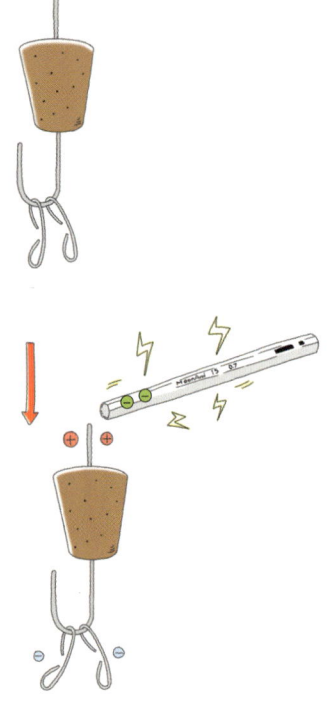

전기가 잘 통하는 물체는 대부분 금속입니다.

금속은 (-) 성질의 전자가 자유롭게 움직일 수 있기 때문에 전기가 잘 통하지요. 볼펜대를 털옷으로 문지르면 털옷에 있는 전자가 볼펜대 쪽으로 이동하기 때문에 (-) 전기를 띱니다. 이 볼펜대를 금속(클립)에 가까이 가져가면 금속에 있는 자유로운 전자가 전기력에 의해 밀려 볼펜대에서 먼 철심 쪽으로 이동합니다. 이 때문에 두 철심은 같은 (-) 전기를 띠고 서로 밀어냅니다. 즉 전기를 띤 볼펜대와 같은 대전체를 금속 가까이 접근하면 자유 전자의 이동으로 대전체 가까운 쪽에는 대전체와 다른 전기가, 먼 쪽에는 같은 전기가 유도됩니다. 이를 '정전기 유도'라고 불러요. 문지른 볼펜대를 클립에 가까이 할수록 더 큰 전기력이 작용하므로 더 많이 벌어지는 철심을 볼 수 있습니다.

하지만 대전체를 치우면 정전기 유도 현상은 사라지기 때문에 벌어졌던 철심은 다시 원래 모습이 됩니다. 비금속도 이와 비슷한 상황이 발생합니다. 이때는 전자의 이동이 아닌 비금속 분자의 배열이 달라집니다. 즉 대전체 가까운 쪽으로 다른 전기를 띤 분자 부위가 끌려와 배열하지요. 그래서 전기를 띤 TV 화면에 먼지가 많이 붙는답니다. TV 화면의 먼지는 정전기 먼지털이로 문질러 마찰 전기의 인력을 이용해 쉽게 없앨 수 있습니다.

개념 돋보기 🔍

금속의 정전기 유도는 '전자'의 이동으로 대전체에 가까운 쪽은 대전체와 다른 극, 먼 쪽은 같은 극이 유도됩니다. 이 현상을 이용하면 물체를 마찰하지 않아도 전기를 띠게 할 수 있지요. 한번 살펴볼까요?

1. 금속 구 A와 B를 접촉합니다.
2. 대전체를 A쪽에 접근시켜 보세요.
3. 이 상태에서 금속 구 A, B를 분리시키면 서로 다른 전기를 갖는답니다.

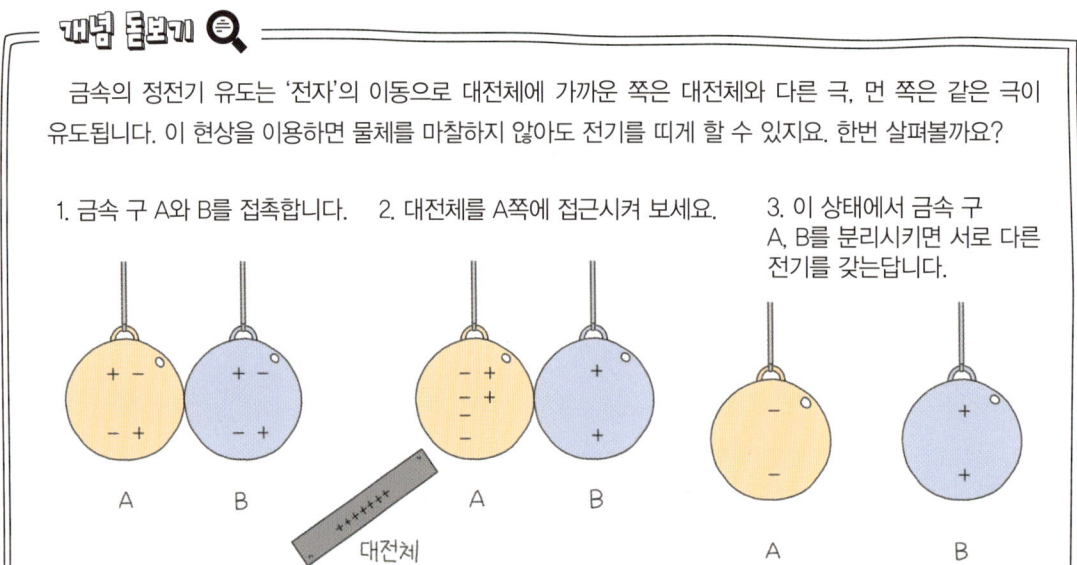

일상 속 과학 수수께끼

주유하기 전 사람들이 어딘가에 손을 대는 이유는?

겨울철, 잊지 않고 우리 몸 가까이에 찾아오는 불청객 하면 무엇이 떠오르는가? 십중팔구 몸을 꼬집는 듯한 충격과 함께 '따닥!' 소리를 내는 '정전기'일 것이다.

머리를 빗을 때나 털옷을 입고 벗을 때나 어김없이 찾아오는 반갑지 않은 손님. 몸에 따끔함을 주거나 사방으로 뻗치는 머리카락 등으로 불편함을 안기는데, 주유소와 정전기가 어떤 관련이 있어 주유하기 전, 사람들이 그곳에 손을 댄다고? 그 이유를 정전기와 연결해 살펴볼까?

🔑 Keyword 01. 정전기 Keyword 02. 화재 Keyword 03. 접지와 방전

요즘에는 스스로 돈을 넣고 직접 차에 기름을 넣는 '셀프 주유소'가 곳곳에 생겼습니다. 이 셀프 주유소에서 주유 기계 옆을 자세히 보면 '정전기 방지 패드'가 붙어 있습니다. 대체 무슨 이유 때문에 붙어 있는 것일까요? 답은 간단합니다.

건조한 겨울철에는 사람 몸에도 정전기가 많이 생깁니다. 셀프 주유소는 운전자가 직접 기름을 넣기 때문에 손을 꼭 써야 하지요. 이때 건조해진 손에서 정전기가 일어나면 큰일이겠지요? 그리고 운전자가 직접 주유하는 동안 기름을 공급하는 주유구에서 기름 증기가 나올 수 있는데요. 이때 손에 생긴 정전기로 불꽃이 튀어 불이 붙으면 다치거나 대형 폭발 사고로 이어질 수 있답니다. 그래서 주유하기 전에 이 정전기 방지 패드에 손을 대서 전기를 흘려보내, 생길 수 있는 위험을 방지할 목적으로 만들어 놓았지요.

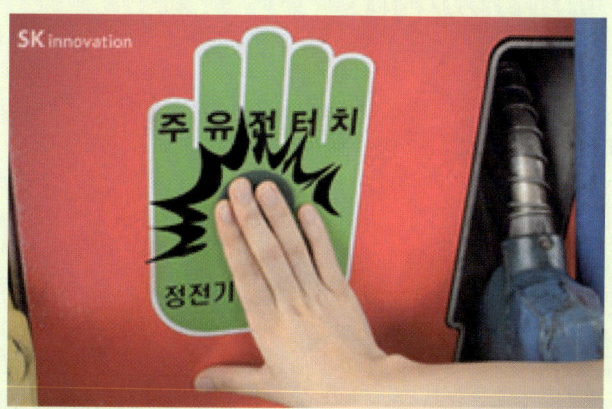

구글이미지

> **건조한 손에 생긴 정전기로 불꽃이 주유구 등에 튀어 화재가 나지 않도록!**

선풍기 날개는 어떻게 돌아갈까?

|중2| 전기와 자기

무더운 여름이 찾아온 교실에서는 에어컨만큼이나 꼭 필요한 물건이 있다.
바로 언제 어디서나 시원한 바람으로 더위를 날려 주는 개인 선풍기다!
에어컨과는 다르게 들고 다니며 시원한 바람을 쐴 수 있는 간이 선풍기를 자세히 보니 뭔가 이상하다!
'선이 없는데 어떻게 돌아가는 거지?'
전선을 꽂는 곳이 없는데 선풍기는 어떻게 돌아가는지, 또 바람은 어떻게 만들어내는지.
생각하면 할수록 궁금증이 커지는 게 아닌가? 밑에는 건전지가 들어 있고 버튼을 누르면 날개가 돌아가며
시원한 바람이 솔솔.
대체 이 간이 선풍기는 건전지에서 어떻게 힘을 받아 돌리는 걸까?

실험

Check List
- ☐ 0.5mm의 에나멜선 ☐ 바늘 2개 ☐ 네오디뮴 자석 2개
- ☐ 건전지 1개(9v) ☐ 고무찰흙 ☐ 칼(또는 사포) ☐ 셀로판테이프

너무 많이 감으면 무거워서 돌기가 어렵다!

1 에나멜선을 지름 3cm 정도로 서너 번 감아 원을 만든다.

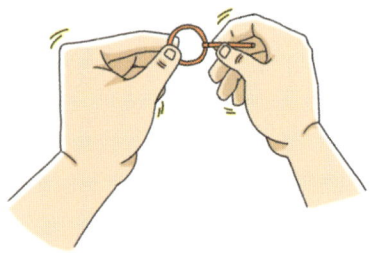

2 원 모양이 풀리지 않게 양 끝부분에서 묶어 양쪽 길이가 각각 5cm 정도가 되도록 두고 자른다.

3️⃣ 선 한쪽은 칼이나 사포로 에나멜을 모두 벗기고 다른 쪽은 반쪽 면만 벗긴다.

※ **실험 속 잠깐!**
　칼을 다룰 때 다치지 않도록 조심하자!

4️⃣ 눕힌 D형 건전지 왼쪽과 오른쪽에 바늘 두 개를 셀로판테이프로 각각 고정한다.

바늘 두 개의 위치를 수평으로 조절하자!

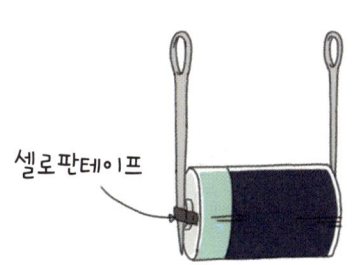

셀로판테이프

5️⃣ 굴러 가지 않도록 D형 건전지 밑에 고무찰흙을 붙여 바닥에 고정하고 중앙에 네오디뮴 자석을 놓는다.

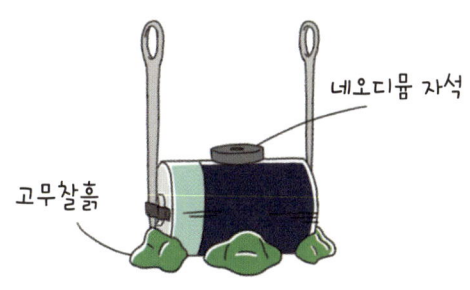

네오디뮴 자석

고무찰흙

6 두 바늘귀 사이에 앞에서 만든 회전체 에나멜선을 걸고 살짝 회전시켜 본다.

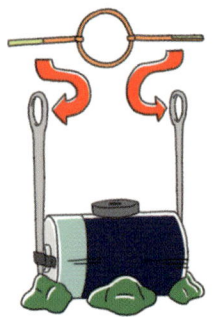

7 바늘귀와 에나멜선이 닿는 부분에 불꽃이 튀면 전압이 낮은 건전지를 사용한다.

나만의 노트

1. 에나멜선 회전체를 살짝 건드릴 때 나타난 변화는?

2. 네오디뮴 자석을 2개로 바꿀 때 나타난 변화는?

3. 전류 방향을 바꾸었을 때 나타난 변화는?

4. 자석 방향을 바꾸었을 때 나타난 변화는?

왜 그럴까 궁금하지?
선풍기 날개가 돌아가는 원리는?

전류가 흐르는 도선 주위에 나침반을 가까이 해 보세요. 막대자석 주위에 놓인 나침반의 바늘처럼 방향을 가리키는 모습을 볼 수 있습니다. 이는 도선 주위에도 막대자석처럼 자기장이 만들어진다는 뜻입니다.

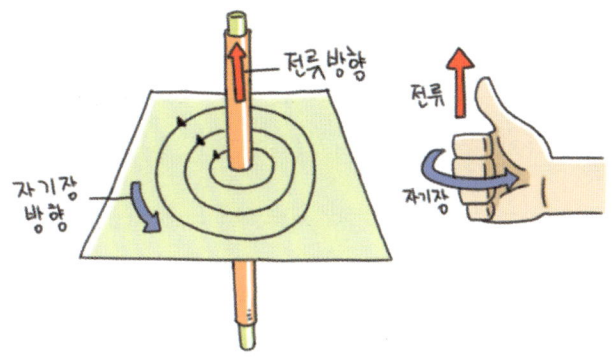

그렇다면 전류가 흐르는 곳에 자석을 놓으면 어떻게 될까요?
자석이 만드는 자기장과 전류의 흐름으로 생기는 자기장이 힘겨루기를 합니다. 자석의 자기력선과 전류의 자기력선 방향이 같으면 자기력이 더 세지고 방향이 반대이면 자기력이 약해집니다. 도선은 자기력이 센 쪽에서 약한 쪽으로 힘을 받아 움직이지요.

둥글게 감은 에나멜선은 자석과 전류에게 힘을 받아 움직입니다. 둥글게 감았기 때문에 위와 아래 전류 방향이 다르지요. 에나멜선이 자석 가까이에 왔을 때 받는 힘의 방향이 달라집니다. 자석과 도선이 나란하면 아무런 힘도 미치지 못합니다. 고리 양쪽에 묶은 에나멜선을 모두 벗겨 내면 어떨까요? 에나멜선 고리는 반 바퀴를 돈 다음 힘의 방향을 바꿔 기우뚱할 뿐 돌지는 못합니다.

에나멜선을 한쪽만 벗겨 내면 어떨까요?
놀랍게도 에나멜선 고리가 쉬지 않고 도는 모습을 볼 수 있는데요.
한번 힘을 받으면 운동하던 그 방향으로 움직이려고 하기 때문이지요.
에나멜선 한쪽 끝에 작은 프로펠러를 달아 보세요. 계속 돌아가는 에나멜선을 볼 수 있습니다. 이것이 선풍기가 모터에 의해 자동으로 돌아가는 원리입니다.

전동기를 직접 만들어 보자!

우리 생활에서 많이 사용하는 전동기. 어떤 물체를 회전시키는 경우에 대부분 이용하는 물건이랍니다. 이를테면 세탁기·냉장고·헤어드라이기·장난감 자동차 등에 꼭 필요한 부품으로 이용하지요. 다음 실험으로 직접 간편한 전동기를 만들어 봐요.

전동기 간단 제작기!

실험

Check List ☐ 구리 선 ☐ 건전기 ☐ 종이 ☐ 네오디뮴 자석

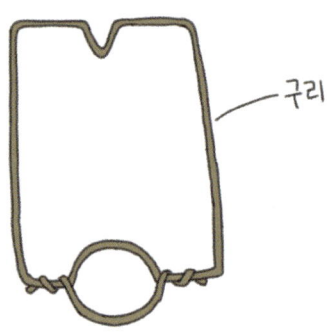
구리 선

 구리 선을 구부려 코일을 만든다.

 전지 (−)극은 종이로 감고 네오디뮴 자석을 전지 (+)극에 붙인다.

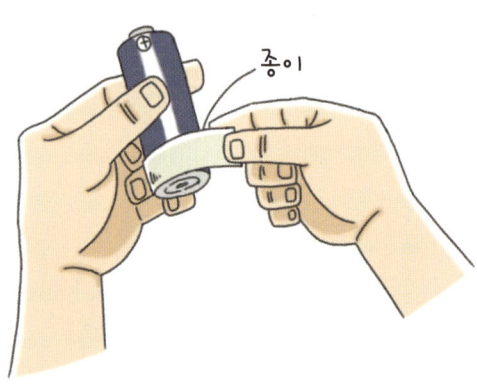
종이

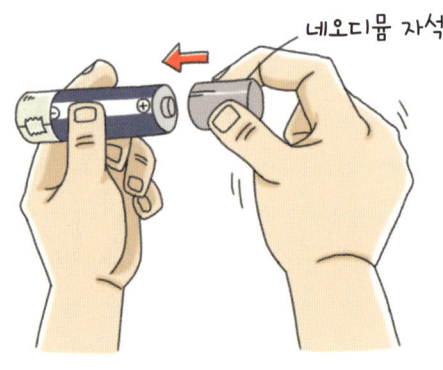
네오디뮴 자석

76 밑줄 쫙! 교과서과학실험노트

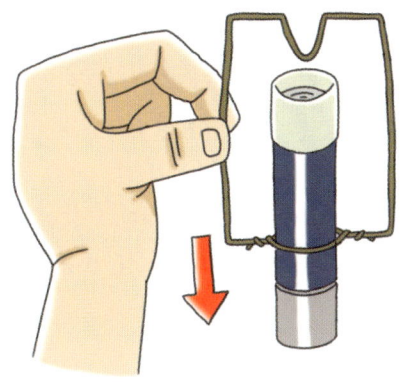
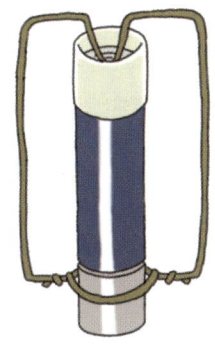

 앞서 만든 구리 선 코일을 잘 조절하여 전지 (−)극 위에 올려놓는다.

 네오디뮴 자석의 극을 바꿔 전지에 붙이고 코일을 올려놓는다.

어떤 구슬이 컵을 더 많이 움직이게 할까?

'에너지도 형태를 바꿀 수 있을까? 그렇다면 그 예로 무엇이 있을까?'
　이 숙제를 해결하려고 나는 골머리를 앓아야 했어. 에너지가 어떻게 바뀐다는 말이야? 역학적 에너지와 열에너지, 전기 에너지와 화학 에너지 그리고 빛 에너지 등이 있다는 건 여러분도 알고 있지?
　이런 에너지들이 서로 다른 에너지로 바뀐다는 거야. 생각하다 못해 선생님께 힌트를 달라고 했는데 다음과 같은 실험을 알려 주시지 뭐야? 구슬이 컵을 미는 것을 잘 보라고 하시면서 말이야! 특히 구슬의 움직임을 자세히 살펴보면 에너지가 어떻게 바뀌는지 여부를 알 수 있대!

실험

Check List　☐종이컵　☐책 3권　☐젓가락　☐구슬　☐가위　☐셀로판테이프　☐자

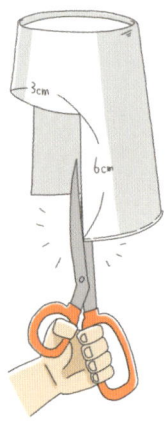

1 종이컵을 가로 3cm, 세로 6cm 크기로 잘라 낸다.

2 구슬이 잘 구르도록 붙어 있는 젓가락을 약간 벌려 둔다.

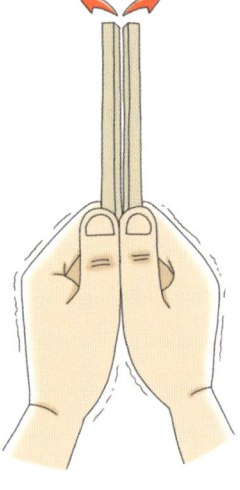

 구슬이 잘 굴러가도록 젓가락 위아래에 테이프를 붙여 둔다.

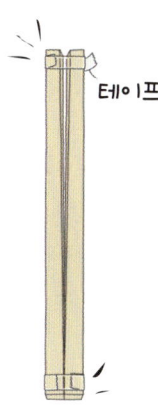
테이프

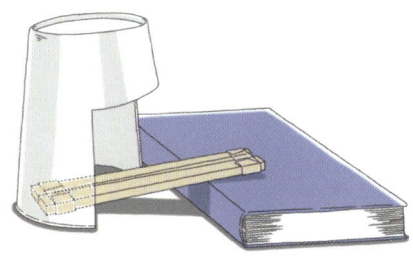

 젓가락 한쪽 끝은 종이컵 안쪽 뒷부분에 닿을 수 있도록 덮고, 다른 쪽 끝은 1권의 책 위에 걸쳐 둔다.

 책에 걸쳐 둔 쪽 젓가락 끝에 구슬을 올려놓고 손을 뗀다.

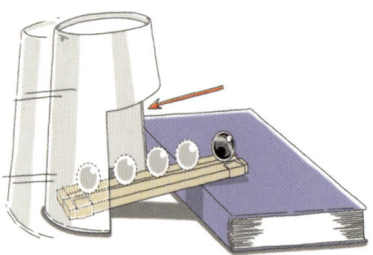

6 굴러 내려온 구슬로, 컵이 움직인 거리를 잰다.

7 책을 2~3권 쌓은 뒤 같은 방법으로 구슬을 굴려 컵이 움직인 거리를 잰다.

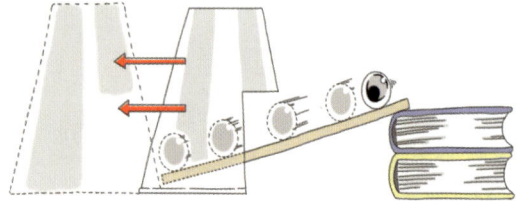

나만의 노트

1. 구슬이 움직여 컵과 부딪치면 어떻게 될까?

2. 책을 쌓는 높이가 높아질수록 컵이 움직인 거리는 어떻게 될까?

왜 그럴까 궁금하지?
구슬은 컵을 어떻게 움직였을까?

젓가락의 높은 쪽에서 빗면을 따라 내려온 구슬은 컵과 부딪칠 때 힘이 작용하여 컵을 밀어냅니다. 물체에 힘을 주어 힘의 방향으로 움직임이 생기면 일을 했다고 합니다. 이때 일을 하려면 일할 수 있는 능력이 있어야 하는데 이를 '에너지'라고 부르지요.

컵을 밀어낼 수 있었던 이유는 구슬이 처음에 젓가락의 높은 곳에 있었기 때문입니다. 구슬이 굴러 내려올 때 높이가 높아질수록 부딪친 뒤, 컵을 더 멀리 밀어냅니다. 그렇다면 높은 곳에 있는 물체는 에너지를 가지고 있다고 할 수 있지요. 이 에너지를 '위치 에너지'라고 합니다. 물레방아를 돌리는 일도 높은 곳에서 떨어지는 물의 위치 에너지를 이용합니다.

구슬의 위치 에너지는 내려올수록 높이가 낮아져 줄어듭니다. 그럼 위치 에너지는 사라진 걸까요? 아닙니다. 움직이는 차가 다른 차와 충돌하면 밀어내는 일을 하듯이 빠른 속력으로 움직이는 물체도 에너지가 있습니다. 이 에너지는 '운동 에너지'라고 합니다.

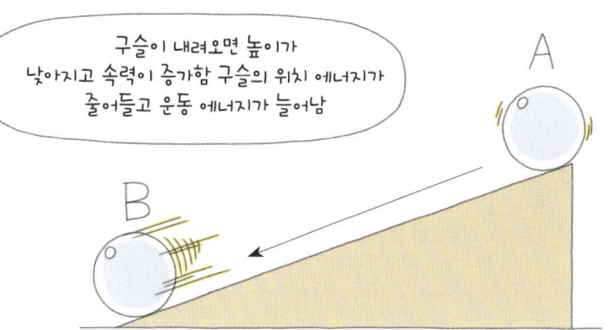

구슬이 내려오면 높이가 낮아지고 속력이 증가함 구슬의 위치 에너지가 줄어들고 운동 에너지가 늘어남

구슬이 내려오면 구슬의 높이가 낮아지는 대신 속력은 늘어납니다. 실험 속 구슬은 자신의 위치 에너지를 이용하여 속력을 높인 거지요. 따라서 위치 에너지는 사라지지 않고 운동 에너지로 바뀌었다고 할 수 있습니다.

개념 돋보기 🔍

에너지 이것만은 꼭!

■ 에너지에는 어떤 종류가 있을까?
빛 에너지, 열에너지, 운동 에너지, 위치 에너지, 전기 에너지, 화학 에너지 등.

■ 에너지 전환의 보기   광합성(빛 에너지 → 화학 에너지)
  자동차 연료(화학 에너지 → 운동 에너지)
  다리미(전기 에너지 → 열에너지)

■ 에너지 보존 법칙 : 물체가 일하는 동안 에너지는 형태만 바뀔 뿐 전체량은 변화가 없어요.

내가 궁금한 물리

일상 속 과학 수수께끼?

롤러코스터가 무동력으로 움직일 수 있는 이유?

놀이동산에 가면 꼭 타야 할 1순위 놀이기구 롤러코스터. 사람들이 이 놀이기구를 많이 찾는 이유는 빠른 속도로 움직이며 스릴을 느끼게 해 주기 때문이다! 신 나게 움직이는 롤러코스터를 보라. 가장 높은 곳으로 끌어올려진 뒤에 거침없이 트랙을 돌고 도는데 여기에 놀라운 비밀이 숨어 있다. 바로 전기 없이 무동력으로 움직인다는 사실! 어떻게 이것이 가능할까?

Keyword 01. 높이와 위치 에너지 **Keyword 02.** 속력과 운동 에너지
Keyword 03. 에너지 전환과 보존

롤러코스터가 무동력으로 움직이는 이유는 "에너지는 사라지지 않는다. 다만 형태가 바뀔 뿐이다."라는 '에너지 전환과 보존 원리' 덕분입니다. 마찰이나 공기 저항이 없는 상황에서 높이가 바뀌면 속력이 바뀌기 때문에 위치 에너지는 운동 에너지로, 운동 에너지는 위치 에너지로 모두 변합니다. 아래를 살펴볼까요?

롤러코스터가 무동력으로 움직임이 가능한 이유를 더 쉽게 알 수 있을 거예요.

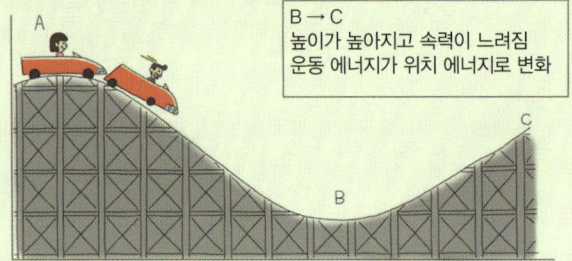

A → B
높이가 낮아지고 속력이 빨라짐
위치 에너지가 운동 에너지로 변화

B → C
높이가 높아지고 속력이 느려짐
운동 에너지가 위치 에너지로 변화

실제 상황에서는 마찰이나 공기 저항이 있기 때문에 열이 생기면서 처음 위치 에너지 양이 점점 줄어듭니다. 그래서 무동력으로 움직이는 롤러코스터의 높이를 비교해 보면 처음보다 점점 낮아짐을 알 수 있습니다.

> **형태가 바뀌는 에너지 전환과 보존 덕분에
> 위치 에너지에서 운동 에너지로 바뀐 힘으로 움직인다!**

내가 궁금한 화학

> 잠깐만, 친구들!

화학은 사람을 비롯한 생물과 주위 환경을 이루는 물질들에 있는 제각각의 성질과 각 물질이 무엇으로 이루어져 있는지, 어떤 형태로 이루어져 있는지, 어떠한 변화를 하는지, 두 물질 이상의 것이 어떻게 반응하고 또 합성되는지, 각 변화에 에너지는 어떻게 출입하는지 등을 탐구하는 과학의 한 분야입니다.

02

공기로 총알을 쏠 수 있을까?

[초6] 여러 가지 기체
[중1] 기체의 성질

오랜만에 놀러간 시골 할아버지 댁. 우리가 도착하자마자 할아버지는 크게 반겨 주셨어.
 그런데 할아버지 얼굴이 어두워 보였지 뭐야? 할아버지는 집 뒤에 있는 밭에서 고구마랑 감자 등 여러 농작물을 키웠어. 그런데 꿩이랑 고라니 같은 동물들이 나타나 힘들게 키운 농작물들을 먹어치운다는 거야. 할아버지는 농작물 피해는 크지만 동물들을 해치고 싶지는 않다고 하셨어. 고민하던 난 할아버지께 공기와 감자 그리고 색연필 대롱을 이용해 총을 만들어 드렸어! 바로 공기의 압력을 이용해서 말이야!
 어떤 원리로 만들었는지 지금부터 알려 줄게!

실험

Check List
- ☐ 감자 ☐ 옆에 구멍 뚫리지 않은 색연필 대롱(또는 볼펜대)
- ☐ 과도 ☐ 나무젓가락

1 과도를 사용해 감자를 0.5cm 두께로 넓적하게 잘라 놓는다.

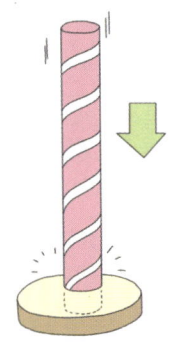 

2 색연필 대롱 끝 구멍을 넓적하게 자른 감자에 대고 힘을 가해 감자가 대롱 속으로 들어가도록 한다. 나머지 한쪽 구멍도 똑같이 해 준다.

3. 나무젓가락으로 색연필 대롱 한쪽 구멍에 대고 힘을 가해 안쪽으로 밀어 보자.

감자

나무젓가락

나만의 노트

1. 나무젓가락으로 감자를 밀 때 어떤 현상이 일어나는가?

2. 색연필 대롱 속에는 감자 외에 무엇이 들어 있을까?

3. 물음 1번과 같은 현상이 일어나는 원리는 무엇일까?

왜 그럴까 궁금하지?
어떤 원리로 총알을 쏠 수 있을까?

색연필 대롱 속의 한쪽 감자를 나무젓가락으로 밀면 다른 쪽 감자가 튀어 나갑니다. 조금 더 빠르게 밀면 더 멀리, 세게 튀어나가 꼭 총알이 발사되는 것처럼 보이지요.

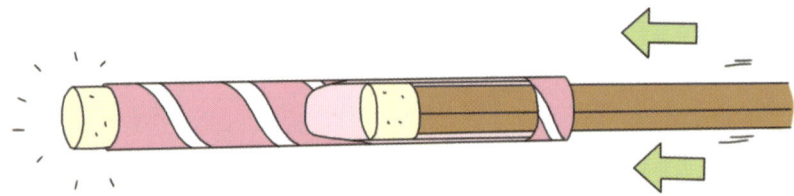

한쪽 감자를 밀면 대롱 안에 들어 있던 공기가 차지하는 부피는 점점 줄어들고, 그에 따라 공기가 작용하는 압력이 점점 커집니다. 이는 '보일의 법칙'을 바탕으로 일어나는 현상이지요. 이로 인해 공기의 압력이 감자와 대롱 사이의 마찰력보다 커지면 감자가 밀려나온답니다.

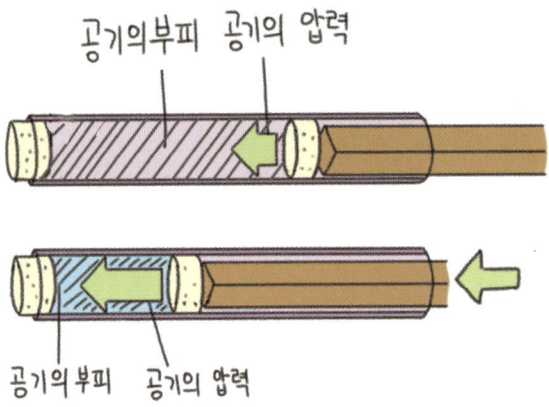

개념 돋보기 🔍

보일의 법칙이란?

영국의 보일Boyle, R.; 1627~1691은 1662년, 실험을 통해 "온도가 일정할 때 일정량의 기체의 부피가 2배, 3배, 4배로 늘어나면, 공기의 압력은 1/2, 1/3, 1/4로 줄어든다."라는 것을 알아냈습니다. 이와 같이 기체의 압력과 부피와의 관계를 나타낸 법칙을 보일의 법칙이라고 합니다.

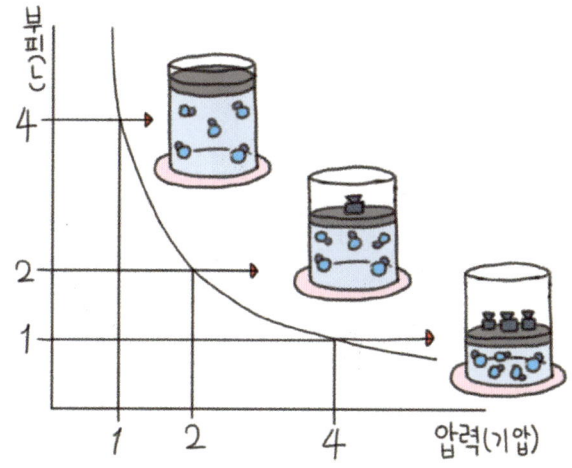

더 확실하게 알아볼까요? 주사기에 공기를 넣고 주사기 끝을 손으로 막은 뒤 피스톤으로 압력을 가해 봐요. 압력을 가하면 주사기 속 공기가 차지하는 공간인 부피가 점점 줄어드는 것을 볼 수 있지요?

일상 속 과학 수수께끼

그 페트병에는 무슨 일이?

비행기의 발명은 전 세계를 짧은 시간에 여행할 수 있게 한 놀라운 사건이다. 이 비행기 안에서는 우리가 앞서 살펴본 압력과 관련한 신기한 일이 일어난다는 사실, 알고 있는가?

물이 들어 있는 페트병을 들고 비행기에 타 보자. 비행기가 운행하는 동안 물을 다 마신 빈 페트병 뚜껑을 꽉 닫아 놓고 착륙했을 때 페트병을 살펴보면 어떤 일이 생길까?

🔑 Keyword 01. 공기 압력 Keyword 02. 높은 장소 Keyword 03. 보일의 법칙

물을 다 마시고 뚜껑만 닫아 놨을 뿐, 손으로 찌그러트린 적도 없는 병에 무슨 일이 벌어진 걸까요?

공기로 빵빵해져 있던 페트병이 찌그러져 있는 모습을 볼 수 있을 거예요.

공기(대기)의 압력은 높은 곳으로 올라갈수록 점점 작아지는데요. 높은 곳에서는 압력이 작아서 페트병 모양을 유지할 수 있었던 공기가 지상으로 내려오면 다른 상황을 만납니다.

주변 압력이 커지면서 받는 압력도 커지는 것이지요. 그 결과 페트병 속 공기의 부피가 작아져 찌그러드는 겁니다(보일의 법칙). 이와 같은 이유로 새우깡과 비슷한 종류의 과자 봉지를 그대로 비행기에 가져가면 이륙할 때 봉지가 팽팽해지는 모습을 볼 수 있어요.

풍선을 놓으면 높이 올라갈수록 대기의 압력이 낮아져 풍선의 부피가 점점 커지다가 어느 높이에선가는 터지고야 말지요. 이것도 보일의 법칙이 작용하기 때문이랍니다.

> **기압이 낮은 곳(하늘)에서 뚜껑을 닫은 페트병은 기압이 높은 곳(땅)으로 가면 그 크기가 작아진다.**

그릇이나 동전이 스스로 움직인다고?

믿을 수 없던 일이 일어난 건 식탁에서였어. 학교와 학원이 끝나고 돌아온 내게 엄마가 저녁을 차려 주실 때였지. 내가 제일 좋아하는 따끈한 된장국과 계란 프라이, 그리고 생선구이까지. 서둘러 엄마를 도와 수저와 반찬 통까지 챙겨 식탁 위로 나르고 있었어. 엄마는 조심하라며 뜨거운 된장국이 담긴 그릇을 건네주셨지. 내가 국그릇을 받아 식탁 위에 놓고 다른 그릇을 받으려 몸을 돌렸을 때였어. 우당탕! 국 그릇이 떨어진 거야.
분명히 받은 국그릇을 식탁 위에 놓은 걸 보고 다시 몸을 돌렸는데 왜 국그릇이 바닥으로 떨어진 거지? 왜 갑자기 그릇이 스스로 움직이는 거야?

[초6] 여러 가지 기체
[중1] 기체의 성질

스스로 움직이는 동전?

실험 1

Check List ☐ 사이다 병(또는 소주병) ☐ 동전 ☐ 물

1 사이다 병(또는 소주병)을 준비하여 입구에 물을 충분히 묻힌다.

2 병 입구를 막듯이 100원짜리 동전을 올려놓는다.

내가 궁금한 화학 **91**

3 병 주위를 손으로 충분히 감싼 뒤 동전을 관찰한다. 어떤 일이 생길까?

"어떤 일이 생길까"

풍선을 씌운 병 속 공기의 부피는?

실험 2

Check List ☐ 사이다 병(또는 소주병) ☐ 동전 ☐ 풍선 ☐ 물 ☐ 냄비 혹은 주전자

1 풍선을 한 번 불어 공기를 뺀 뒤, 사이다 병(또는 소주병) 입구에 씌운다.

※실험 속 잠깐!
풍선에 공기를 넣었다 빼는 것은 부드럽게 만드는 작업이야!

2️⃣ 그다음, 주전자나 냄비에 넣은 병이 충분히 잠기게 물을 넣는다.

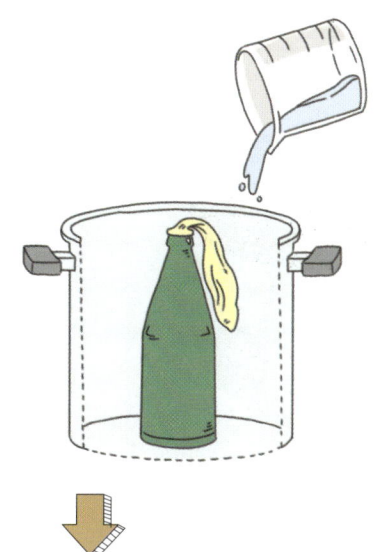

3️⃣ 가열하면서 풍선의 모습을 관찰한다. 어떤 일이 생길까?

※실험 속 잠깐!
병이 위로 뜰 경우, 나무젓가락이나 다른 도구로 병을 눌러 주자. 또 뜨거운 물이 쏟아지지 않도록 조심할 것!

나만의 노트

1. <실험1>에서 병 위에 놓은 동전은 어떻게 될까? 그 이유는?

2. 동전에 물을 묻히는 이유는 무엇일까?

3. <실험2>에서 병 입구에 씌운 풍선은 물을 가열하면서 어떻게 될까? 그 이유는?

내가 궁금한 화학

왜 그럴까 궁금하지?
가열하면 풍선 속 공기 부피는 왜 늘어날까?

병 위에 동전을 올려놓고 병을 감싸 쥐면 들썩들썩하는 동전을 볼 수 있습니다. 병 속 공기가 손에 있는 체온으로 데워져 부피가 늘어나서인데요. 부피가 늘어나는 힘 때문에 동전이 움직인답니다.

'샤를 법칙'에 따르면 공기와 이산화탄소, 수증기 등의 기체는 온도가 올라갈수록 부피가 일정하게 늘어납니다. 앞에서 한 또 다른 실험처럼 풍선을 씌운 병을 가열하면 풍선이 부푸는데요. 이는 병 속에 든 공기 온도가 높아져 공기 부피가 늘어나기 때문입니다.

식탁에서 뜨거운 국을 넣은 그릇이 움직이는 것도 마찬가지입니다. 왼쪽 사진처럼 국그릇에서 굽이 있는 그릇이 잘 움직입니다.

뜨거운 음식물을 그릇또는 컵에 담으면 굽 아래쪽으로 움푹 들어간 곳에 갇힌 공기들이 데워져 부피를 늘립니다. 하지만 사방이 막혀 있는 탓에 부피가 늘어난 공기는 그릇을 위로 들어올리는 것이지요. 이때 식탁 위에 물기가 있으면 들린 그릇이 더 잘 미끄러지겠지요? 부피가 늘어나는 힘으로 국그릇이 움직이는 것 외에도 때로는 들썩거리기도 합니다.

개념 돋보기

샤를 법칙?

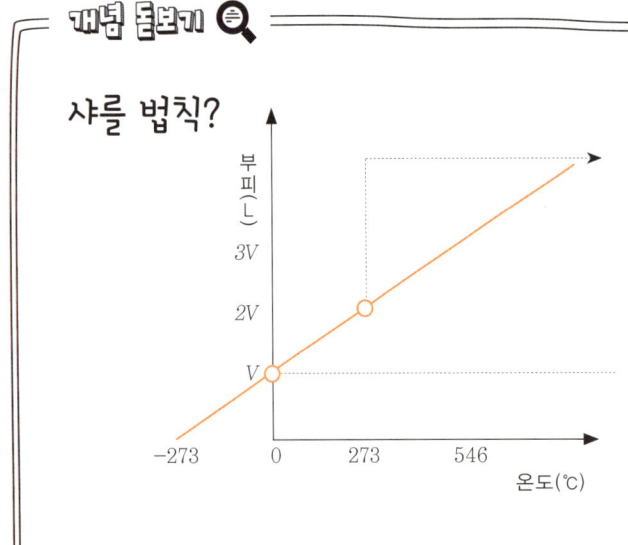

프랑스 물리학자 샤를은 1787년 실험을 통해 "압력이 일정할 때 모든 기체는 온도가 높아지면 부피가 일정한 비율로 늘어난다."라는 사실을 알아냈습니다. 이처럼 기체의 온도와 부피 사이 관계를 나타낸 법칙을 '샤를 법칙'이라고 합니다.

이에 따라 기체는 온도가 올라갈수록 부피가 늘어나고, 온도가 낮아질수록 일정하게 줄어듭니다.

 일상 속 과학 수수께끼

탁구공이 찌그러졌을 때 어떻게 하면 다시 펴질까?

오늘날 많은 사람이 늘어난 여가 시간으로 다양한 스포츠에 관심을 보이고 있다. 그 가운데 하나가 바로 탁구이다! 간단한 도구와 적절한 장소만 있으면 즐길 수 있어 많은 사랑을 받고 있다. 하지만 작은 탁구공에 강한 압력이 가해져 찌그러지기라도 한다면?

공교롭게도 준비한 공이 찌그러진 공 하나라면 낭패가 아닐 수 없다. 그렇다면 이 찌그러진 공을 다시 펼 수 있는 법은 없을까?

 Keyword 01. 공기의 온도와 부피 Keyword 02. 샤를 법칙
Keyword 03. 온도와 분자 운동

찌그러진 탁구공은 어떻게 펼 수 있을까요? 방법은 끓는 물에 넣어 시간이 지난 뒤 꺼내면 됩니다. 이는 샤를 법칙을 이용한 해결법이라고 볼 수 있어요. 자세한 원리를 살펴볼까요?

탁구공을 뜨거운 물에 담가 공 속에 있는 공기의 온도가 높아지면 공기의 부피가 늘어나 탁구공이 원래 모양으로 커집니다. 온도가 높아질수록 공기의 분자가 활발히 운동하여 공 안쪽 면에 압력을 크게 작용해 찌그러진 부분이 펴지는 거지요. 이와 비슷한 보기로 여름철 자동차 타이어를 들 수 있습니다.

겨울보다 여름에 더 타이어가 팽팽해지는 것도 마찬가지입니다. 여름날, 높은 온도로 타이어 속 공기 온도가 높아져 부피가 늘어나기 때문이지요.

비슷한 일상 속 과학 원리

- 컵 두 개가 꽉 포개져 잘 빠지지 않으면?
    → 뜨거운 물에 아래쪽 컵 밑을 넣어 주면 쉽게 뺄 수 있다!
- 열기구를 움직이게 하려면?
    → 버너를 켜면 공기주머니 속 공기 부피가 늘어나 떠오른다!

> **온도가 높아질수록
> 기체의 부피가 늘어나기 때문!**

아이스크림을 살 때 왜 드라이아이스를 넣어 줄까?

더운 여름날을 시원하게 만들어 주는 건 아이스크림. 전문 아이스크림 가게에서 원하는 맛을 골라 사면 아이스크림과 함께 꼭 따라오는 것이 있다. 바로 '드라이아이스'다! 아이스크림이 녹지 말라고 넣어 주는 것은 알겠는데 대체 드라이아이스의 어떤 성질이 아이스크림을 녹지 않게 막아 주는 걸까? 그럼 드라이아이스는 얼음이라고 봐도 될까? 드라이아이스는 고체와 기체, 액체 가운데서 어떤 상태의 물질일까? 드라이아이스가 가진 성질, 그러니까 물질의 상태 변화를 알면 쉽게 답을 알 수 있다! 다음 실험들에서 그 답을 구체적으로 살펴보자!

실험 1 드라이아이스, 어떤 성질을 갖고 있을까?

Check List ☐ 드라이아이스 ☐ 물 ☐ 부엌용 디지털 온도계 ☐ 통

1. 1/3 정도 물을 넣은 통에 온도계를 넣고 온도를 잰다.

통에 드라이아이스 1~2덩어리를 넣고 일어나는 현상을 관찰한다.

※**실험 속 잠깐!**
드라이아이스는 절대 맨손으로 만지지 말자!

 그다음, 온도계를 다시 통에 넣어 온도를 관찰한다.

온도는?

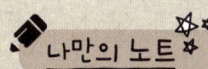

1. 드라이아이스를 물속에 넣으면 물 온도는 어떻게 될까?

2. 드라이아이스를 물속에 넣었을 때 그 크기는 어떻게 될까? 그리고 물속에 들어간 드라이아이스는 어떻게 됐을까?

실험 2 · 아세톤이 액체에서 기체로 바뀔 때 무엇이 필요할까?

Check List ☐ 알루미늄 캔 ☐ 부엌용 디지털 온도계 ☐ 키친타월 ☐ 셀로판테이프
☐ 아세톤 ☐ 고무찰흙

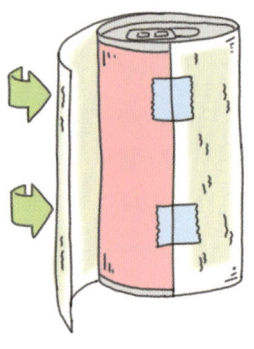

1 빈 알루미늄 캔 겉을 키친타월로 감싼 뒤, 셀로판테이프로 고정한다.

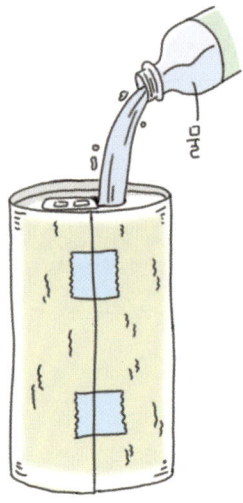

2 키친타월로 감싼 캔에 물을 가득 넣는다.

3 그다음, 온도계를 캔 속 물에 넣고 움직이지 않게 고무찰흙으로 입구를 막은 뒤, 물의 온도를 읽는다.

아세톤을 캔 주위 키친타월에 골고루 묻힌다. 아세톤이 마른 뒤 또 묻혀 주면서 물의 온도를 읽는다.

※실험 속 잠깐!
아세톤은 자극성 냄새가 있으니 이 실험은 환기가 잘 되는 곳에서 하자.

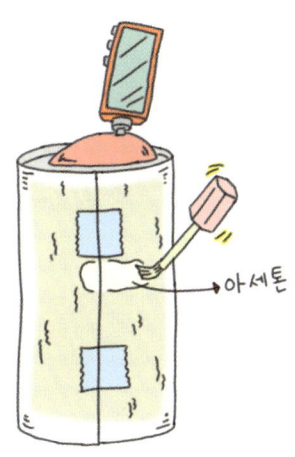

나만의 노트

1. 캔 주위의 키친타월에 묻은 아세톤은 어떻게 될까?

2. 아세톤 묻히는 과정을 되풀이하면 물의 온도는 어떻게 될까?

왜 그럴까 궁금하지?
드라이아이스는 어떻게 상태가 바뀌었을까?

우리 주위에 있는 여러 물질은 고체·액체·기체 3가지 상태로 나눌 수 있어요. 같은 물질이라도 온도가 달라지면 특정 온도에서 상태가 바뀐답니다.

물질은 상태가 바뀔 때 언제나 열이 물질에 흡수되거나 밖으로 방출됩니다.

고체에서 액체나 기체로, 액체에서 기체로 상태가 바뀌는 경우_{또는 단단한 상태에서 단단하지 않은 상태로 바뀌는 경우}에는 주위의 열을 물질 속으로 흡수하고, 그 반대의 상태로 바뀌는 경우에는 밖으로 열을 방출합니다.

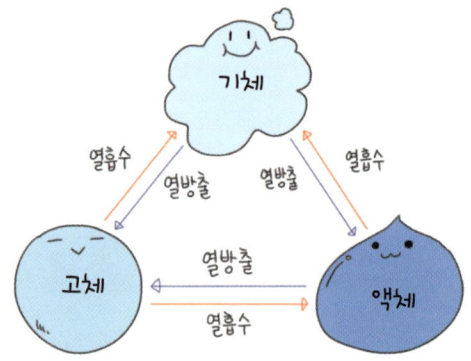

온도가 낮은 드라이아이스를 물속에 넣으면 고체에서 기체로 모양이 바뀝니다. 기체로 바뀌어 공기 중으로 날아가면서 드라이아이스는 물이 가진 열을 흡수하는데요. 드라이아이스가 작아질수록 물의 온도는 점차 낮아집니다.

캔을 둘러싼 키친타월에 액체 아세톤을 묻히는 것도 마찬가지입니다. 아세톤이 액체에서 기체로 바뀌어 공기 중으로 날아갑니다. 이때도 액체가 기체로 바뀌면서 캔과 캔 속에 든 물의 열을 흡수해 물의 온도가 낮아지죠.

개념 돋보기 🔍
드라이아이스는 얼음이 아니다?

이름과 달리 드라이아이스는 '얼음'이 아닙니다. 물에서 만들어진 얼음과 달리 이산화탄소에서 만들어지는 과정을 보면 왜 그런지 이유를 알 수 있지요.

드라이아이스는 이산화탄소에 압력을 가해 고체로 만듭니다. 그러므로 드라이아이스는 물과 달리 고체에서 액체로 바뀌지 않고 곧바로 기체로 바뀝니다. 따라서 액체로 볼 수 없어 '마른 얼음'이라는 말이 붙었답니다.

드라이아이스는 고체에서 바로 기체로 바뀌면서 주변 물질이 지닌 열을 빨아들여 온도를 낮춰 줍니다. 이런 성질 덕분에 차갑게 유지시키는 냉각제로 널리 쓰이지요.

일상 속 과학 수수께끼

냉장고, 이래서 시원하구나!

무더운 여름, 갈증을 없애 주는 것은 얼음이 가득 든 물이나 목이 아플 만큼 시원한 음료수다. 하지만 얼음도 시간이 지나면 녹아 없어지고, 차가운 음료수도 어느 순간 미지근해진다. 이때 없어서는 안 될 것은 '냉장고'! 우리가 아는 냉장고의 뜻은 이렇다.

"식품 등을 차게 하거나 썩지 않도록 낮은 온도에서 보관하는 장치."

뜻은 알겠는데 냉장고는 대체 어떤 원리로 음식을 낮은 온도에서 보관하는 걸까? 냉장고는 물질의 상태 변화를 적절하게 이용한 발명품이라는 사실. 지금부터 그 원리를 자세하게 알아보자!

🔑 Keyword 01. 기체와 액체 Keyword 02. 냉매 Keyword 03. 열의 흡수와 방출

냉장고는 물질의 상태가 바뀔 때마다 '열을 빨아들이고 내보내는 원리'를 이용한 장치입니다. 냉장고는 액체가 기체로 바뀔 때 내부 열을 빨아들여 냉장고 안을 시원하게 만들어 주는데요. 냉장고는 안의 열을 빨아들여 계속 차갑게 해 줄 물질로 '냉매'라는 액체가 있어야 합니다. 시원한 상태를 유지하려고 액체 냉매는 끝없이 공급 받고 기체 상태로 증발도 해야 하죠. 하지만 기체로 증발한 냉매를 대신할 액체 냉매를 그때그때 채워 넣기에는 너무 번거롭지요. 하지만 기체 냉매를 다시 액체로 만들면 이런 수고를 덜 수 있겠지요? 과학 원리로 보면 기체였던 냉매는 액체로 바뀔 때 열을 내보냅니다. 이로 인해 냉장고 안은 차갑고 시원하지만 그 뒤는 뜨거운 이유가 이 때문이에요. 에어컨도 이런 물질의 상태 변화 때 일어나는 열의 흡수와 방출을 이용한답니다.

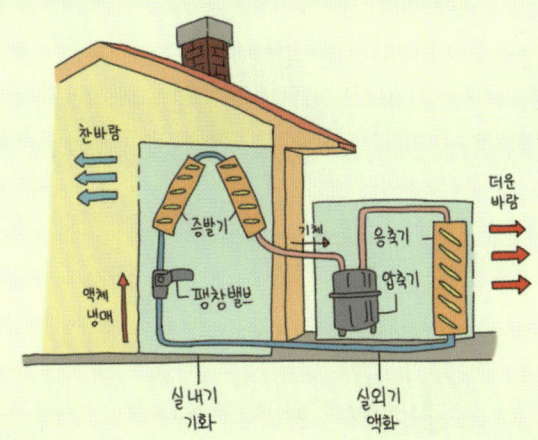

비슷한 일상 속 과학 원리

■ 여름철 얼음이 든 통에 캔을 넣어 시원하게 하는 것
  → 얼음(고체)이 녹으면서(액체) 음료수와 캔이 가진 열을 흡수하기 때문!

> **액체인 냉매가 기체로 바뀌면서 냉장고 속 열을 흡수하기 때문!**

물질이 바뀔 때 질량이나 부피는?

한 학기 동안 열심히 수업 듣고 공부해 온 중간고사! 단단히 공부했던 터라 나는 이번 과학 시험은 자신 있었어. 여유로운 마음으로 과학 시험에 임했는데 이럴 수가. 물질의 질량과 부피를 묻는 첫 문제부터 막히고 만 거야!

문제: 뛰어난 마법을 지닌 70kg의 대마법사는 몸 크기를 1/10 정도로 줄인 작은 동물로 바꾸는 변신술을 잘했다. 수업에서 그가 제자들을 위해 고양이로 모습을 바꿨다. 그렇다면 대마법사 고양이는 몇 kg일까?

① 10kg   ② 70kg   ③ 7kg

이게 지금 문제인가 싶어 나는 온갖 수학 지식을 동원해 ③번이라고 답을 골랐다!
그런데 답이 ②번 70kg이라니? 사람일 때나 고양이일 때나 바뀐 게 없잖아!

초콜릿이 녹을 때 질량은?

실험 1

Check List ☐사각 초콜릿 ☐냄비 ☐알루미늄 베이킹 컵 ☐요리 저울

1 알루미늄 베이킹 컵에 사각 초콜릿을 넣고 요리 저울로 질량을 잰다.

2 초콜릿이 든 알루미늄 베이킹 컵을 뜨겁게 데운 냄비 안에 넣고 타지 않게 녹인다.

3 그다음 녹인 초콜릿이 담긴 베이킹 컵을 요리 저울에 놓고 질량을 잰다.

질량은?

아세톤이 기체로 될 때 부피는?

실험 2

Check List ☐아세톤 ☐지퍼 백 ☐볼 ☐뜨거운 물

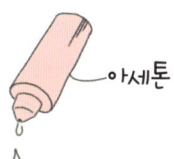
아세톤

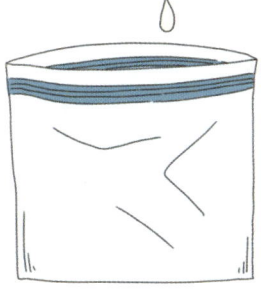

1 비닐 지퍼 백에 아세톤을 몇 방울 넣고 입구를 닫는다.

볼에 끓은 직후의 뜨거운 물을 받아 둔다.

※실험 속 잠깐!
볼에 부을 때는 뜨거운 물이
튀지 않도록 조심해서 붓자!

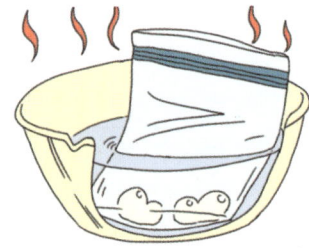

3 아세톤이 든 지퍼 백을 뜨거운 물이
담긴 볼에 담근다.
그다음 아세톤과 지퍼 백이 어떻게
변하는지 관찰한다.

나만의 노트

1. <실험1>에서 초콜릿이 든 베이킹 컵의 질량과 녹인 초콜릿이 든 베이킹 컵의 질량은 같을까, 다를까?

2. 물음 1번의 결과가 나온 이유를 생각해서 써 보면?

3. <실험2>에서 액체 아세톤이 든 비닐 지퍼 백을 끓는 물에 넣었을 때 아세톤은 어떻게 될까? 또 비닐 지퍼 백은 어떻게 될까?

4. 물음 3번의 결과가 나온 이유를 생각해서 써 보면?

왜 그럴까 궁금하지?
물질이 바뀔 때 질량과 부피는 어떻게 될까?

사실, 고체 초콜릿을 녹여 액체 초콜릿으로 만들어도 질량은 바뀌지 않습니다. 고체 초콜릿이나 액체 초콜릿 모두 초콜릿을 이루는 '분자(물질의 성질을 나타내는 가장 작은 알갱이)들이 모여 만들어져 있기 때문입니다. 고체 초콜릿은 분자들이 규칙적으로 빽빽하게 배열해 있습니다. 반면 액체 초콜릿은 불규칙적으로 조금 느슨하게 배열해 있답니다.

고체 초콜릿이 열을 받으면 초콜릿의 분자 운동이 활발해져 분자 사이 거리가 멀어집니다. 그러나 분자 개수는 그대로 있기 때문에 질량은 바뀌지 않습니다. 단 초콜릿이 차지하는 부피는 액체가 고체보다 조금 더 커집니다.

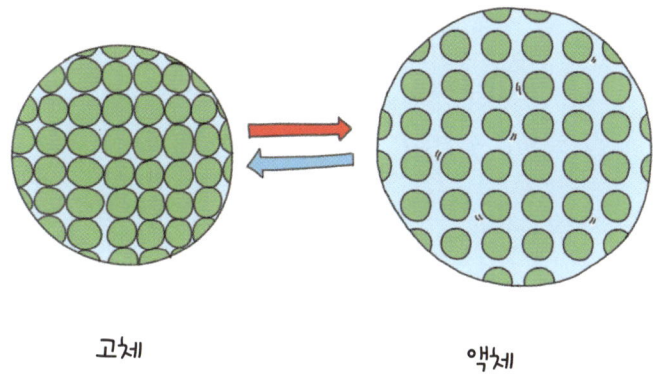

고체　　　　　액체

커지는 부피는 액체 아세톤이 기체 아세톤으로 바뀔 때 확실하게 볼 수 있습니다. 비닐 지퍼 백 속에 있는 액체 아세톤은 작은 부피를 차지합니다. 기체로 바뀌면 분자들 사이 거리가 멀어져 기체가 차지하는 부피가 무척 커지지요. 그 결과, 비닐 지퍼 백이 팽팽하게 부풀어 오른답니다.

개념 돋보기

분자란?

모든 물질은 분자라는 아주 작은 입자가 수없이 모여 이루어져 있습니다. 분자는 그 물질의 성질을 가지는 가장 작은 입자를 말합니다. 물론 물질에 따라 크기가 다르지만 아주 작아 일반 현미경으로도 볼 수 없답니다.

일상 속 과학 수수께끼

거푸집 크기가 더 큰 이유?

우리가 쓰는 물건이나 살아가는 집을 지을 때 빠지지 않는 것이 있다. 바로 '거푸집'이다. 이 거푸집은 쇠를 녹여 정밀한 물건을 만들 때 틀처럼 만들어 놓은 것이다. 여기에 쇳물을 부어 굳혀 만드는 용도로 사용한다.

그런데, 무언가를 만드는 틀이라면 제작하려는 모양과 크기 등이 같아야 할 텐데 이 거푸집은 실제 모양보다 크게 만들어지는 것이 원칙이라니? 우리가 살펴본 물질과 질량, 부피의 과학을 통해 그 이유를 알아보자.

Keyword 01. 상태 변화 Keyword 02. 물질의 부피 Keyword 03. 분자의 수

물질이 상태 변화 할 때 분자의 종류와 개수, 크기 등은 바뀌지 않습니다. 단 분자 사이의 거리가 달라지기 때문에 부피가 다르게 나타날 뿐이지요.

흔히 분자들이 규칙적으로 빽빽하게 배열한 고체에서 불규칙적이고 느슨하게 배열한 액체로 바뀔 때 부피가 늘어납니다. 이에 따라 액체인 쇳물이 굳어 고체인 쇠가 될 때 부피가 줄어듭니다. 이렇게 줄어들 모양을 생각해 거푸집 크기를 실제 크기보다 조금 더 크게 만들지요.

그런데 그 예외의 경우가 있습니다. 바로 이 세상에 존재하는 '물'입니다. '물'은 쇠와 다르게 고체로 바뀔 때 부피가 늘어나는 희한한 물질입니다. 물이 가득 든 병을 냉동실에 넣어 얼리면 깨지는 현상이 바로 이런 것이지요. 이는 액체인 물이 고체인 얼음으로 바뀔 때 부피가 늘어나기 때문입니다.

물이 든 주전자를 가열할 때 물이 끓으면 뚜껑이 들썩거리는 경우를 볼까요?

액체인 물이 기체 수증기가 되면서 부피가 많이 늘어나기 때문인데요. 그 늘어나는 힘이 주전자를 들썩거리게 하는 것이랍니다.

비슷한 일상 속 과학 원리

- 추운 겨울, 바위를 깨고 뚫은 구멍에 물을 부어 넣을 때
  → 물이 얼면서 부피가 늘어 바위가 갈라진다!

> **액체가 고체로 상태 변화 할 때
> 부피가 줄어들기 때문!**

불꽃놀이의 다양한 색은 어떻게 생길까?

무더운 여름이 지나고 찾아오는 여의도 세계 불꽃 축제. 내가 사는 서울에서 열리기도 하거니와 화려한 불꽃 덕분에 빠지지 않고 찾아가는 축제야.

우리 가족은 곧 시작할 불꽃놀이 축제에 맞추어 부랴부랴 나들이 준비를 했어. 도착한 지 얼마 지나지 않아 시작한 불꽃놀이는 빨강·파랑·노랑 여러 색을 터뜨리며 여기저기에서 감탄사를 자아냈지!

"이야! 정말 멋진 불꽃이었어! 우리도 집에 가서 한번 만들어 볼래?"

아빠, 저런 여러 가지 색깔 불꽃을 우리가 무슨 수로 만들어요! 아빠는 못 미더워하는 나를 보면서 팔까지 걷어붙이지 않겠어? 불꽃놀이의 본때를 보여 주시겠다나?

[중3] 화학 반응에서의 에너지 변화

실험

Check List ☐아이스크림 막대기 ☐솜 ☐에탄올 ☐불꽃 관찰 재료(소금, 엡솜염, 타르타르 크림, 제습제 알갱이, 약국용 붕산, 녹조 제거제 알긴)

1 준비한 불꽃 재료의 겉포장에서 제품 주성분을 확인한다.

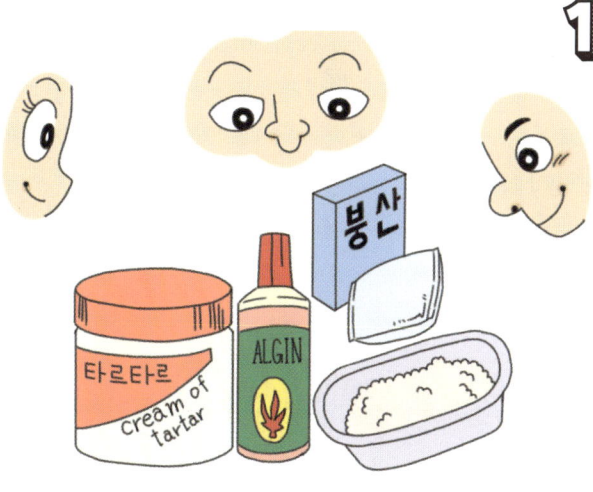

내가 궁금한 화학 **107**

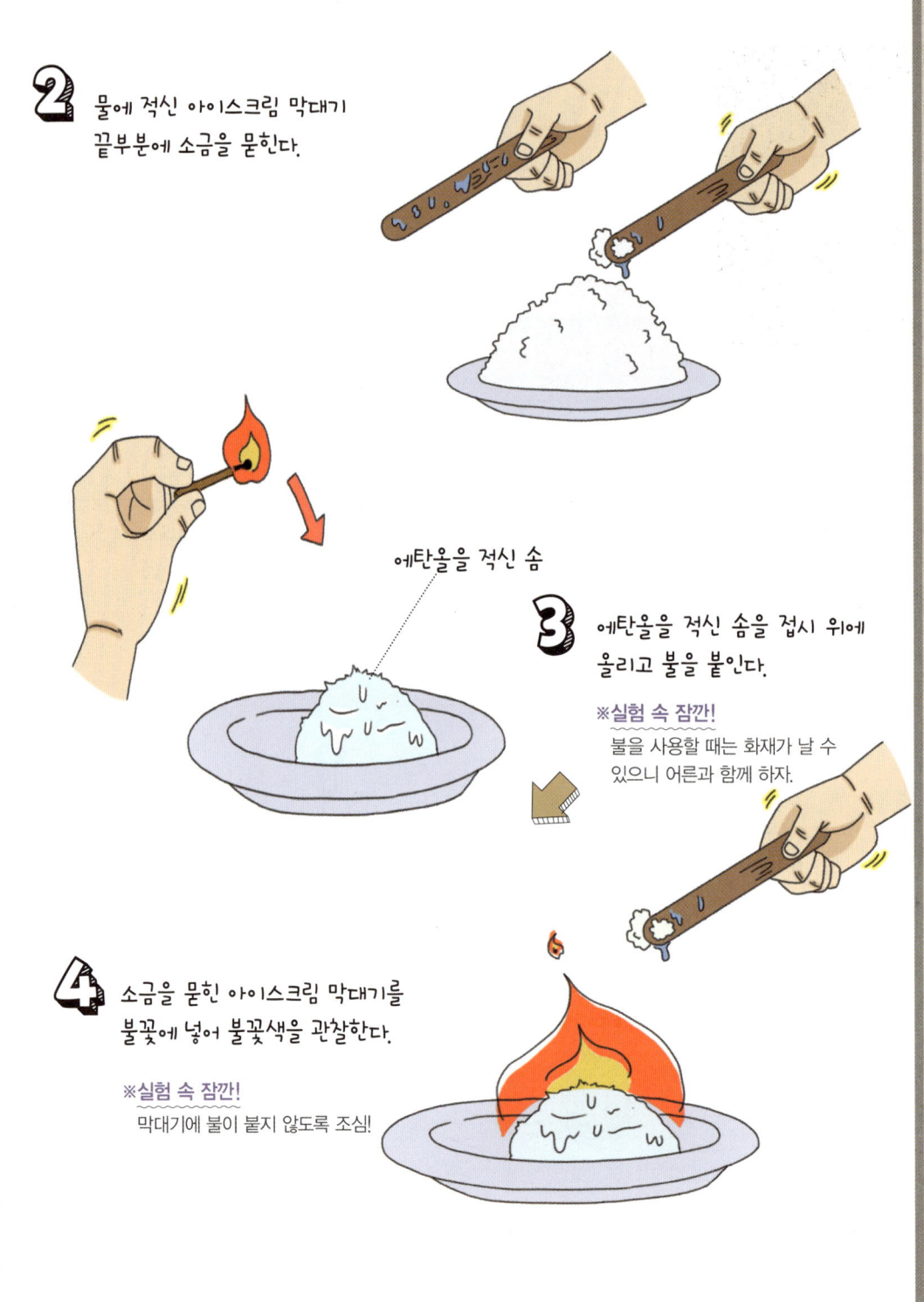

나만의 노트

1. 다음 표에 실험 결과를 기록해 보자.

	소금	엡솜 염	타르타르 크림	제습제	붕산	녹조 제거제
주성분						
불꽃색						

왜 그럴까 궁금하지?
불꽃색은 왜 달라질까?

물질에 들어 있는 어떤 원소들은 뜨거운 불꽃에 넣었을 때 특정한 색깔의 빛을 냅니다. 이를 '불꽃 반응, 불꽃색'이라고 합니다. 불꽃 반응은 특정 성분 원소를 알아내는데 사용합니다.

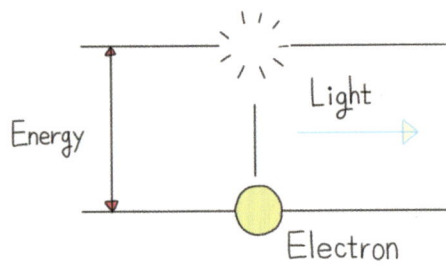

소금을 불꽃에 넣으면 노란색을 볼 수 있습니다. 이는 소금 성분인 염화나트륨의 불꽃색입니다. 붕산은 불꽃에 넣었을 때 녹색 불꽃을 볼 수 있는데요. 이는 붕산 성분 원소의 하나인 붕소가 나타내는 색깔입니다. 타르타르 크림은 불꽃이 보라색인데 타르타르 크림에 들어 있는 칼륨 원소의 불꽃색입니다.

이처럼 원소들의 독특한 불꽃색은 '방출 스펙트럼' 결과입니다. 원소의 방출 스펙트럼은 각 원자의 전자들이 불꽃에서 높은 에너지를 얻었다가 에너지를 잃을 때 방출하는 에너지의 크기가 달라서 고유한 색깔이 나타내지요.

몇 가지 원소들은 그 불꽃색이 다음과 같습니다.

B	붕소	밝은 녹색	K	칼륨	연보라
Ba	바륨	연노랑-녹색	Li	리튬	빨강
Ca	칼슘	주황-빨강	Mg	마그네슘	밝은 하양
Cu	구리	녹색	Na	나트륨	노랑

개념 돋보기 🔍

스펙트럼?

빛은 프리즘을 통과하면 무지개 색으로 나뉘어집니다. 무지개 빛은 각각 파장이 달라요. 파장이 짧을수록 에너지가 크고 파장이 길수록 에너지가 작지요. 무지개 색 가운데 빨강은 가장 파장이 긴 빛이랍니다. 이렇게 빛이 파장별로 나뉘어 펼쳐 놓은 것을 '스펙트럼'이라고 합니다.

소금의 불꽃색은 두 가지?

소금 성분인 염화나트륨은 불꽃색이 노란색이 아닌 주황색으로 관찰되기도 합니다. 특정 원소는 특정 파장의 방출 선 스펙트럼을 나타내고 각 파장에 해당하는 불꽃색을 보인답니다. 나트륨은 589nm에서 방출 선 스펙트럼이 나타나는데요. 노란색이 아닌 주황색으로 관찰되는 것은 눈의 시각 센서가 빛의 세기에 따라 민감도에 차이를 보이기 때문이에요. 노란색이나 주황색으로 보이는 염화나트륨 불꽃을 성능이 좋은 분광기로 분석해 보면 모두 589nm의 선 스펙트럼을 관찰할 수 있습니다.

맛보지 않고 물과 소금물을 구별할 수 있을까?

세상 모든 책을 읽어 모르는 것이 없는 남자가 있었어. 그에게 왕이 고민을 상담해 왔어. 그가 있는 나라는 힘이 약해서 훨씬 강한 이웃나라에게 괴롭힘을 당했는데 그곳에서 문제를 낸 거야. 답을 맞히지 못하면 부당하게 막대한 돈을 내야 했어. 그렇지 않으면 나라를 빼앗겠다나 뭐라나? 병에 담긴 물을 맛보지 않고 맞춰야 했는데 살펴봤지만 물은 똑같이 투명하고 냄새도 나지 않았어. 하지만 남자는 빙그레 웃으며 왕에게 말했지.
"전하, 물이 담긴 이 두 병을 얼려 온도를 재 보시면 됩니다!"
그 말대로 물이 담긴 두 병을 얼려 온도를 재니 왕은 하나는 물, 하나는 소금물이라는 것을 알 수 있었어. 대체 남자는 어떻게 물을 구별할 수 있었을까?

실험

Check List ☐ 60mL 플라스틱 빈 약병 ☐ 물 ☐ 소금물 ☐ 디지털 온도계

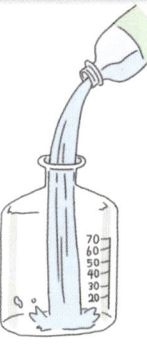 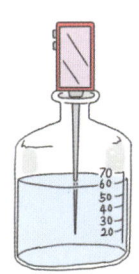

1 약병에 물을 60mL 정도 넣고 디지털 온도계를 꽂은 뒤 온도를 읽는다.

2 냉장고 냉동실에 약병을 넣고 5분마다 온도계를 읽으며 표를 만들어 적는다.

약병에 소금물을 60mL 정도 넣고 디지털 온도계를 꽂은 뒤 온도를 읽는다.

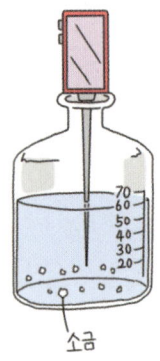

 냉장고 냉동실에 넣은 뒤 5분마다 온도계를 읽고 표를 만들어 적는다.

※실험 속 잠깐!
- 디지털 온도계가 2개라면 약병 2개에 각각 물과 소금물을 넣고 온도계를 꽂아 함께 냉장고 냉동실에 넣어 비교하면서 온도를 측정하면 더 좋다!
- 냉동실에 넣어 실험하지 않고 모두 얼린 뒤 꺼내서 일정 시간 간격으로 온도를 읽어 주어도 괜찮다.

 나만의 노트

1. 물과 소금물은 냉동실에 넣으면 열이 흡수될까, 방출될까?

2. 시간이 지나면서 물과 소금물의 온도와 상태는 어떻게 바뀌는지 아래 표에 써 보자.

시간(분)	0	5	10	15	20	25	……
온도(℃)							……
상태	액체						……

왜 그럴까 궁금하지?
물과 소금물을 어떻게 구별할 수 있을까?

물과 소금물을 플라스틱 약병에 넣어 온도가 낮은 냉동실에 넣으면 어떻게 될까요? 열을 빼앗겨(열의 방출) 온도가 낮아진 물과 소금물은 고체로 얼어 버립니다.

이때 일정 시간을 두고 물과 소금물의 온도를 읽다 보면 커다란 차이가 있음을 알 수 있습니다. 물은 얼 때 온도가 일정하게 유지되지만 소금물은 얼 때 온도가 계속 낮아진다는 것입니다. 또 물보다 더 낮은 온도에서 얼지요.

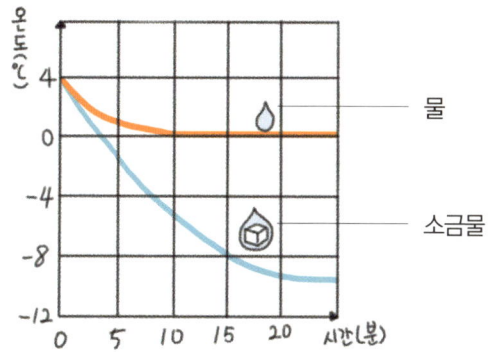

실험에서처럼 물은 다른 물질이 섞이지 않은 순수한 '순물질'입니다. 순수한 물질은 얼 때 물질 나름대로 어는 온도(어는점)가 일정합니다.

반대로 소금물처럼 두 가지 이상 물질이 섞인 '혼합물'은 어는 온도가 일정하지 않고 계속 바뀝니다. 또 혼합물은 어는 온도도 순물질보다 낮지요.

순수한 물질은 어는점뿐만 아니라 끓는점도 일정한데 혼합물은 그렇지 않습니다.

그래서 순수해 보이는 물질이 순물질인지 혼합물인지 구별하려면 어는점이나 끓는점을 조사하면 알 수 있지요.

개념 돋보기 🔍

순물질, 혼합물이란?

	순물질	혼합물
뜻	성질이 같은 입자들로만 이루어진 물질	두 가지 이상 순물질이 섞인 것
특징	물질의 고유한 특성을 갖고 있어 밀도·녹는점·끓는점 등이 일정하다.	포함된 순물질 성질을 모두 나타낸다. 물질 혼합에 따라 밀도·녹는점·끓는점 등이 다르다. 이 성질을 이용해 물질을 분리할 수 있다.

일상 속 과학 수수께끼?

눈 오는 날에는 왜 염화칼슘을?

해마다 찾아오는 겨울에는 반가운 손님이 있다. 온 세상을 하얗게 뒤덮는 '눈'이다. 추운 줄도 모르고 쌓인 눈을 가지고 노는 재미에 빠지는 것도 잠시. 이 눈은 곧 반갑지 않은 손님이고 만다. 쌓인 눈이 길바닥을 미끄럽게 하기 때문이다! 조심조심 걷는다 해도 훌러덩 미끄러져 크게 다치는 일이 생기다 보니 보통 걱정이 아니다. 그런데 다음날, 눈길을 걸어가는데 이전과 달리 미끄럽지 않은 게 아닌가! 자세히 보니 길 위에는 눈과 함께 어떤 가루가 뿌려져 있다! 대체 이 가루는 뭔데 똑같은 눈길을 걷는데도 미끄럽지 않은 걸까?

🔑 Keyword 01. 열의 흡수와 방출 Keyword 02. 혼합물 Keyword 03. 어는점

그 어떤 가루의 정체는 '염화칼슘'입니다. 눈이 왔을 때 염화칼슘을 뿌려 주는 이유는 주위에 있는 수증기를 빨아들이고 열을 내보내 눈을 녹게 만들기 때문입니다. 이밖에도 염화칼슘은 어는점을 내리는 역할도 합니다.

염화칼슘이 섞인 눈은 녹으면 혼합물이 됩니다. 눈이 녹은 순수한 물이 서로 가까워지는 것을 막으면서 어는점을 낮춰 줍니다. 따라서 물처럼 0℃에서 얼지 않고 훨씬 더 낮은 온도로 내려가야 얼 수 있습니다. 이 덕분에 쉽게 얼지 않아 빙판을 만들지 않는 것이지요.

물 분자 ↘

물(순수 물) 어는점 : 0℃   염화칼슘 어는점 : −55℃ 정도

비슷한 일상 속 과학 원리

- 자동차에 넣는 냉각수로 부동액 에틸렌글리콜을 섞는 이유?
  → 물에 용액을 섞은 혼합액이 0℃보다 훨씬 낮은 온도에서 얼기 때문!

**주위 수분을 빨아들이고 열을 내보내
눈을 녹이고 어는점을 낮춰 주기 때문!**

사인펜은 단색으로 이루어져 있을까?

서점에서 책을 사서 돌아온 나는 사 온 책 여기저기에 검은색 사인펜으로 내 이름을 적었어. 산 책에 사인펜으로 이름 적는 게 내 버릇이거든. 마지막 책에 이름을 쓰고 책상에 사인펜을 놓던 순간이었지. 그런데 어젯밤에 마시다 남긴 컵을 건드려서 이름이 적힌 책 위로 물이 쏟아지고 말았어! 그 탓에 이름들이 죄다 번져서 엉망이 되었지 뭐야?
"어라? 검은색 사인펜으로 이름을 썼는데 왜 파란색처럼 보인담?"
희한한 일이었어. 분명 검은색으로 보여야 할 이름이 푸르스름한 검은색으로 보이는 거야. 검은색 사인펜은 검은색 한 가지로만 되어 있던 게 아니란 말이야?

실험

Check List ☐ 키친타월 ☐ 여러 색의 수성 싸인펜 ☐ 컵 ☐ 물

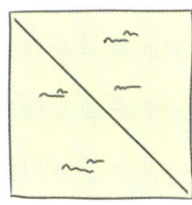  

1 키친타월을 대각선으로 접고, 반으로, 또 반으로 접는다.

2 키친타월 중심에서 3cm쯤 떨어진 곳에 각기 다른 사인펜으로 색 선을 긋는다.

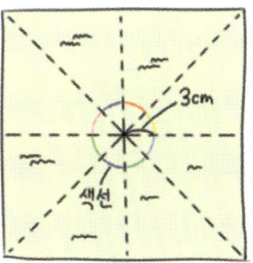

위쪽에 연필로 색깔 이름을 흐리게 적어 놓는다.

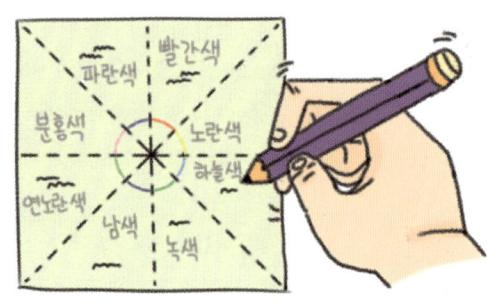

 키친타월의 접은 선을 번갈아 안, 밖으로 접어 고깔 모양을 만든다.

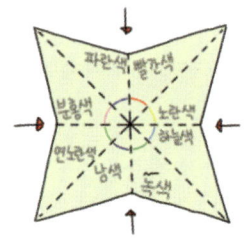 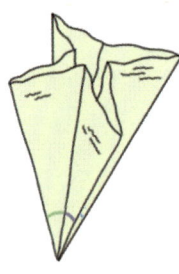

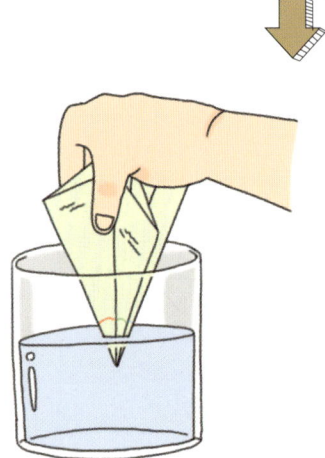

물이 3/4의 정도 담긴 컵에 고깔에 그린 색 선이 잠기지 않게 끝부분을 물에 살짝 닿도록 넣어 잡는다.

6 물이 1/2 ~ 2/3 정도 올라왔을 때 키친타월을 꺼낸다.

나만의 노트

1. 물이 키친타월로 올라오면 사인펜 색깔은 어떻게 될까?

2. 칠한 사인펜 색깔들은 어떤 색소들로 나뉘어졌는지 써 보자.

왜 그럴까 궁금하지?
사인펜 색소가 여러 색소의 혼합물임을 어떻게 알까?

우리 생각과는 달리 사인펜은 색소들을 다양하게 섞어서 만듭니다. 한 보기로 검은색 수성 사인펜은 하늘색·노란색·붉은색 등의 색소를 적당량 섞어 만듭니다. 바꿔 말하면 이러한 색소들이 가진 서로 다른 특성을 이용한다면 색소들을 서로 분리할 수 있습니다. 그렇다면 색소들이 가진 서로 다른 특성이란 무엇일까요?

하늘색과 노란색 그리고 붉은색 색소는 키친타월이나 종이에서 액체인 물을 흡수시킬 때 물을 따라 올라가는 속도가 서로 다릅니다. 그래서 키친타월에 여러 색깔 사인펜을 그어 물을 흡수시키면 각 색깔을 이루는 색소가 정해진 서로 다른 위치에 나타납니다. 이처럼 혼합물을 분리할 때 성분 물질이, 물질을 잘 녹게 도와주는 용매를 따라 이동하는 빠르기 차이를 이용하여 혼합물을 나누는 방법을 '크로마토그래피 Chromatography'라고 합니다.

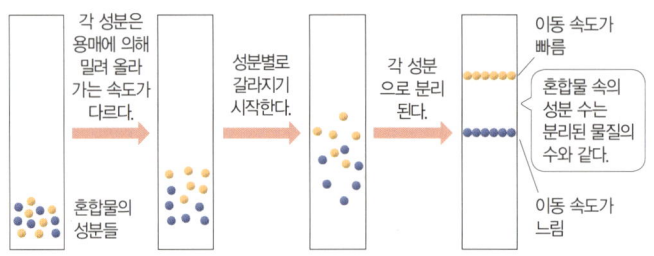

크로마토그래피는 성질이 비슷하거나 성분 물질이 여러 가지인 혼합물도 간단하게 분리할 수 있고 걸리는 시간도 짧습니다. 또 혼합물 양이 적어도 쉽게 분리할 수 있는 분리법입니다.

개념 톺아보기

크로마토그래피 Chromatography **더 들여다보기**

크로마토그래피에서 크로마는 라틴어로 색깔Color을, 그래피는 기록Wirte이라 하여 '색의 기록'이라는 뜻을 담고 있습니다. 1906년, 러시아 식물학자인 미하일 츠베트가 처음 만들었는데요. 식물 잎에 들어 있는 엽록소를 뽑아내려고 잘게 빻은 탄산칼슘을 채운 유리관에 즙을 통과시켜 색소를 분리했습니다. 이후 많은 과학자가 크로마토그래피를 연구하면서 종이 크로마토그래피는 물론 기체, 관, 이온 교환 크로마토그래피 등 여러 방법을 개발했지요.

크로마토그래피가 스포츠에도 사용된다고?

"더 빨라지고 싶었다."
— 전 캐나다 육상 국가 대표 선수 벤 존슨 —

운동선수들의 비밀 또는 유혹, 도핑. 1등 혹은 최고 기록을 위해 누구도 모르게 먹은 약을 들키는 순간은 곧 추락을 뜻했다. 도핑은 운동 이외 바르지 못한 수단으로 신체 능력을 높이기 때문에 경기에서 정당하지 못한 일이다. 도핑으로 밝혀진 뛰어난 기록과 금메달을 딴 몇몇 최고 선수들은 대중들에게 적지 않은 충격을 주고 있다. 이런 결과를 밝히는 도핑 테스트는 어떤 원리를 이용한 것일까?

 Keyword 01. 크로마토크래피 Keyword 02. 성분 분리

1960년 로마 올림픽에서 한 사이클 선수가 신체 능력을 높이는 약물 때문에 사망했다는 사실이 밝혀진 뒤부터였습니다. 그 뒤로 금지 약물 검사를 연구해 도핑 테스트를 시작했지요.

이때 선수들이 약물을 복용했는지를 알아내는 방법이 '크로마토그래피'입니다. 도핑 컨트롤 센터에서 경기가 끝난 선수들의 소변이나 혈액을 받아 특수 기계와 크로마토그래피 방법을 이용하여 약물 복용 여부를 알아냅니다.

소변이나 혈액 속 각종 물질도 특정 용매를 따라 특정 물질 위를 올라가는 높이가 다릅니다. 따라서 크로마토그래피를 이용하면 금지 약물 성분을 확인할 수 있지요.

**소변(혈액)에 있는 물질의 퍼지는 속도를
크로마토그래피로 확인해 금지 약물 성분을 알아낸다!**

색동 띠를 만들 수 있는 사연은?

오늘은 바텐더로 일하시는 삼촌이 오신 특별한 날이야. 내가 삼촌을 기다리는 이유가 있어. 삼촌은 오실 때마다 내게 맛있는 음료수를 만들어 주시거든. 여지없이 삼촌은 실력을 발휘해 내게 몇 가지 필요한 것들을 부탁했어.
"매실, X바사, 오렌지, 망고 주스? 이건 대체 왜?"
궁금한 것도 잠시. 사 온 음료를 이용해 삼촌은 무알코올 주스 칵테일을 만들어 주셨어! 음료들이 층을 이룬 곱고 맛난 칵테일 한 잔을 들이켤 때였지.
삼촌은 각 음료의 밀도 때문에 칵테일 만드는 게 가능했다고 하는데 정말 그럴까?

실험

Check List ☐ 굵은 투명 빨대 ☐ 소금 ☐ 투명한 컵 3개 ☐ 그림물감 3가지 ☐ 티스푼

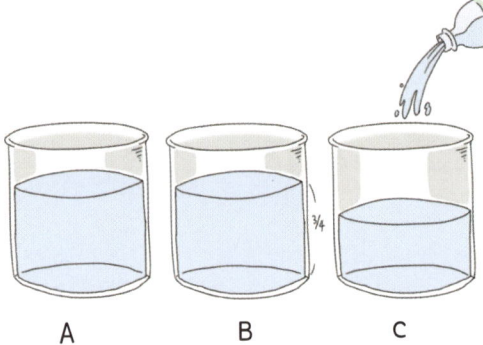

1. 3개의 컵 A, B, C에 각각 3/4 정도 물을 넣는다.

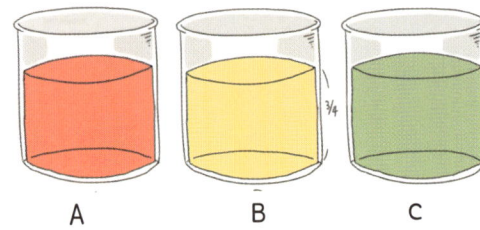

2. 각 컵마다 서로 다른 그림물감을 넣는다.

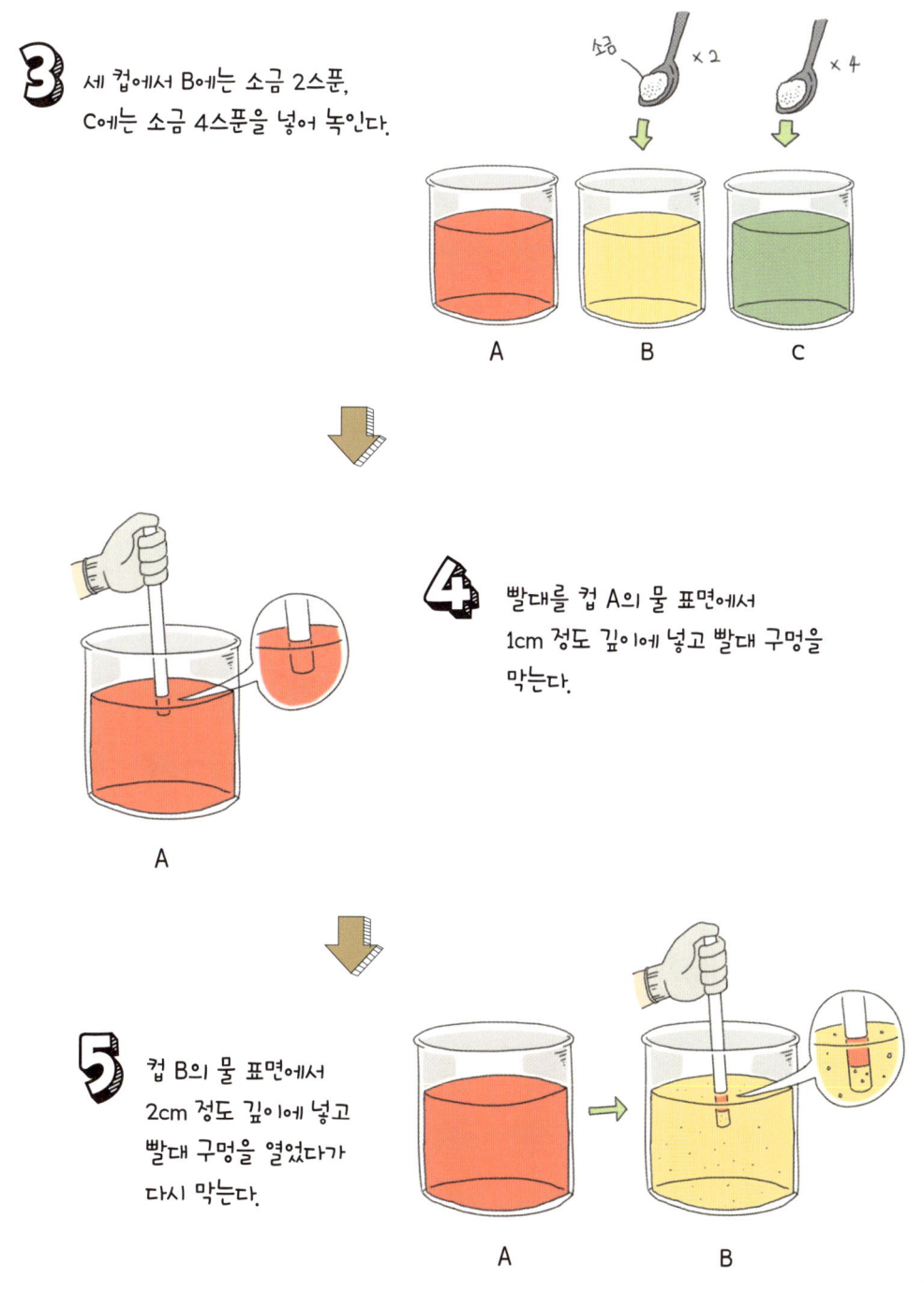

3 세 컵에서 B에는 소금 2스푼, C에는 소금 4스푼을 넣어 녹인다.

4 빨대를 컵 A의 물 표면에서 1cm 정도 깊이에 넣고 빨대 구멍을 막는다.

5 컵 B의 물 표면에서 2cm 정도 깊이에 넣고 빨대 구멍을 열었다가 다시 막는다.

6 컵 C의 물 표면에서 3cm 정도 깊이에 넣고 구멍을 열었다가 다시 빨대 구멍을 막아 꺼내 본다. 어떻게 될까?

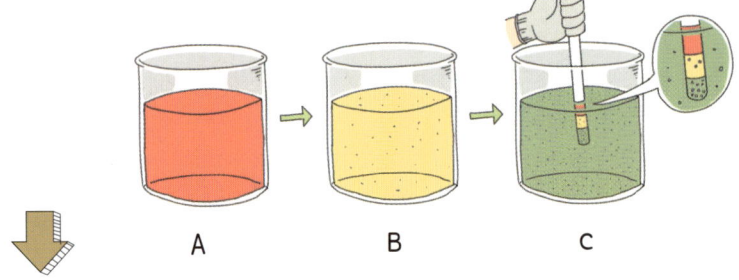

7 빨대 넣는 순서를 컵 C에서 컵 B, 컵 A로 바꿔서 해 보면 어떻게 될까?

나만의 노트

1. 빨대를 컵 A, B, C 순으로 액체에 담글 때 빨대 속에 색동 띠가 생기는가?
   그 이유는 무엇인가?

2. 빨대를 컵 C, B, A의 순으로 액체에 담글 때 빨대 속에 색동 띠가 생기는가?
   그 이유는 무엇인가?

왜 그럴까 궁금하지?
색동 띠는 어떻게 생기는 걸까?

다양한 커피와 음료를 파는 카페 같은 곳을 가면 특별한 음료를 볼 수 있을 거예요. 음료들은 맛만 있는 것이 아니라 갖가지 예쁜 색깔로 층을 내어 우리 눈도 즐겁게 해 주지요. 그럼 이런 색동 층은 어떻게 만들어지는 걸까요?

컵 A, B, C 순으로 빨대를 넣었을 때에는 왼쪽 사진처럼 선명한 색동 띠를 볼 수 있습니다. 하지만 컵 C, B, A 순으로 빨대를 넣었을 때에는 오른쪽 사진처럼 색이 모두 섞인 물이 보인답니다. 무엇 때문일까요?

소금을 많이 넣을수록 소금물이 무거워 밀도가 커져 밑으로 가라앉으려는 성질 때문인데요. 가장 밀도가 큰 컵 C의 소금물이 맨 아래에 있는 빨대에서 선명한 색동 띠를 볼 수 있습니다.

반대로 가장 밀도가 작은 컵 A의 물이 맨 아래에 있고, 밀도가 큰 컵 C의 물이 위에 있는 빨대에서는 컵 A의 물이 위로 올라가고, 컵 C의 물은 아래로 내려가, 서로 색이 섞여 색동 띠를 볼 수 없습니다. 따라서 밀도가 작은 것부터 큰 것을 아래로 하여 순서대로 섞었다면 제대로 층을 이룬 색동 띠를 볼 수 있겠지요? 시중에 파는 음료들 밀도에 따라 다르겠지만요.

개념 돋보기 🔍

물질의 밀도?

단위 부피($1cm^3$)당 물질의 질량을 그 물질의 '밀도'라고 합니다. 더 쉽게 이렇게 보겠습니다. 물질이 얼마나 빽빽한가를 나타내는 것이 밀도입니다.

밀도가 크다.

밀도가 작다.

왼쪽처럼 봉투에 빵이 많이 들어가 있으면 빽빽하다거나 밀도가 크다고도 합니다. 반대로 오른쪽처럼 같은 봉투에 빵이 적게 들어가 있으면 성기다거나 밀도가 작다고 합니다. 이 밀도는 뜨고 가라앉는 것을 정해 주는 기준입니다. 즉 밀도가 큰 물질일수록 밑으로 가라앉으려는 성질이 있습니다.

다른 보기를 살펴볼까요? 흔히 접할 수 있는 풍선을 보겠습니다. 먼저, 숨을 불어 넣은 풍선은 위로 뜨지 못하고 아래로 가라앉습니다. 반대로 헬륨가스를 넣어 부푼 풍선은 위로 뜨는 모습을 볼 수 있는데요.
사람의 숨에는 이산화탄소가 많이 들어 있습니다. 이 이산화탄소는 그 밀도가 공기의 밀도보다 크기 때문에 가라앉지요. 반대로 헬륨의 밀도는 공기의 밀도보다 작아 풍선이 뜨는 것이랍니다.

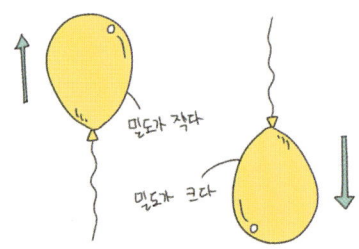

과일 주스에서 순수한 물을 얻을 수 있을까?

친구들과 나는 1박 2일 체험 학습을 나가 호스텔에 묵었어. 밤에 목이 말라 일어났는데 이게 웬일! 주전자와 정수기에 물이 없는 거야! 냉장고에도 물은커녕 얼음 한 조각 없었어.
다행인 건 과일 주스들이 있었어. 앞뒤 생각할 필요 없이 주스를 들이켰지만 갈증은 더 심해지지 뭐야?
"안 되겠다. 남은 과일 주스에서 물을 만들어 보자!"
결국 나는 친구들을 깨워 주전자와 주스들을 이용해 물을 만들어 보기로 했어. 어떻게 했냐고?
준비물로 과일 주스와 주전자 그리고 랩이랑 불만 있으면 간단해!

실험

Check List
☐ 작은 주전자(혹은 냄비) ☐ 도자기 컵(무거운 재질로 된 컵)
☐ 과일 주스 ☐ 비닐 랩

1. 주전자 안에 주스를 2~3cm 높이로 붓는다.

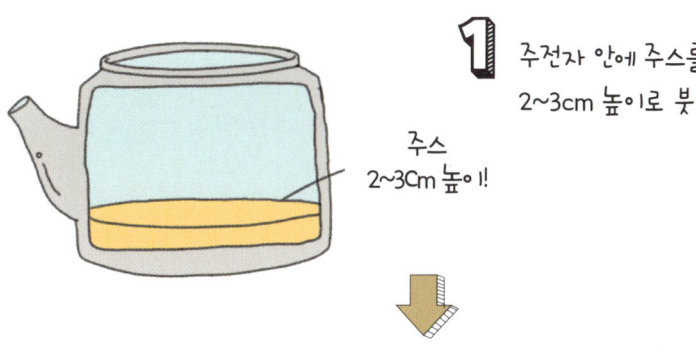

주스 2~3cm 높이!

2. 주전자 가운데에는 빈 컵을 놓는다.

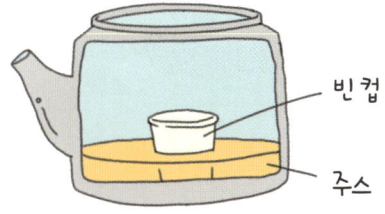

빈 컵
주스

내가 궁금한 화학 **125**

 주전자 주둥이를 비닐 랩으로 감싸 막는다.

 주전자를 가스레인지에 올려놓은 뒤 윗부분에 뚜껑을 거꾸로 놓는다.

※실험 속 잠깐!
뜨거운 불을 다루므로 조심하자.

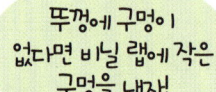

 가스레인지 불을 약하게 한 뒤 주전자 안 주스가 충분히 끓을 때까지 가열하고 나서 불을 끈다.

※실험 속 잠깐!
불은 되도록 약불로!

충분히 식은 다음 뒤집은 주전자 뚜껑을 열고 컵을 꺼내자.

컵 안에 무엇이 들어 있을까?

나만의 노트

1. 컵 속에 담긴 액체는 어떤 색이고 맛은 어떨까?

2. 컵 속 액체는 무엇일까?

3. 컵 속 액체는 어떠한 과정을 거쳐 생겼을지 생각해서 써 보자.

왜 그럴까 궁금하지?
과일 주스는 어떻게 물이 되었을까?

과일 주스에서 어떻게 물이 나왔는지 참 놀랍지요? 그 원리는 '증류'를 살펴보면 알 수 있습니다. 증류와 이번 실험을 함께 살펴보지요.

과일 주스는 물이 대부분을 차지하고 당류와 비타민C, 향료 등이 녹아 있어요.

주스를 가열하면 물·당류·비타민 등 물질의 온도가 높아지지요. 온도가 높아지다가 물이 가장 낮은 온도 100℃에서 기체 수증기로 상태 변화를 합니다.

당류나 비타민 등은 물보다 높은 온도에서 기체로 바뀔 수 있답니다. 먼저 주스에서 기체로 바뀐 물은 수증기 상태로 주전자 속을 가득 채웁니다. 이때 뚜껑에 닿은 수증기는 뚜껑 위쪽이 차가워 다시 액체인 물로 바뀝니다. 물로 충분히 바뀌었을 때 뚜껑 부분에서 가운데가 낮은 꼭지 쪽으로 흘러 컵으로 떨어지는 거예요.

이 과정을 통해서 컵 속 액체는 색이 없고 맛이 밍밍하지만 순수한 물이 됩니다.

개념 돋보기 🔍

증류란?

여러 물질이 섞인 혼합 액체 용액에서는 물질마다 기체로 바뀌는 온도인 끓는점이 다릅니다. 이 혼합 액체를 가열하여 특정 액체를 기체로 바꾼 뒤 다시 식혀 액체로 순수하게 분리하는 방법을 '증류'라고 합니다. 바닷물에서 순수한 물을 얻을 때 쓰는 방법 가운데 하나이기도 하지요.

끓는점이 다른 여러 종류의 액체가 섞여 있을 때에도 이 방법을 씁니다. 하지만 이때에는 온도를 잘 보고 나누어 받아야 더 순수한 액체를 얻을 수 있답니다.

일상 속 과학 수수께끼

순수한 에탄올을 얻으려면?

어른들이 마시는 술에는 에탄올이 일정량 들어 있다. 늦게 퇴근한 아버지나 어머니 입에서 나는 술 냄새는 바로 이 에탄올이 원인이다. 이 에탄올이 많은 비율로 들어 있을수록 취하는 도수가 높은 술이다. 우리 상식과 다르게 단순히 물에 알코올만 섞지 않고 복잡한 과정을 거쳐 만들어지는 것이 이 술이다. 술의 주 구성 성분인 에탄올은 얻는 과정도 만만치가 않다. 그렇다면 에탄올은 어떤 방법으로 얻을 수 있을까? 앞서 살펴본 증류를 떠올리며 그 방법을 생각해 볼까?

🔑 Keyword 01. 끓는점 Keyword 02. 증류

술을 만들 때 필요한 에탄올을 얻으려면 먼저 곡식이나 과일을 이용하여 '발효'라는 과정을 거쳐야 합니다. 물론 이때 생기는 에탄올 양은 많지 않아서 높은 도수의 술을 만들 때 필요한 에탄올만을 순수하게 따로 얻어야 하지요.

우리나라는 다 발효한 것을 다음 그림과 같은 '소줏고리'라는 기구에 넣고 가열하여 가장 처음 에탄올을 얻는답니다. 물론 물질 가운데에서 끓는점이 가장 낮은 78℃ 에탄올이 먼저 기체로 바뀌어 소줏고리 위쪽으로 올라오기 때문에 가능한 일이지요. 위로 올라온 기체 에탄올은 찬물이 담긴 그릇에 닿아 차가워지면 다시 액체로 바뀌어 입구로 나옵니다.

찬물이 담긴 그릇
소줏고리
여러가지 물질이 섞여 있는 술

가열할 때 78℃ 부근에서 에탄올이 나온 뒤 온도가 더 올라가 100℃가 되면 물이 나오기 때문에 잘 구분해야 물이 섞인 에탄올이 나오지 않습니다. 이때 78℃에서 나오는 물질만 재빠르게 받는다면 더 순수한 에탄올을 얻을 수 있습니다.

비슷한 일상 속 과학 원리

- 자동차 휘발유·경유·기름보일러에 들어가는 등유 등을 검은 원유에서 얻을 때
  → 원유에서 끓는점에 따라 나누어 얻는다!

> **에탄올이 끓는 온도에서 나오는 액체를 얻는다.**

예쁜 결정 목걸이를 어떻게 만들까?

생일을 맞이하면 누구나 특별한 선물을 받고 싶어 하지 않을까?
오늘은 우리 엄마의 생신날이다. 지금껏 드렸던 다른 어떤 선물보다 특별한 선물을 하고 싶은 마음에 난 목걸이를 드리기로 했어! 이제 학생인데 그런 비싼 걸 어떻게 사냐고?
명반과 물 그리고 실만 있으면 걱정 없어! 다른 값비싼 광물들을 섬세하게 깎아서 목걸이 보석들로 만들지만 학생인 난 저렴한 재료로 더 쉽게 만드는 방법을 알고 있어. '백반'이라고 불리는 명반을 이용한 다음 실험에서 그걸 살펴볼 거야.

실험

Check List
☐ 투명 플라스틱 컵 ☐ 냄비 ☐ 명반(백반이라고도 함)
☐ 털실 혹은 모루 ☐ 나무젓가락 ☐ 젓개 ☐ 물

1. 4/5 정도 물이 담긴 플라스틱 컵에 명반을 넣고 젓개로 충분히 저어 녹인다.

※실험 속 잠깐!
녹지 않는 명반이 나올 정도로 명반을 넣는다.

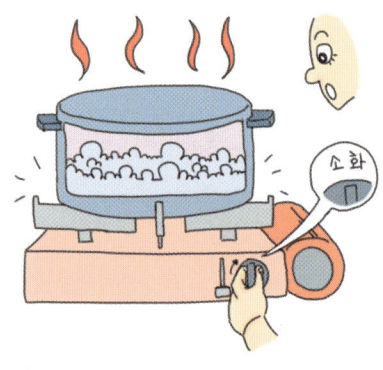

2. 물을 담은 냄비를 가열하여 물이 끓을 때 불을 끈다.

※실험 속 잠깐!
불을 다룰 때는 언제나 조심하자!

3 끓인 물이 담긴 냄비에 플라스틱 컵을 담그고 컵 물을 저어서 남은 명반이 녹는지 관찰한다. 또 최대로 녹을 수 있게 명반을 더 넣어 녹인다.

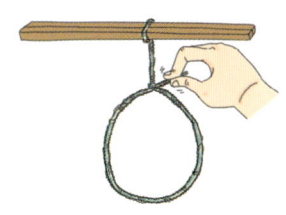

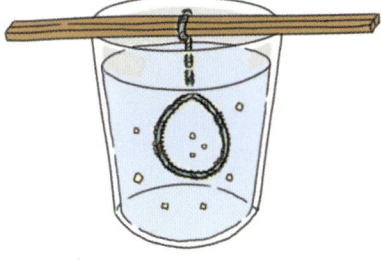

4 털실을 잘라 컵 속에 들어가도록 한쪽을 동그랗게 만들고 다른 한쪽 끝부분을 나무젓가락 가운데에 매단다.

5 냄비에서 꺼낸 컵의 물에 나무젓가락에 매단 털실의 동그란 부분을 담근다.

6 컵을 안정된 곳에 놓아 둔 뒤 하루 지나서 꺼내 본다.

※실험 속 잠깐! • 큰 결정 키우기
실험 과정에서 하루 지난 컵의 물속 털실에 생긴 결정 가운데 큰 결정을 떼어 가는 실에 매달아 명반 용액에 넣어서 놓아 두자. 이 과정을 반복하면 커다란 명반 결정을 얻을 수 있다.

나만의 노트

1. 끓는 물속에 컵을 담갔을 때 녹지 않았던 명반은 녹는가?

2. 하루가 지나고 털실 주변에 무엇이 생겼을까?

3. 물음 2번에서 생긴 것은 어떤 과정을 거쳐 만들어졌을까?

> 왜 그럴까 궁금하지?

명반은 어떻게 예쁜 결정이 되었을까?

명반은 우리가 봉숭아물을 들일 때 넣는 물질입니다. 손톱에 봉숭아색이 더 잘 들게 만드는 역할을 한답니다. 명반은 물에 녹는 고체이지만 물에 무한정 녹지는 않습니다. 이 명반의 '용해도'는 물의 온도가 높을수록 더 크지요. 즉 같은 양의 물에 녹는 명반의 양은 물의 온도가 높을수록 많다는 것입니다. 그래서 찬물에 녹지 않았던 명반이 물이 뜨거워지면 더 많이 녹는 것이지요.

반대로 높은 온도의 물에 잔뜩 녹은 명반 용액의 온도를 낮추어 주면 어떨까요? 물에 녹았던 명반 가운데 일부는 물에 녹지 않아 다시 물에서 빠져나온 고체로 바뀐답니다. 이 고체는 물질의 원래 고유한 모습인 '결정' 형태를 띱니다. 이렇게 만들어진 결정이 털실 등에 붙어 명반 결정 목걸이를 이루지요.
명반 이외에 붕산도 같은 과정을 거치면 결정 목걸이를 만들 수 있습니다.

개념 돋보기 🔍

용해도란?

액체에 고체를 넣는다고 무작정 다 녹지는 않습니다. 물에 넣어도 어느 순간부터 넣은 고체가 녹지 않고 가라앉는 양이 늘어나지요. 즉, 보통 물과 같은 용매 100g에 최대한 녹을 수 있는 양(g)이 정해져 있다는 뜻인데요. 이를 '용해도'라고 합니다. 이 실험에서는 물 100g에 최대한 녹을 수 있는 명반 양(g)을 명반의 물에 대한 용해도라고 할 수 있겠지요. 그런데 고체들은 대부분 용매의 온도가 높아질수록 용해도가 커집니다.

오른쪽 그래프는 여러 고체 물질들의 온도에 따른 용해도를 나타낸 곡선입니다. 이를테면 용해도 곡선에서 20°C의 물 100g에 질산칼륨이 30g 정도밖에 녹을 수 없습니다. 하지만 물의 온도가 80°C로 높아지면 170g 정도로 무척 많이 녹을 수 있다는 사실을 알 수 있지요.

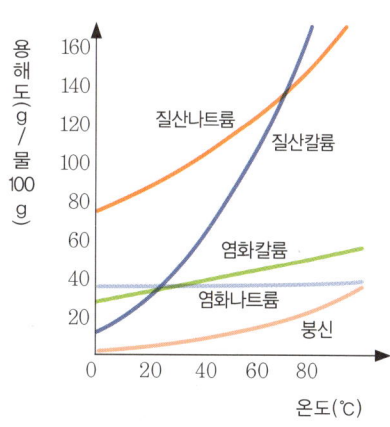

일상 속 과학 수수께끼?

고체를 녹인 액체에서 보는 독특한 고체 모양은 어떻게 생겼을까?

명반 목걸이 실험을 응용하면 또 한 가지 재미있는 현상을 볼 수 있다. 앞선 실험이 결정을 만들어 내는 과정을 살펴본 실험이라면 이번에는 결정 모양까지도 독특하게 꾸며 보는 실험이다. 과정은 이렇다.

명반이나 소금, 붕산 등 고체 물질을 뜨거운 물에 최대한 녹인 용액 온도를 낮추어 보자. 그에 따라 물질에서 독특한 고체 결정이 나타나는데 이는 어떤 과정을 거쳐서 일어나는 것일까?

🔑 Keyword 01. 용해도 Keyword 02. 온도에 따른 용해도 차이
Keyword 03. 고체 결정

높은 온도의 물과 같은 용매에 최대로 녹은 용액 온도를 낮추어 보세요. 낮은 온도에서 최대로 녹을 수 있는 고체 양이 줄어듭니다. 그래서 녹았던 고체 가운데 녹을 수 있는 양만큼을 뺀 양의 고체는 결정으로 나타납니다.

물질의 독특한 결정 모양을 보고 싶다면 온도에 따른 용해도 차이를 이용할 수 있겠지요. 명반은 보통 때에는 고유한 모양을 나타내지 않지만 물에 녹은 뒤 다시 고체로 나올 때 고유 결정 모양을 드러냅니다.

어떤 고체 물질에 조금 섞여 있는 불순물을 없애는데 온도에 따른 용해도 차이를 이용할 수 있습니다. 물질 전체를 모두 녹이도록 뜨거운 물을 넣어 녹인 뒤 온도를 낮추어 주세요. 순수한 고체 물질을 결정 상태로 얻을 수 있답니다.

온도가 다른 용매에 최대로 녹을 수 있는 고체 양이 달라 결정이 생긴다!

문지르기만 해도 형광등을 켤 수 있다고?

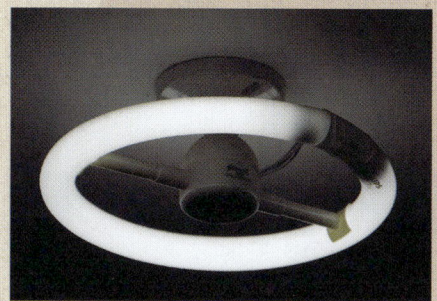

과학 시간에 난 우리 과학 선생님이 하는 거짓말을 들었어. 교실이나 집 천장에 붙어 있는 형광등은 다 전기로 켜잖아? 선생님은 버튼 없이 그냥 문지르기만 해서 형광등에 불을 켜 보시겠대! 그러더니 몇 가지를 이용하셔서 믿을 수 없는 광경을 보여 주셨어. 진짜 전기를 켜는 버튼도 누르지 않았는데 형광등에 불이 들어온 거야! 선생님은 원리가 아주 간단하다고 하시면서 다음과 같은 실험을 알려 주셨어!

[중3] 화학 변화 / 규칙과 에너지

실험

Check List
- ☐ 1회용 플라스틱 컵 2개 ☐ 알루미늄 포일 ☐ 가위
- ☐ 모직 천 ☐ PVC 막대 ☐ 형광등

1 알루미늄 포일을 잘라 플라스틱 컵 하나는 아랫부분까지 전체를 완전히 감싼다.

꼼꼼하게 컵을 모두 감싸자!

내가 궁금한 화학 **135**

2️⃣ 또 다른 플라스틱 컵 하나는
아랫부분은 감싸고,
윗부분은 1cm 정도 남겨 감싼다.

3️⃣ 알루미늄 포일 2겹을
가로 2cm, 세로 5cm로 자른다.

4️⃣ 윗부분을 1cm 남기고 포일을
감싼 컵에, 전체를 포일로 감싼
컵을 넣는다.

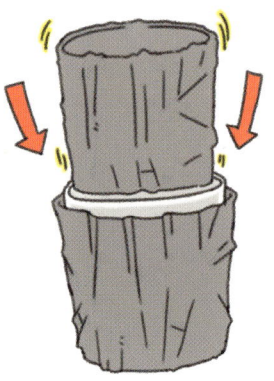

5 실험 3번 과정에서 자른 긴 알루미늄 포일을 두 컵 사이에 끼운다.

PVC 막대를 천과 수십 번 반복해 문질러 전기를 모으자!

6 모직 천으로 PVC 막대를 문지른 뒤 컵에 꽂은 긴 알루미늄 포일 부분에 접촉시킨다.

7 오른쪽 손가락 하나를 바깥 컵의 알루미늄 포일에 대고 왼쪽 손가락 하나는 사이에 끼운 긴 알루미늄 포일에 대 본다.

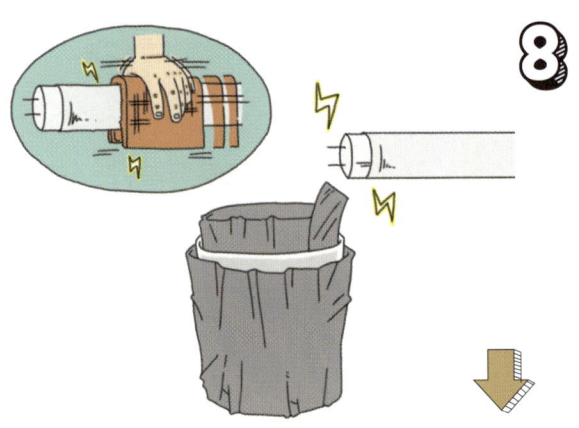

8 실험 6번 과정을 반복한 형광등을 컵 사이에 끼운 긴 알루미늄 포일에 접촉시킨다.

9 실험 6번 과정을 반복한 뒤, 이번에는 한참 기다렸다가 형광등을 컵 사이에 끼운 긴 알루미늄 포일에 접촉시킨다.

나만의 노트

1. 포일을 씌운 컵과 컵 사이 끼운 포일에 천으로 문지른 막대를 접촉한 뒤 손가락을 가져가면 어떻게 될까?

2. 포일에 천으로 문지른 형광등을 가져가면 어떻게 될까?

3. 전기를 모은 다음 한참 기다렸다가 형광등을 대면 어떻게 될까?

왜 그럴까 궁금하지?
형광등이 켜지는 원리는 무엇일까?

원자는 핵과 핵 주위를 돌고 있는 '전자'로 이루어져 있습니다. 전자는 가벼워서 서로 다른 두 물체를 마찰시켰을 때 한 물체에서 다른 물체로 쉽게 이동하는 특징이 있어요. 형광등을 켜는 원리도 바로 이를 이용했답니다.

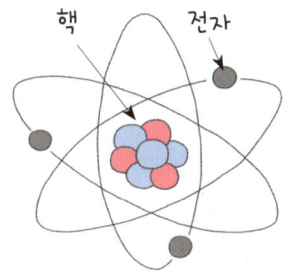

실험처럼 모직 천으로 'PVC 막대'를 문지르면 전자가 PVC 막대로 이동합니다. 그리고 문지른 PVC 막대를 알루미늄 포일에 대면 전자는 컵을 싼 알루미늄 포일에 모인답니다.

(−)를 띤 전자끼리는 반발력이 있습니다. 전자가 잘 이동할 수 있는 알루미늄과 접촉하면 밀어내는 힘 때문에 잘 이동하지요.

실험처럼 양쪽 손가락을 각각 컵을 둘러싼 포일과 컵 사이에 끼운 포일에 대면 어떤가요? 전기가 통하는 느낌이 들죠? 바로 '전자의 움직임' 때문입니다.

형광등을 대면 형광등의 다른 쪽으로 전자가 이동합니다. 이 전자가 형광등 안의 기체와 부딪히고 안쪽에 있는 빛을 발하는 형광 물질을 자극하면 형광등이 순간적으로 빛나지요.

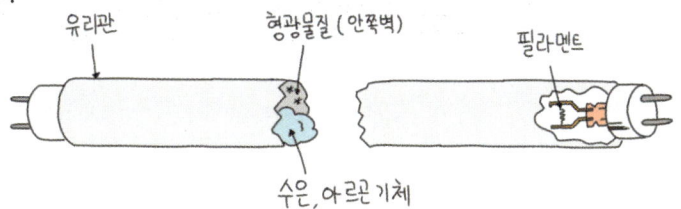

단, 포일이 둘러싼 컵에 모인 전자는 시간이 지나면 공기 중으로 나가므로 실험을 빨리 해야 합니다.

개념 돋보기

전자와 대전열

모든 물질은 원자로 이루어져 있습니다. 원자 안에는 전자가 있지요. 어떤 물질을 마찰했을 때 전자를 더 잃기 쉬운 물질은 (+)를 띠고, 다른 물질은 전자를 받아 (−)를 띱니다. 전자를 잃기 쉬운 순서로 나열한 것을 '대전열'이라고 합니다. 몇 가지 대전열을 (+)에서 (−) 순서로 살펴볼까요?

> (+) 털 − 상아 − 유리 − 나무 − 플라스틱 (−)

PVC 막대란?

PVC는 'Polyvinyl Chloride'의 약자입니다. 플라스틱 일종으로 수도관, 포장용 필름 등을 만드는 데 사용합니다.

일상 속 과학 수수께끼

오로라 탄생의 원리는 전자?

1621년, 프랑스 과학자 한 사람이 하늘에 펼쳐진 빛의 쇼를 보고 감탄했다. 붉은색·푸른색·보라색·흰색·황록색 등 다채로운 색이 수놓는 하늘은 환상 그 자체였다. 이 광경을 잊을 수 없었던 그는 로마 신화 속 여명의 신, 아우로라의 이름을 땄다. 바로 우리가 잘 아는 '오로라Aurora'이다. 노르웨이·스웨덴·캐나다 등에서 볼 수 있는 오로라는 보면 볼수록 색이 진해지면서 다양한 색깔을 자랑한다. 이처럼 시선을 사로잡는 오로라는 그저 신비한 자연 현상이라고 생각하기 쉬운데, 가만히 살펴보면 오로라가 생기는 데는 특별한 이유가 있다고? 그 특별한 이유가 바로 전자와 관계가 있다니?

Keyword 01. 태양 Keyword 02. 전자 Keyword 03. 지구 대기

북유럽 지역에서 주로 모습을 보이는 아름다운 오로라 현상. 신비한 색깔들에 눈을 떼기가 힘들지요? 오로라 현상은 '전자'와 관계가 있습니다.

태양은 많은 양성자와 전자를 우주로 방출합니다. '태양풍'이라 부르는 이 입자들은 지구까지 날아오지요. 높은 에너지를 지니고 있는 태양풍 입자들이 지구 대기 중에 있는 질소와 산소 분자와 충돌하면 에너지를 내놓는답니다. 이때, 빛을 내는 현상이 바로 '오로라'입니다.

지구 대기권을 구별할 때 지표에서 80km 이상을 '열권'이라 부르는데요. 오로라가 발생하는 곳이 바로 이 열권이랍니다.

오로라는 태양에서 온 전자들이 지구 대기와 부딪쳐서 빛을 내는 현상이다.

로봇의 대변신에는 질량 보존의 법칙이?

나는 로봇 관련 만화와 애니메이션을 챙겨 보는 편이야. 내 방에도 조립한 로봇 피규어로 가득하지! 주말에도 나는 새로 구입한 로봇 DVD 애니메이션을 보고 있었어. 악당들에 맞서 싸우던 사자 로봇이 더 강한 로봇으로 변신을 하던 장면이었지! 그때 같이 보던 친구 녀석이 이렇게 말하지 뭐야?

"이상하지 않냐? 분명히 사자에서 더 큰 로봇으로 변신했는데 어떻게 부품이 남거나 모자라지도 않고 딱 들어맞게 변하지? 저건 질량에도 변화가 없나 봐."

듣고 보니 그렇네? 사자에서 전혀 다른 완벽한 새 로봇으로 바뀌었는데도 크게 바뀌지 않아 보이는데 이거 대체 뭐야?

실험

Check List ☐식초 ☐베이킹 소다 ☐요구르트 병 ☐풍선 ☐디지털 저울

1 요구르트 병에 식초를 다섯 숟가락 넣는다.

식초

 한 번 불었다 놓아 둔 풍선에 베이킹 소다 5g을 넣는다.

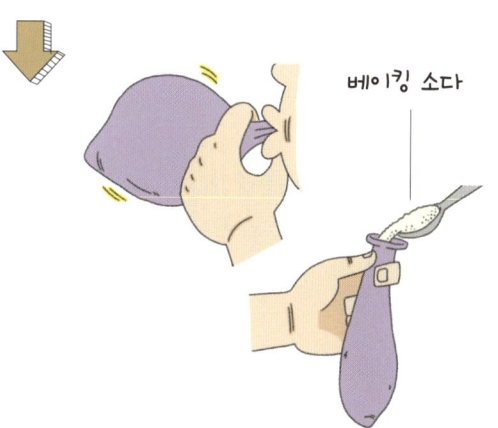

베이킹 소다

3 베이킹 소다가 든 풍선을 식초가 든 요구르트 병에 씌우고 질량을 재서 기록한다.

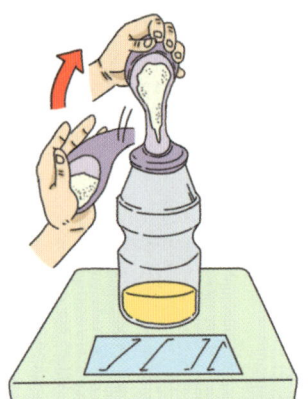

4 풍선을 들어올려 베이킹 소다를 요구르트 병으로 넣는다.

5 베이킹 소다와 식초가 반응이 끝난 뒤 질량을 잰다.

나만의 노트

1. 질량을 측정한 결과를 기록해 보자.

베이킹 소다를 식초에 넣기 전 전체 질량	베이킹 소다가 식초와 반응한 뒤 전체 질량	질량 차이
g	g	g

2. 베이킹 소다를 식초에 넣으면 풍선은 어떻게 될까?

3. 풍선에는 무엇이 생겼을까?

왜 그럴까 궁금하지?
변해도 변하지 않는 것은 무엇일까?

식초에 베이킹 소다를 넣었을 때 요구르트 병을 관찰하면 뭐가 보이나요?

'부글거리며 생기는 하얀 거품'을 볼 수 있을 거예요. 바로 이것이 풍선을 부풀어 오르게 만든 원인이랍니다. 더 자세히 알아볼까요?

식초에 들어 있는 아세트산과 베이킹 소다에 들어 있는 '탄산수소나트륨'이라는 물질이 만나 물과 이산화탄소 기체로 바뀐 것인데요. 이 반응을 정리해서 나타내면 다음과 같습니다.

아세트산(식초) + 탄산수소나트륨(베이킹 소다) → 아세트산나트륨 + 이산화탄소 + 물
CH_3COOH $NaHCO_3$ CH_3COONa CO_2 H_2O

앞에서 해 본 실험으로 새로운 물질이 생길 때도 '질량이 보존된다'는 것을 알았습니다. 그런데 질량은 왜 보존될까요?

물질은 '원자'로 이루어져 있습니다. 아래처럼 물질이 반응하여 새로운 물질을 만들어도 원자들은 흩어졌다 새롭게 모일 뿐 새롭게 생기거나 없어지는 원자는 없습니다. 따라서 변화가 일어나도 질량은 보존이 되지요.

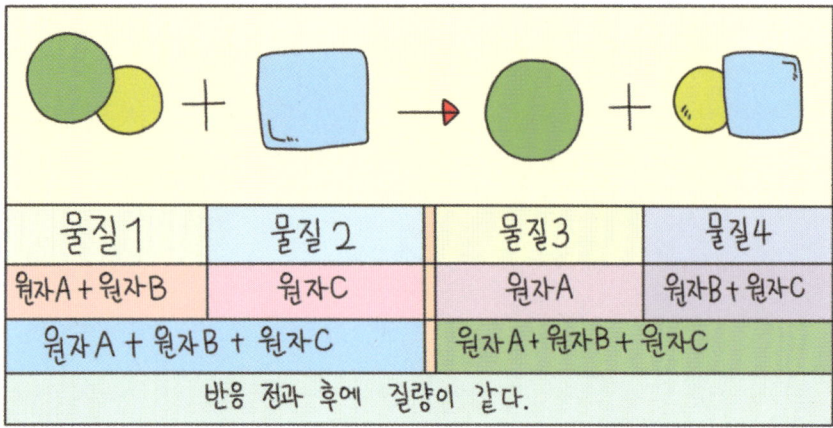

개념 돋보기 🔍

질량이 보존되는 법칙?

'질량 보존의 법칙'은 아인슈타인의 상대성 이론이 등장하면서 에너지 보존의 법칙과 합쳐졌습니다. 지금은 '질량-에너지 합의 보존 법칙'으로 바뀌었지만 일반적인 물질 변화에는 질량 보존의 법칙이 여전히 성립합니다.

베이킹 소다 VS 베이킹파우더

베이킹 소다와 베이킹파우더. 이름만 들었을 때는 뭐가 어떻게 다른지 잘 모르겠지요? 하지만 이 둘은 엄연히 다른 물질이랍니다. 둘 모두 빵을 만들 때 반죽을 부풀게 한다는 것은 같습니다.

베이킹 소다는 빵을 만들 때 사용하는 베이킹파우더의 '주성분'입니다. 또 다른 산성 재료 요구르트, 레몬, 꿀 등와 어울리면 이산화탄소가 생기고 거품을 일으켜 반죽이 부풀어 오릅니다. 하지만 알칼리성이라 구울 때 잘못하면 빵 맛이 쓴맛이나 신맛이 나기 쉽지요. 이런 점을 개선한 것이 바로 베이킹파우더입니다.

드라이아이스와 에탄올이면 슬러시가 뚝딱?

과학 시간, 선생님께서 틀어 주신 영화 <설국열차>에서는 미래의 지구 온난화를 보여 주고 있었어. 사람들이 지구 온도를 낮추려고 하늘에 뿌린 특수 물질 때문에 얼어붙은 지구가 배경이었지. 영화 속 'CW-7' 물질이 온도를 너무 낮추는 바람에 빙하기가 온 거야. 열차는 살아남은 사람들을 싣고 끊임없이 달리는 내용이었어. 영화가 끝나기 무섭게 선생님께서 숙제를 내주시지 뭐야? 'CW-7' 물질이 어떤 원리로 온도를 낮췄고 일상생활에서 그와 비슷한 예는 무엇일까 하고 말이야. 반 친구들은 모르겠다며 아우성이었어. 근데 나는 비슷한 예로 슬러시를 떠올릴 수 있었지. 어떤 원리인지는 다음 실험으로 같이 살펴볼게.

실험

Check List ☐음료수 ☐컵 ☐나무젓가락 ☐드라이아이스 ☐에탄올(83%, 약국에서 구입) ☐스티로폼 그릇 ☐망치 ☐신문지 ☐면장갑 ☐온도계

1 음료수가 담긴 컵을 스티로폼 그릇에 넣는다.

  신문지를 펴고 망치로 드라이아이스를 곱게 부순다.

※**실험 속 잠깐!**
드라이아이스는 아이스크림 전문점에서 아이스크림을 살 때 얻을 수 있다. 인터넷에서도 구입 가능! 동상에 걸릴 수 있으니 꼭 면장갑을 끼고 드라이아이스를 만지자! 드라이아이스를 천으로 둘러싸면 더 안전하게 부술 수 있다.

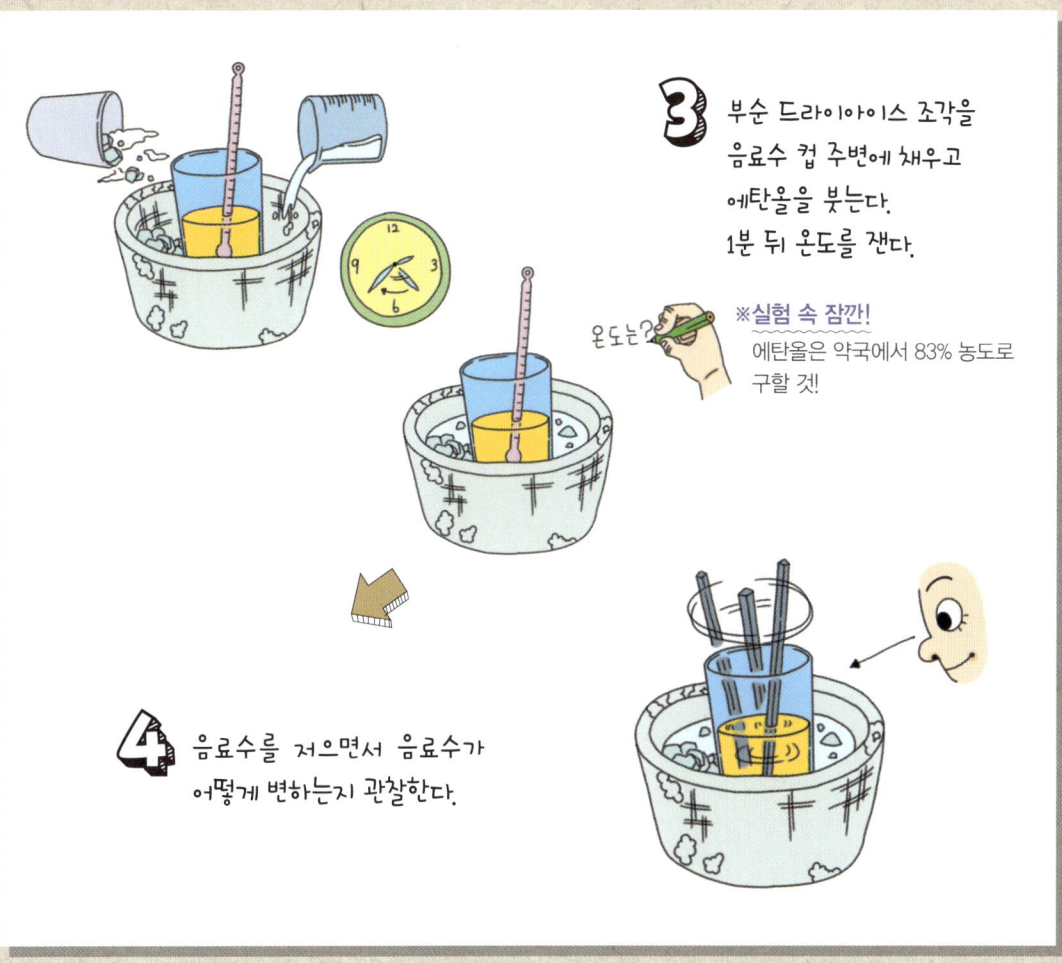

3 부순 드라이아이스 조각을 음료수 컵 주변에 채우고 에탄올을 붓는다. 1분 뒤 온도를 잰다.

※실험 속 잠깐!
에탄올은 약국에서 83% 농도로 구할 것!

4 음료수를 저으면서 음료수가 어떻게 변하는지 관찰한다.

나만의 노트

1. 드라이아이스에 에탄올을 부으면 온도는 몇 도가 될까?

2. 시간이 지날수록 음료수는 어떻게 변할까?

3. 슬러시 가게에서 기계가 계속 돌아가는 이유는 뭘까?
   우리가 음료수를 저어 주는 이유와 관련해 생각해 보자.

왜 그럴까 궁금하지?
음료수는 어떤 원리로 슬러시가 되었을까?

더운 여름, 아이스크림만큼 시원한 것이 또 뭐가 있을까요? 음료수를 살짝 얼려 놓은 '슬러시'입니다. 슬러시를 만들 때 슬러시 기계는 이 음료수가 너무 단단하게 얼지 않도록 계속 저어 줍니다. 실험에서 음료수 온도를 낮춰 슬러시로 만들려고 드라이아이스와 에탄올을 사용했지요?

드라이아이스는 기체인 이산화탄소를 고체로 만든 것이랍니다. 드라이아이스는 상온에 놓아 두면 바로 기체로 바뀌는 특징이 있어요. 이때 주위에서 열을 흡수하여 주위 온도가 낮아집니다.

어는점이 -114℃인 에탄올은 드라이아이스 주위 온도를 골고루 낮추는 냉각제로 쓴 거지요. 에탄올과 드라이아이스를 섞으면 약 -72℃까지 온도를 낮출 수 있습니다.

또 다른 냉각제로는 무엇이 있을까요? 얼음과 소금을 섞은 것입니다. 얼음이 녹아 물이 될 때와 소금이 물에 녹을 때 모두 주위에서 열을 흡수하기 때문에 온도가 -21.3℃까지 낮아집니다.

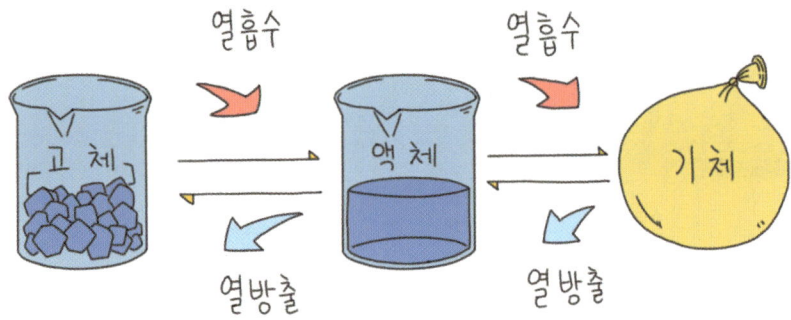

일상 속 과학 수수께끼?

더울 때 분수 옆에만 있어도 시원해지는 이유는?

태양 빛이 내리쬐는 더운 여름. 사람들은 유난히 물이 있는 곳을 찾는다. 바다나 계곡이 아니더라도 시원한 물이 쏟아지는 분수 같은 곳도 좋은 피서 장소이다. 그런데 사람들이 이렇게 하는 데에는 과학적인 이유가 있다. 분수 근처에 있으면 시원하다는 게 그 이유! 차가운 물이 쏟아지니 당연히 시원하지 않느냐고? 그 말도 맞다. 하지만 앞선 실험들을 바탕으로 생각하면 더 정확한 답을 알 수가 있다. 분수의 물과 열의 흡수.

이 단서들을 가지고 사람들이 무더위를 피해 분수를 찾아가는 이유를 살펴볼까?

Keyword 01. 분수 Keyword 02. 물 Keyword 03. 열의 흡수

뜨거운 여름철에 분수 옆을 지나가면 시원한 이유는 물이 기체가 될 때 주위의 열을 흡수하기 때문입니다.

이는 나무 밑이 시원하거나 땅에 물을 뿌리면 시원한 것과 같은 원리이지요. 더운 여름에 물은 쉽게 기체로 바뀌어 공기 중에 증발합니다. 액체에서 기체로 상태가 바뀌는 거지요. 물질을 이루는 입자들은 액체보다 기체 상태일 때 활발하게 운동합니다. 액체에서 기체로 바뀔 때 주위에서 에너지를 흡수하므로 주위는 열을 빼앗겨 시원해지지요.

나무는 잎을 통해 계속 물을 증발시키는 증산 작용을 해, 같은 이유로 나무 주위 역시 시원합니다.

시원한 쿨 팩은 무엇으로 이루어져 있을까?

[중3] 화학 반응에서 출입하는 에너지

갑작스럽게 찾아온 여름 감기. 더위를 피해 갔던 계곡 찬물에서 오랜 시간 놀았던 게 원인이었어! 여기저기 쑤시는 몸은 물론, 목소리도 제대로 나오지 않는 데다 열이 펄펄 끓어 침대에서 앓고만 있어야 했어! 온몸에서 나는 열 때문에 찬 물수건으로 열을 내리려고 해도 소용없었지.

엄마는 즉시 약국에서 쿨 팩을 사 오셨어. 그러고는 손으로 주물거리기도 주먹으로 치기도 하면서 쿨 팩을 만지작거리는 거야! 얼마를 그렇게 했을까, 곧바로 쿨 팩을 수건에 감싸 주셨는데 기분 좋은 시원함이 찾아오면서 눈이 스르르 감겼어.

'쿨 팩에는 뭐가 들었는데 이렇게 시원하지? 이따 한번 열어 봐야지.'

실험

Check List ☐쿨 팩 ☐요소 비료 ☐가위 ☐종이컵 ☐온도계 ☐물

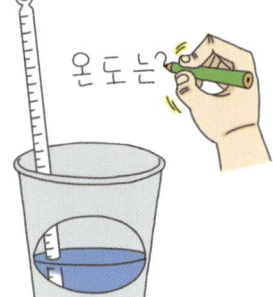

1 쿨 팩 겉포장에 쓰인 내용 성분을 읽어 보고 한쪽 끄트머리를 가위로 자른다.

2 종이컵에 물을 붓고 온도를 재서 기록한다.

3 쿨 팩 속에 들어 있는 내용물을 종이컵 속 물에 넣고 온도 변화를 관찰한 뒤, 기록한다.

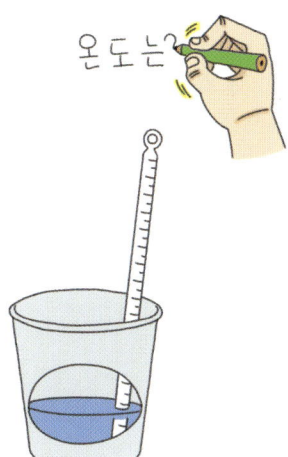

4 다른 종이컵에 물을 붓고 온도를 기록한다.

5 이번에는 요소 비료를 물에 넣고 온도 변화를 관찰해 기록한다.

※실험 속 잠깐!
요소 비료는 화원에서 살 수 있어요!

6 실험 3번 과정과 5번 과정의 결과를 비교해 본다.

나만의 노트

1. 쿨 팩은 무슨 성분으로 이루어져 있을까?

2. 쿨 팩에 들어 있던 내용물을 물에 넣으면 온도는 어떻게 바뀔까?

3. 요소 비료를 물에 넣으면 온도는 어떻게 바뀔까?

> **왜 그럴까 궁금하지?**
쿨 팩은 어떤 원리로 온도를 낮출까?

쿨 팩에는 '요소($CO(NH_2)_2$, 영어로는 urea)' 또는 '질산암모늄(NH_4NO_3)'과 같은 고체 물질과 물주머니가 들어 있습니다. 요소와 질산암모늄은 물에 녹을 때 주위 열을 흡수하여 온도를 수십도 낮춘다는 공통점이 있어요. 손으로 주물거리거나 주먹으로 쿨 팩을 치면 안에 들어 있던 물주머니가 터지면서 이들 물질이 물에 녹아 온도가 낮아집니다. 질산암모늄이 물에 녹을 때 열을 흡수하기 때문에 다 녹고 나면 온도는 더 이상 낮아지지 않습니다.

고체 물질이 물에 녹을 때 요소나 질산암모늄처럼 모두 열을 흡수하지는 않아요. 열을 흡수하는 물질도 있고 열을 방출하는 물질도 있습니다. 열을 흡수하는 물질은 물에 녹으면서 주위 온도를 낮추고, 열을 방출하는 물질은 온도를 높입니다.
겨울에 도로의 눈을 녹이기 위해 사용하는 염화칼슘은 물에 녹을 때 많은 열을 방출하는 대표적인 물질입니다.

개념 돋보기 🔍

요소와 질산암모늄?

요소는 인간이 처음으로 합성한 유기물입니다. 색깔도, 향도 없으며 포유류나 양서류 오줌에 들어 있답니다. 독성은 없지만 자극성이 있어서 되도록 피부에 닿지 않아야 해요.

요소의 구조식

$$NH_2-\overset{\overset{\displaystyle O}{\|}}{C}-NH_2$$

질산암모늄은 비료 재료로 쓰이며 섭씨 200℃ 정도 온도에서도 안정적입니다. 다만 휘발유·등유·경유와 같은 기름 종류에 닿으면 폭발합니다.
1947년 미국에서는 배에 실려 있던 질산암모늄 2,000톤이 폭발해 580여 명이 죽은 일이 있었습니다. 2004년에는 북한 용천에서도 대규모 질산암모늄 폭발 사고가 있었지요.

큰 초는 작은 초보다 언제나 오래 탈까?

오늘은 우리 가족이 모여 내 생일을 축하해 주는 날이야. 케이크 위에는 내 나이에 맞춰 꽂은 길고 짧은 초가 밝게 빛나고 있어. 화장실에서 아빠가 나오지 않으셔서 우리는 모두 초를 켜 놓은 채 기다리고 있었지. 금방 나오신다는 말씀에 기다리는 그사이 짧은 초가 모두 타 버리고 만 거야! 에이, 그냥 큰 초에 불을 켜 놨으면 더 오래 타지 않았을까? 괜히 짧은 초에 불을 켜서 꺼져 버렸네. 그런데 화장실에서 나온 아빠가 이렇게 말씀하시는 거야.
"큰 초라고 언제나 작은 초보다 오래 타지는 않아."
헐, 이건 또 무슨 소리? 아직도 이해할 수 없어 갸우뚱하는 내게 직접 실험으로 보여 주신다나, 어쩐다나?

실험

Check List ☐ 굵기가 같은 큰 초와 작은 초 ☐ 크기가 같은 큰 유리병 2개 ☐ 성냥

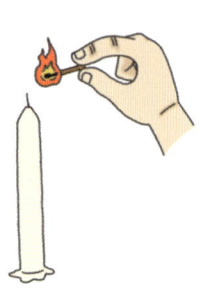
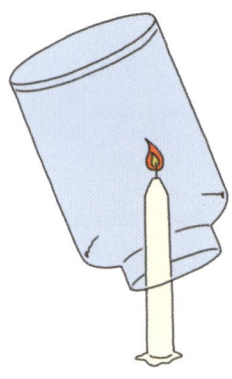

1 성냥으로 큰 초를 켜고 유리병을 뒤집어 씌워 놓는다.

※실험 속 잠깐!
너무 큰 병을 사용하지 않는다.
불을 다룰 때는 조심하자!

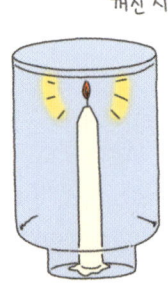

꺼진 시간은?

2 큰 초가 꺼질 때까지 걸린 시간을 잰다.

나만의 노트

1. 큰 초는 얼마 만에 꺼질까?

2. 작은 초는 얼마 만에 꺼질까?

3. 큰 초와 작은 초가 꺼지는 데 걸린 시간을 비교해 보자. 왜 그런 결과가 나왔을까?

왜 그럴까 궁금하지?
큰 초가 계속 탈 수 없는 이유는 무엇일까?

초를 이루는 물질이 산소와 결합하여 이산화탄소와 물로 바뀌는 화학 변화가 바로 초가 타는 모습입니다. 화학 변화가 일어날 때 화합물을 이루는 성분들은 일정한 질량비로 결합합니다. 이것을 '일정성분비의 법칙'이라고 합니다.

A와 B가 만나, C로 바뀌는 화학 변화에서 C를 만드는 A와 B의 질량비는 정해져 있다는 뜻입니다. A가 아무리 많아도 B가 부족하면 C를 많이 만들 수 없습니다.

이를테면 부친 계란 1장과 빵 2장으로 샌드위치를 만들 때를 살펴볼까요? 빵이 아무리 많아도 계란이 부족하면 많은 샌드위치를 만들 수 없습니다.

또, 볼트 1개에 너트 2개를 끼워 합친 볼트와 너트를 만들 때도 마찬가지랍니다. 너트가 많이 있어도 볼트가 1개밖에 없으면 합친 볼트와 너트는 1개밖에 만들 수 없습니다.

초가 탈 때도 일정성분비의 법칙은 작용합니다. 초와 산소가 만나 이산화탄소와 물로 바뀔 때 큰 초처럼 초의 질량이 아무리 많아도 산소가 적으면 초가 다 타서 많은 이산화탄소와 물로 바뀔 수 없습니다. 같은 크기 유리병 안에 든 산소의 양은 같아서 초가 많든 적든 산소를 다 쓰면 더 이상 탈 수 없지요.

개념 돋보기

일정성분비의 법칙은 누가 알아냈을까?

1799년 프랑스 화학자이자 약학자 조세프 루이 프루스트Joseph Louis Proust가 세운 법칙입니다. 그는 인공적으로 합성한 탄산구리와 천연의 탄산구리는 조성이 같다는 것을 발견하고 일정성분비의 법칙을 내놓았지요.

일정 성분비 법칙이 성립하는 이유는 화합물이 될 때 원자는 항상 일정한 개수비로 합쳐지기 때문이랍니다.

흔들이 손난로는 왜 한 번밖에 사용할 수 없을까?

추운 겨울날 장갑만큼이나 꼭 필요한 것은 무엇일까? 여름에는 쿨 팩이 있듯이 겨울에는 바로 핫 팩 또는 흔들이 손난로가 필요하지! 자그마한 그것을 이리저리 흔들어 대면 어느 순간부터 내 손에는 따스한 온기가 한가득! 그런데 말이지, 이 흔들이 손난로는 치명적인 단점이 하나가 있어. 바로 한 번 쓰고 나면 두 번 다시는 쓸 수 없다는 거야! 대체 흔들이 손난로는 무엇으로 이루어져 있는데 흔들기만 하면 따뜻해지는 걸까? 그리고 왜 한 번밖에 쓸 수 없는 걸까? 직접 만져 보면 가루들이 잔뜩 들어 있는데 이게 뭔지 알면 그 이유를 알 수 있겠지?

실험

Check List
☐ 철가루(인터넷에서 구입) ☐ 탄소 가루(활성탄, 인터넷에서 구입) ☐ 소금
☐ 물 ☐ 부직포 봉투 ☐ 지퍼 백 ☐ 저울 ☐ 숟가락 ☐ 온도계

   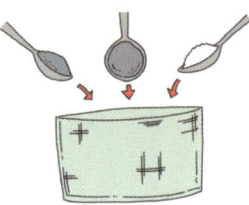 

1 철가루 약 20~30g, 탄소 가루 5~7g, 고운 소금 5~10g을 저울로 잰다.

2 철가루·탄소 가루·고운 소금을 부직포 봉투에 넣고 온도를 잰다.

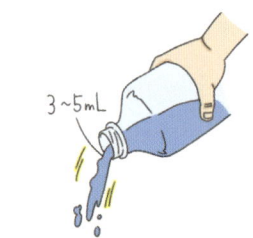
3~5mL

3 물 3~5mL를 부직포 봉투에 넣는다.

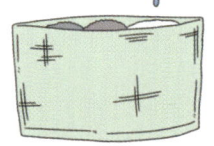

지퍼 백 안에 든 부직포 봉투를 흔들어서 온도를 잰다.

지퍼백은 탄소가루를 묻히지 않기 위해 사용해요.

 지퍼 백 안에 부직포 봉투를 넣는다.

※**실험 속 잠깐!**
실험하다 생기는 열에 화상을 입지 않도록 주의하자! 흔들이 손난로는 70℃까지 온도가 올라가거든!

온도는?

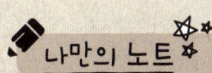 나만의 노트

1. 철가루 · 탄소 가루 · 고운 소금의 그 처음 온도는?

2. 철가루 · 탄소 가루 · 고운 소금을 넣은 부직포 봉투를 흔들었을 때 최고 온도는?

3. 부직포 봉투를 사용하는 이유는?

4. 손난로가 식었을 때 내용물을 꺼내어 철가루 색깔을 살펴보자. 어떤 변화가 있을까?

왜 그럴까 궁금하지?
흔들이 손난로는 어떤 원리로 뜨거워질까?

흔들이 손난로가 따뜻해지는 원리는 바로 '철가루' 덕분입니다. 철이 녹스는 현상은 철이 공기 중의 산소와 결합하기 때문입니다. 이 반응은 열을 방출하는 발열 반응입니다. 이 반응은 천천히 일어나서 고운 소금과 탄소 가루처럼 반응을 도와주는 촉매를 넣어야 빨리 일어나지요.

포장에 들어 있는 철가루가 모두 산소와 결합하고 나면 어떻게 될까요? 더 이상 반응이 일어나지 않아서 다시 사용하기는 어렵습니다. 사용한 손난로의 철가루는 붉은색으로 바뀌는데요. 철이 산소와 결합하여 붉은색 산화철이 되었기 때문이랍니다.

실험에서 쓴 부직포에는 작은 구멍이 있을 거예요. 우리가 흔히 살 수 있는 흔들이 손난로의 비닐 겉포장을 벗기면 공기가 작은 구멍으로 들어갑니다. 그리고 공기 중의 산소와 철가루가 반응을 시작하지요. 또한 시판 손난로에는 발생한 열을 오랫동안 유지할 수 있도록 톱밥과 같은 단열재가 들어 있습니다.

개념 톺보기

또 다른 손난로, 똑딱이 손난로의 비밀?

물질을 이루는 입자들은 고체 → 액체 → 기체 순으로 활발하게 운동합니다. 고체에서 액체가 될 때, 액체에서 기체가 될 때 열을 흡수합니다. 반대로 기체에서 액체가 될 때, 액체에서 고체가 될 때는 열을 방출하지요.

실험에서 살펴본 흔들이 손난로와는 또 다른 손난로, 똑딱이 손난로는 이런 원리랍니다. 똑딱이 손난로는 아세트산나트륨이나 티오황산나트륨과 같은 물질이 지나치게 녹아 있는 액체가 들어 있습니다. 이때 함께 들어 있는 금속판을 구부리면 압력이 가해져서 지나치게 녹아 있던 물질이 고체로 바뀌며 열이 방출되지요.

일상 속 과학 수수께끼? 에스키모 인들의 특별한 난방법?

12월부터 본격적으로 시작되는 겨울. 두꺼운 옷을 아무리 껴입어도 추운 겨울 날씨는 어떻게 해 볼 방법이 없는 것 같다! 그런데 사람이 살기 힘들다는 북극 에스키모 인들은 어떻게 이 추위를 버텨 내고 살아가는 것일까? 영하 40℃를 웃도는 말도 안 되는 추위에도 에스키모 인들은 눈으로 만든 이글루에서 추위를 피한다. 순수한 자연 에너지만을 이용해 그들 나름대로 추위를 피한다는 소리인데 여기서 잠깐. 눈으로 지은 집이라면 그 안은 괜찮을 걸까? 난방 걱정은 하지 않아도 되는 걸까? 지금부터 에스키모 인들의 특별한 난방법이 무엇인지 살펴보자.

🔑 Keyword 01. 태양 Keyword 02. 이글루 바닥 Keyword 03. 물
　　Keyword 04. 물질의 상태 변화

　이글루에서 생활하는 에스키모 인들을 볼 때 어떤 생각이 먼저 드나요? "눈으로 지어진 집인데 춥지 않겠느냐?"하는 생각이겠지요? 이런 걱정과는 다르게 그들은 아주 지혜로운 난방법으로 추위를 이겨 낸답니다.

　이글루 안이 추워지면 그들은 바닥에 물을 뿌려 놓는데요. 이는 우리가 실험에서 살펴본 물질의 상태 변화와 관계있는 지혜입니다. 액체 상태인 뿌린 물이 고체 상태인 얼음으로 바뀌면서 이글루 안은 열이 생깁니다. 기체에서 액체가 될 때, 액체에서 고체가 될 때는 열이 생긴다는 사실을 살펴봤지요? 물이 얼면서 방출한 많은 열 덕분에 이글루 안은 따뜻해질 수 있는데요.
　에스키모 인들이 눈과 물 그리고 얼음만을 가지고 빠져나가는 열은 막고 끊임없이 열을 만들어 따뜻한 내부에서 지낸다는 사실이 참 놀라울 따름입니다.

비슷한 일상 속 과학 원리

- 군대에서 사용하는 야외용 비상식량(또는 데우지 않고 먹는 식품)
    → 철·마그네슘·소금 등으로 만들어진 발열 물질이 있어 물을 부으면 반응하여 많은 열이 생겨 데울 수 있다!

> **뿌린 물(액체)이 얼음으로(고체) 얼면서 열이 방출되어 이글루 안이 따뜻해진다!**

지하수에는 왜 비누가 잘 풀리지 않을까?

나는 지금 앓아누운 엄마 곁에서 병간호를 하고 있어. 엄마가 시골 할아버지 댁에 내려가셔서 빨래를 하셨는데 그게 탈이 났던 모양이야. 할아버지 댁에 세탁기가 고장이 나서 손빨래를 직접 하셨대. 빨래 양도 많았지만 비누를 아무리 많이 해도 거품이 나지를 않았다나 뭐라나? 이야기를 들어보니 물이 문제였던 것 같아. 할아버지 댁 근처에는 지하수를 퍼서 쓸 수 있도록 되어 있어. 마을사람들은 그 물을 마시거나 빨래와 설거지하는 데도 사용한다고 해. 그 물로 빨래하는데 이상하게 비누 거품이 안 난다고 하시는 거야. 그렇게 빨래와 씨름하시다가 크게 몸살이 나신 거지. 똑같은 물이었을 텐데 왜 그 물은 거품이 나지 않았던 걸까? 물에도 특별한 종류가 있나?

실험

Check List ☐수돗물 ☐약수 ☐비눗물 ☐크기가 같은 유리병 또는 플라스틱 병 ☐정수기 교체용 이온 교환수지 ☐깔때기 ☐자 ☐거름종이

1 크기가 같은 투명한 병에 수돗물과 약수를 각각 20mL 정도 넣는다.

2 각 병에 비눗물을 5mL 정도 넣고 뚜껑을 닫은 뒤 세게 20회 정도 흔든다.

 각 병에 생긴 비누 거품의 높이를 비교한다.

 양이온 교환수지를 거름종이를 깐 깔때기에 담고 약수를 부어 양이온 교환수지를 통과한 약수를 모은다.

※ 실험 속 잠깐!
거름종이 접는 법!

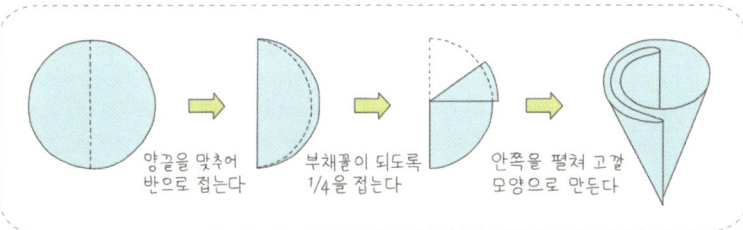

양끝을 맞추어 반으로 접는다 / 부채꼴이 되도록 1/4을 접는다 / 안쪽을 펼쳐 고깔 모양으로 만든다

 양이온 교환수지를 통과한 약수로 실험 2번 과정을 반복하고 생긴 비누 거품의 높이를 비교한다.

내가 궁금한 화학 **163**

나만의 노트

1. 수돗물과 약수 가운데 비누 거품이 많이 생긴 물은?

2. 처음의 약수와 양이온 교환수지를 통과한 약수 가운데 비누 거품이 많이 생긴 물은?

3. 양이온 교환수지는 어떤 작용을 할까?

왜 그럴까 궁금하지?
센물은 어떻게 단물로 바뀌었을까?

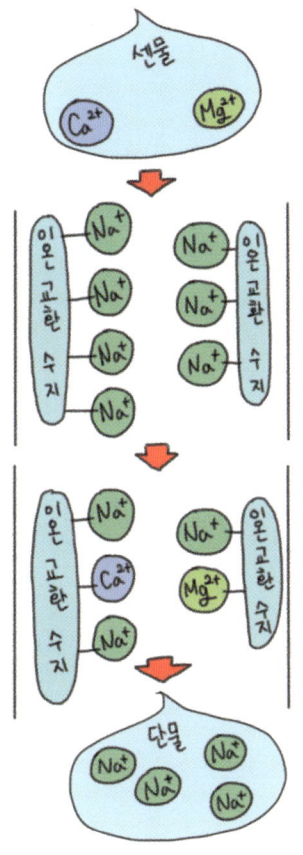

이온 음료, 음이온 공기 청정기……. 우리는 주위에서 '이온'이란 단어를 자주 발견할 수 있습니다. 이온이란 무엇일까요?

이온은 원자에서 만들어집니다. 원자는 (+) 전하를 띤 원자핵과 (-) 전하를 띤 전자로 이루어져 있지요. 원자핵 주위의 전자들 가운데 다른 종류의 원자로 이동할 수 있는 것이 있습니다. 원자가 전자를 잃어 (+) 전하를 띠는 입자를 '양이온', 전자를 얻어 (-) 전하를 띠는 입자를 '음이온'이라고 합니다.

약수나 지하수에는 땅속 광물 성분이 이온 상태로 녹아 있는데요. '칼슘 이온'이나 '마그네슘 이온'이 많이 녹아 있는 물을 '센물'이라고 합니다. 센물로 빨래하면 칼슘 이온이나 마그네슘 이온이 비누와 반응하여 앙금을 만든답니다. 이 앙금 때문에 비누가 잘 풀리지 않아 거품이 생기지 않고 세탁이 되지 않습니다. 수돗물은 칼슘 이온이나 마그네슘 이온이 적게 들어 있는 '단물'입니다. 정수기나 연수기에 사용하는 양이온 교환수지는 나트륨 이온이 들어 있어 칼슘 이온이나 마그네슘 이온을 나트륨 이온으로 바꿔 주기 때문에 센물을 단물로 만들어 주지요.

개념 돋보기

센물은 보일러에도 못 쓴다고?

칼슘 이온이나 마그네슘 이온의 염은 고온 상태 물에서도 잘 녹지 않습니다.
이 때문에 보일러에 센물을 사용하면 고온에서 생긴 앙금이 관 벽에 물때를 만듭니다. 그 결과 보일러 효율이 떨어지거나 보일러를 막히게 합니다. 또 센물을 장기간 마시면 복통이나 설사를 유발하기도 하지요.

내가 궁금한
생명과학

> 잠깐만, 친구들!

생명과학은 동물·식물·미생물처럼 살아 있는 것을 탐구하는 학문입니다. 예전에는 생명체의 겉모양을 관찰하고 공통점에 따라 분류하여 기록하는 일들이 대부분이었어요. 과학이 발달하면서 물리나 화학과 같은 비생명과학 원리를 이용하여 생명 현상을 설명하기에 이르렀습니다. 그리하여 첨단 생명과학에서는 유전자라는 아주 작은 크기까지 다룰 수 있게 되었지요. 생명과학을 공부하면 자연의 생명 현상을 탐구하는 자연 과학자나 생태학자 등 기초 과학자가 될 수 있어요. 또 응용과학을 공부하면 의사나 약사, 생명 복제와 같은 생명 공학자가 될 수 있지요. 21세기라 해서 꼭 첨단 과학만 필요한 것은 아닙니다. 현대에서도 관찰하는 능력과 기록하는 습관은 꼭 필요하지요. 여기에 한 가지를 더하면 '인내심'이지요. 모쪼록 생명에서 신비로운 과학 원리를 알아보는 시간이 되었으면 해요.

생물은 무엇으로 이루어져 있을까?

오랜만에 난 친구들과 함께 집에서 영화를 보고 있었어. 근데 시작부터 난 두 손으로 눈을 가렸다 내렸다 하면서 제대로 보지 않았지. 보고 있던 영화는 귀신이 나오는 공포 영화였거든.

심장이 떨려서 못 보겠더라고.

"넌 대체 왜 귀신이 무섭냐?"

친구가 묻는 말에 사람처럼 생겨서 끔찍하지 않느냐고 했더니 친구가 한 말이 걸작이었어.

"귀신이랑 사람이랑 다르지 않아? 사람처럼 생겼으면 사람을 더 무서워해야지."

듣고 보니 그렇네? 그럼 사람이랑 귀신은 뭐가 다른데? 생명이 있고 없는 거? 그럼 생명이 있는 사람은 무엇으로 이루어진 거야? 아니, 생명이 있는 생물은 무엇으로 이루어졌는데?

실험 1 · 식물 세포를 살펴볼까?

Check List
- ☐ 양파 ☐ 커터 칼 ☐ 키친타월 ☐ 아세트산카민 용액
- ☐ 핀셋 ☐ 받침 유리(슬라이드 글라스) ☐ 덮개 유리(커버 글라스)
- ☐ 현미경(또는 스마트폰 장착 미니 현미경)

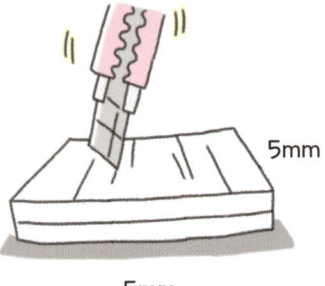

 양파를 가로세로 각 5mm 정도 크기로 자른다.

2 자른 양파 조각에서 핀셋으로 껍질 한 겹을 벗겨 낸다.

받침 유리 위에 벗긴 양파 표피를 올리고 아세트산카민 용액을 한 방울 떨어트린다.

※ 실험 속 잠깐!
아세트산카민 용액이 없다면 물을 떨어트리자.

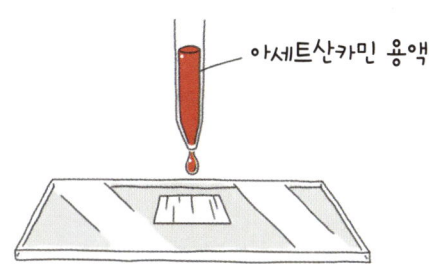

 덮개 유리를 덮어 표본을 만든다.

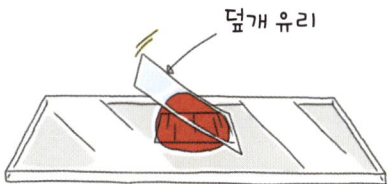

 만든 현미경 표본 위에 키친타월을 덮는다.

6 손으로 살짝 눌러 주위로 번지는
아세트산카민 용액을 흡수한다.

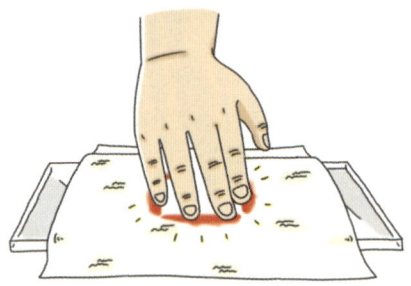

7 현미경(또는 스마트폰 장착 미니
현미경)으로 표본을 관찰한다.

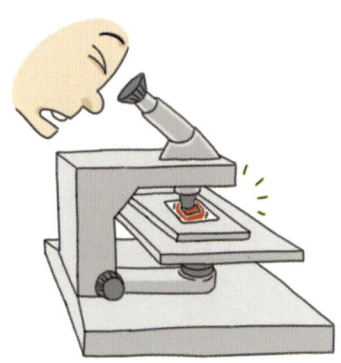

실험 2 동물 세포를 살펴볼까?

Check List
- [ ] 키친타월 [ ] 면봉 [ ] 메틸렌블루 용액
- [ ] 받침 유리(슬라이드 글라스) [ ] 덮개 유리(커버 글라스)
- [ ] 현미경(또는 스마트폰 장착 미니 현미경)

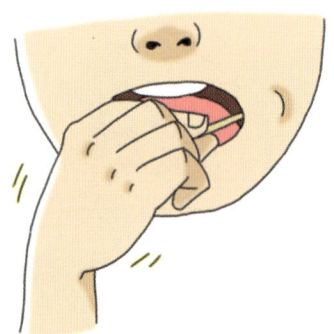

1 뺨 안쪽을 면봉으로 살살
긁어낸다.

받침 유리 위에 면봉을 돌리면서 문질러 고루 편다.

고루 펴야 입 안 상피 세포를 살펴보기 좋다!

 면봉을 문지른 받침 유리 위에 메틸렌블루 용액을 한 방울 떨어트린다.

※실험 속 잠깐!
메틸렌블루 용액이 없으면 물을 한 방울 떨어트리자.

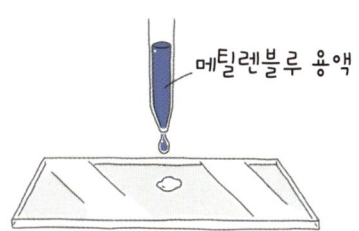

 덮개 유리를 덮어 표본을 만든다.

 만든 현미경 표본 위에 키친타월을 덮는다.

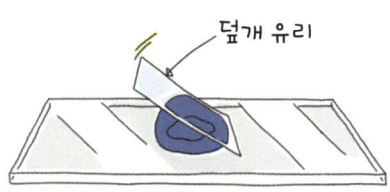

덮개 유리

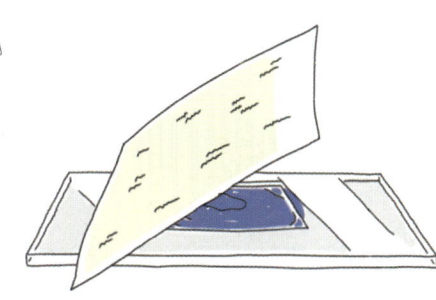

6 손으로 살짝 눌러 주위로 번지는 메틸렌블루 용액을 흡수한다.

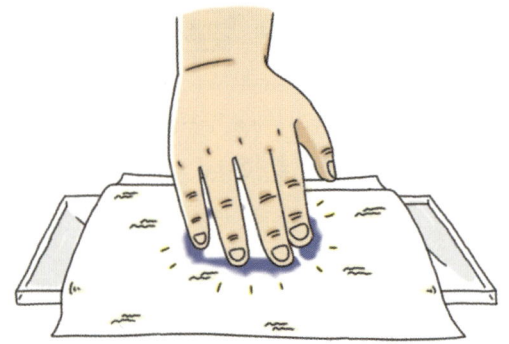

7 현미경(또는 스마트폰 장착 미니 현미경)으로 표본을 관찰한다.

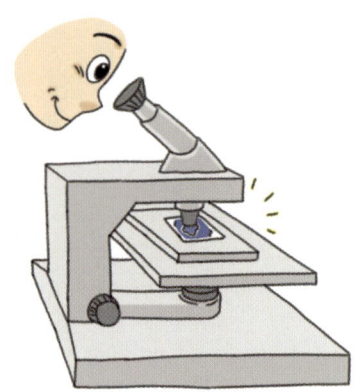

나만의 노트

1. 관찰한 양파의 표피 세포와 입 안 상피 세포를 그려 볼까?

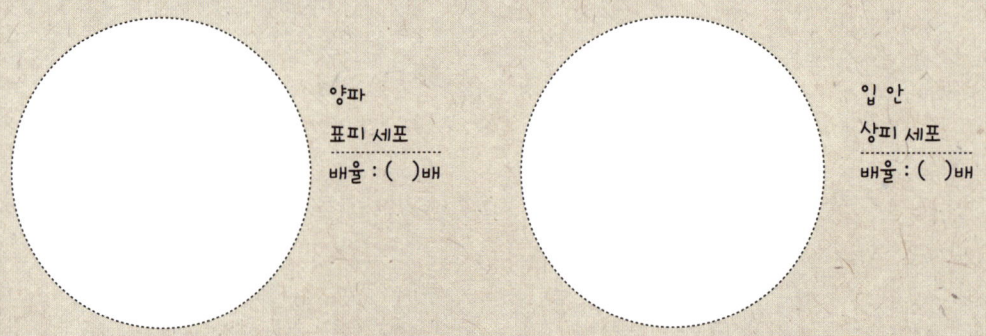

양파
표피 세포
배율 : ( )배

입 안
상피 세포
배율 : ( )배

2. 왜 아세트산카민 용액과 메틸렌블루 용액을 세포 위로 떨어트릴까?

왜 그럴까 궁금하지?
식물 세포와 동물 세포의 특징은 무엇일까?

생물을 이루는 기본 단위는 '세포'입니다. 즉, 식물과 동물은 세포로 이루어져 있고, 식물과 동물에서 생명 활동이 일어나는 가장 작은 단위가 세포인 것이지요. 세포는 대부분 크기가 매우 작아 맨눈으로 볼 수 없어서 현미경으로 관찰합니다. 특히 세포 속에 있는 핵을 관찰하기 쉽도록 염색하지요. 식물 세포는 아세트산카민 용액, 동물 세포는 메틸렌블루 용액을 씁니다. 염색액이 없어서 물을 이용했다면 핵은 관찰할 수 없답니다.

그럼 세포는 어떤 구조로 이루어져 있을까요?

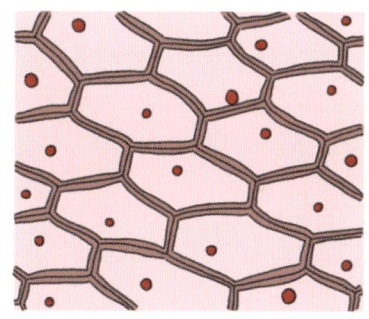
양파의 표피 세포

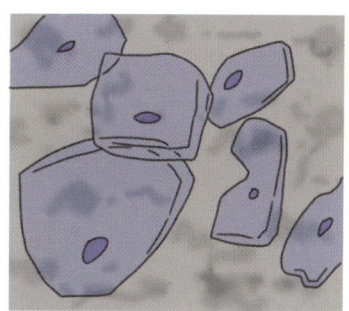
입 안 상피 세포

'식물 세포'인 양파의 표피를 현미경으로 관찰하면 아세트산카민 용액으로 붉게 물든 둥근 핵을 볼 수 있습니다. 핵에는 유전 물질인 DNA가 들어 있고 세포의 생명 활동을 조절하지요. 세포를 둘러싸고 있는 얇은 막은 세포막으로, 세포 안팎으로 물질이 이동하는 것을 조절합니다. 세포에서 핵을 제외한 세포 내의 모든 부분을 세포질이라고 해요. 세포질에는 미토콘드리아·엽록체·액포 등 여러 세포 소기관들이 들어 있습니다. 다만 크기가 너무 작아 우리가 사용한 현미경이나 스마트폰 장착 미니 현미경으로는 관찰할 수 없어요. 세포막 바깥쪽에서 세포 형태를 유지해 주는 세포벽은 식물 세포에서만 볼 수 있습니다.

'동물 세포'인 입 안 상피 세포를 현미경으로 관찰하면 메틸렌블루 용액으로 파랗게 물든 핵을 볼 수 있지요. 세포질과 세포막도 볼 수 있지만 양파의 표피 세포에서 관찰했던 세포벽은 볼 수 없을 거예요. 이처럼 동물 세포는 식물 세포와 달리 세포벽이 없어 세포 형태가 규칙적이지 않답니다.

개념 돋보기 🔍

동물 세포 VS 식물 세포

세포	세포질	액포	핵	엽록체	세포막	세포벽
동물 세포	○	×	○	×	○	×
식물 세포	○	○	○	○	○	○

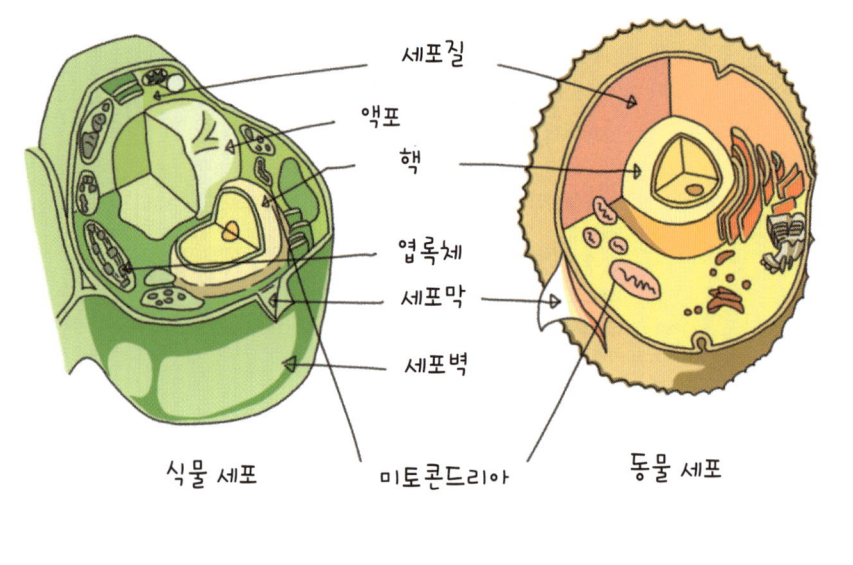

식물 세포   미토콘드리아   동물 세포

쌍떡잎식물과 외떡잎식물은 뭐가 다를까?

내 주위에서 어렵지 않게 볼 수 있는 풀과 나무. 그런데 난 이 둘이 무엇이 다른지를 알아오라는 숙제에 곧 혼란에 빠졌어. 다 똑같은 식물인데 차이점이 어디 있다고! 생김새가 다른 거?
곰곰이 생각해 봤지만 생긴 것 외에 무엇이 다른지 조금도 답을 알 수 없었지.
'진짜 키가 작고 크고 이걸 답이라고 해야 하나? 그러고 보니 풀과 나무는 자라는 게 차이가 날까?'
그 생각까지 하던 난 이내 무릎을 쳤어! 그리고 오늘 실험한 쌍떡잎식물과 외떡잎식물의 차이에서 곧 그 답을 알 수 있었지! 아래 실험부터 해 보면서 천천히 그 이유를 살펴볼까?

실험1 뿌리와 잎을 살펴볼까?

Check List ☐ 봉숭아 ☐ 강아지풀

1 봉숭아와 강아지풀의 '뿌리'를 비교해서 관찰하자.

2 봉숭아와 강아지풀의 '잎'을 비교해서 관찰하자.

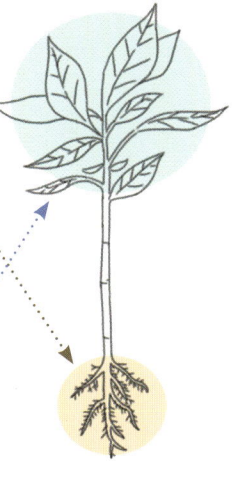
봉숭아

강아지풀

실험 2 줄기를 살펴볼까?

Check List ☐봉숭아 ☐백합 ☐커터 칼 ☐유리컵 ☐접시 ☐붉은색 식용 색소 ☐물 ☐랩

1 유리컵 두 개에 붉은색 식용 색소를 녹인 물을 적당량 넣는다.

2 각각 봉숭아와 백합을 꽂아 둔다.

> 백합은 강아지풀보다 줄기가 굵기 때문에 되도록 백합을 사용하자!

3 색소를 섞은 물이 증발하지 않도록 유리컵 입구를 랩으로 잘 막은 뒤 하루 동안 놓아 둔다.

하루 동안 둔 봉숭아와 백합 줄기를 가로와 세로로 잘라 물이 담긴 접시에 넣는다.

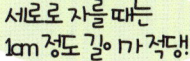
세로로 자를 때는 1cm 정도 길이까지 잘라댕!

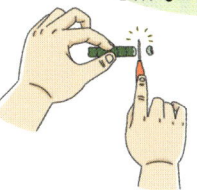 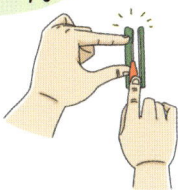

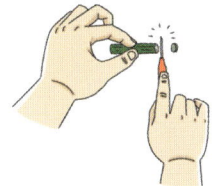 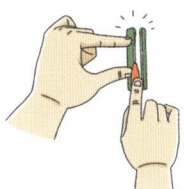

 가로로 자른 봉숭아와 백합 줄기 그리고 세로로 자른 줄기에서 붉게 물든 부분을 비교해 보자.

가로 단면   세로 단면

봉숭아(쌍떡잎식물)의 줄기

가로 단면   세로 단면

백합(외떡잎식물)의 줄기

나만의 노트

1. 봉숭아와 강아지풀 뿌리는 모양이 어떻게 다를까?

2. 봉숭아와 강아지풀 잎은 모양이 어떻게 다를까?

3. 관찰한 봉숭아와 백합 줄기의 단면을 그려 볼까?

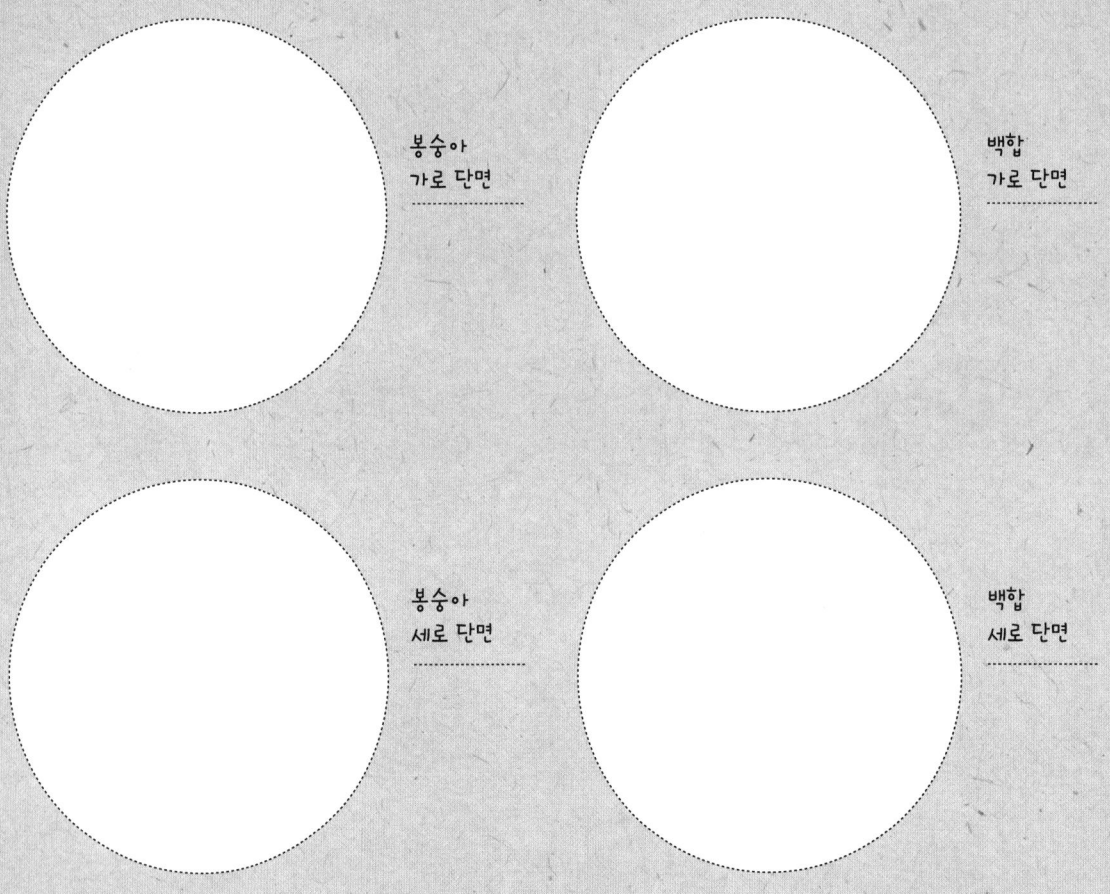

봉숭아
가로 단면

백합
가로 단면

봉숭아
세로 단면

백합
세로 단면

왜 그럴까 궁금하지?
쌍떡잎식물과 외떡잎식물의 특징은 무엇일까?

씨가 싹틀 때 떡잎이 두 장 나오는 식물을 쌍떡잎식물, 떡잎이 한 장 나오는 식물을 외떡잎식물이라고 합니다. 봉숭아·무궁화·민들레·해바라기 등은 쌍떡잎식물이고, 강아지풀·백합·옥수수·벼·보리 등은 외떡잎식물입니다.

쌍떡잎식물과 외떡잎식물은 어떤 특징이 있을까요?

쌍떡잎식물인 봉숭아와 외떡잎식물인 강아지풀과 백합을 비교해서 봤을 때 뿌리·잎·줄기 모양이 각각 서로 다른 것을 알 수 있지요.

먼저 쌍떡잎식물 뿌리는 가운데 곧게 뻗은 원뿌리 주변에 곁뿌리가 나 있는 '곧은뿌리'입니다. 반대로 외떡잎식물 뿌리는 원뿌리와 곁뿌리의 구분이 없는 '수염뿌리'입니다.

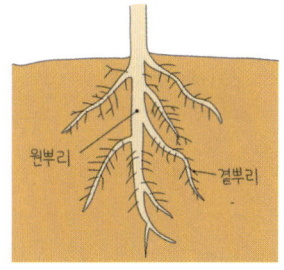

곧은뿌리(쌍떡잎식물)   수염뿌리(외떡잎식물)

쌍떡잎식물 잎은 대부분 폭이 넓고 둥글지만 외떡잎식물 잎은 대부분 폭이 좁고 길쭉합니다. 또한 쌍떡잎식물 잎은 잎맥이 잎 전체에 그물처럼 퍼진 '그물맥', 외떡잎식물 잎은 잎맥이 잎을 따라 세로로 뻗은 '나란히맥'이랍니다.

그물맥(쌍떡잎식물)   나란히맥(외떡잎식물)

마지막으로 쌍떡잎식물과 외떡잎식물은 줄기가 어떻게 다를까요?

봉숭아와 백합의 가로와 세로 단면을 살펴볼까요? 먼저 봉숭아는 붉게 물든 부분이 줄기 가장자리에 배열되어 있고, 백합은 줄기 전체에 흩어져 있습니다. 줄기에는 물과 양분이 이동하는 '관다발'이라는 통로가 있지요. 관다발은 관 여러 개가 다발로 묶여 있다는 뜻으로 붙은 명칭이랍니다. 관다발은 물관과 체관으로 이루어져 있습니다. 실험에서 빨아들인 붉은 식용 색소를 녹인 물이 봉숭아와 백합 줄기 물관을 따라 이동하면 물관이 붉게 물드는데요. 이 덕분에 봉숭아와 백합 줄기 단면의 차이점을 확인할 수 있지요. 이 관다발에서 풀과 나무가 어떻게 다른지 그 답을 알 수 있습니다.

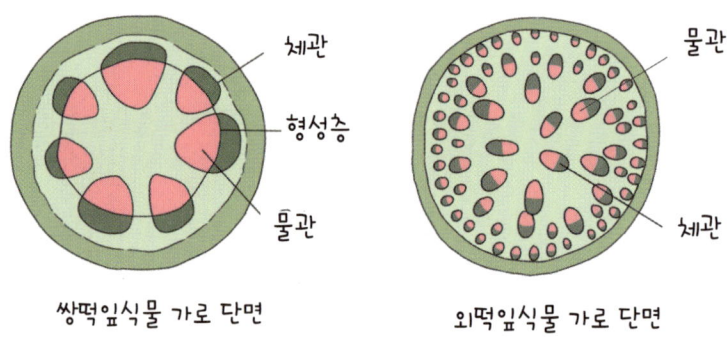

쌍떡잎식물 가로 단면   외떡잎식물 가로 단면

식물을 자라도록 세포 분열을 돕는 것이 쌍떡잎식물에만 있거든요. 줄기가 두꺼운 많은 나무는 쌍떡잎식물이고 줄기가 얇은 풀은 외떡잎식물이랍니다.

쌍떡잎식물 줄기는 관다발이 원형으로 배열되어 있고, 외떡잎식물 줄기는 관다발이 줄기 전체에 흩어져 있습니다.

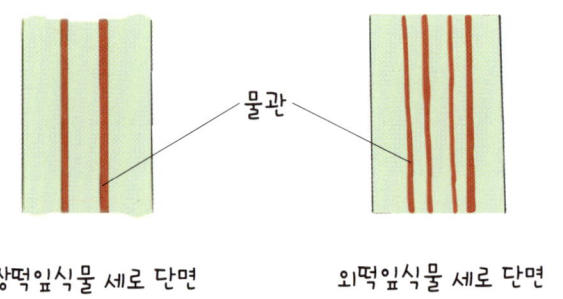

쌍떡잎식물 세로 단면   외떡잎식물 세로 단면

개념 돋보기

관다발 더 들여다보기

관다발이 물관과 체관으로 이루어졌다는 사실을 앞에서 살펴봤지요? 이 물관과 체관은 각각 어떤 역할을 할까요? 먼저 물관은 뿌리에서 빨아들인 물과 무기 양분을 잎으로 전달하는 통로이지요. 그리고 체관은 잎에서 만들어진 유기 양분을 식물의 다른 부분으로 전달해 주는 통로입니다. 그런데! 쌍떡잎식물에만 관다발에 특별한 무언가가 있어요. 바로 '형성층'이라는 분열 조직입니다. 형성층은 체관과 물관 사이에 있는데요. 여기에서 세포 분열이 일어나 새로운 세포가 만들어져 줄기를 굵어지게 하는 부피 생장이 일어나지요. 반대로 외떡잎식물은 형성층이 없어서 줄기가 굵어지지 않지요. 이런 까닭에 외떡잎식물은 줄기가 가늘고 잘 휘어진답니다.

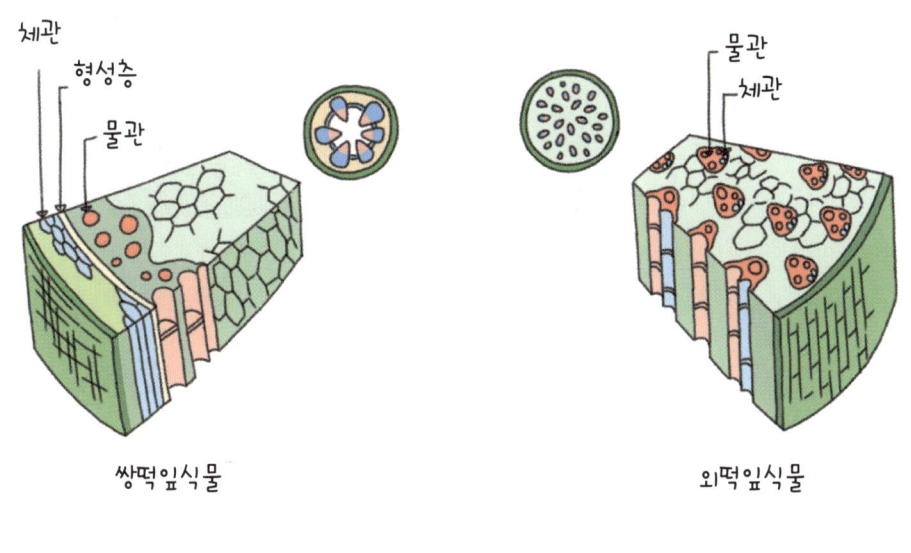

일상 속 과학 수수께끼?

나이테에 숨은 세포 이야기

우리 주위에서 볼 수 있는 나무들은 특별한 무언가를 감추고 있다. 목재 회사를 한번 가 보자. 나무 밑동 부분에 동그란 무언가를 볼 수 있을 것이다. 우리는 이것이 나무 나이를 알 수 있게 해 준다 하여 영어로는 tree ring, '나이'테라고 부른다.

이 나이테를 자세히 보면 어떤 것들은 색이 연하고 어떤 것은 진하다. 그런데! 이렇게 색이 다른 것에는 나이테에 숨은 세포 때문이라는 사실, 알고 있는가?

지금부터 나이테와 세포에 어떤 연관이 있기에 색의 농도가 다른지 살펴보자.

🔑 Keyword 01. 형성층 Keyword 02. 기온 Keyword 03. 세포 분열

나무에 있는 '나이테'란 무엇일까요? 이 나이테는 식물 형성층에서 일어나는 세포 분열과 관련이 있는데요. 세포 분열은 기온과 계절의 영향을 받습니다.

봄과 여름에는 기온이 높아 형성층 세포들이 왕성하게 분열하여 부피가 커지고 색깔이 연합니다. 그러나 가을과 겨울에는 기온이 낮아 세포들이 분열하는 속도가 느려져 부피가 작아지므로 색이 진해지지요. 이렇게 분열 속도가 달라 연하고 짙은 부분이 번갈아 가며 만들어진 고리가 '나이테'입니다.

우리나라처럼 계절 변화가 뚜렷한 곳에서 자란 나무는 나이테가 잘 나타납니다. 반대로 열대 지방에서 자란 나무는 1년 내내 날씨가 일정해서 분열 속도에 큰 차이가 없지요. 그래서 나이테가 확실하게 구별되지 않는답니다.

식물이 산소를 내뿜는다고?

우리는 단 한 순간도 숨을 쉬지 않고는 살 수 없다. 몸에 들어온 산소에서 일부는 이산화탄소로 바뀌어 몸 밖으로 빠져나가는데 여기서 잠깐. 전 세계 인구 70억여 명이 이산화탄소를 내보낸다면 화석 연료로 생긴 이산화탄소와 더해 지구는 위험하지 않을까?

지구가 이산화탄소로 가득하다면 우리는 더 이상 살 수 없지 않을까? 우리가 이 지구에서 살 수 있는 까닭은 식물 덕분이다. 더 정확히는 식물이 내뱉는 산소 덕분이다! 식물이 진짜 호흡해서 산소를 내뱉느냐고? 그게 궁금하다면 지금부터 아래 실험으로 직접 살펴볼까?

 **실험**

Check List
- ☐ 녹색 나뭇잎 ☐ 식용 소다(탄산수소나트륨) ☐ 10mL 주사기 ☐ 유리컵
- ☐ 샬레 ☐ 공 펀치 ☐ 전기스탠드 ☐ 초시계(또는 스마트폰)

1 물 100mL가 담긴 유리컵에 식용 소다를 1스푼 넣어 녹인다.

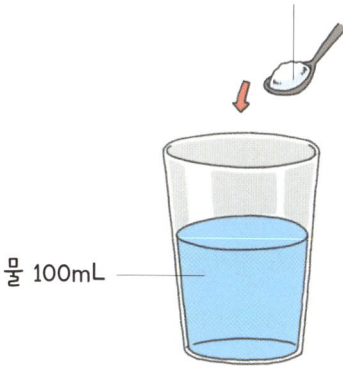

내가 궁금한 생명과학 **183**

2 펀치로 나뭇잎을 뚫어
나뭇잎 디스크를 8~9개 만든다.

3 바늘을 제거한 주사기 통 안에
나뭇잎 디스크를 넣는다.

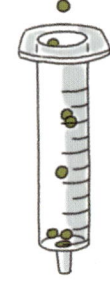

4 주사기 속으로 유리컵에서 소다액을
3mL 정도 빨아들인다.

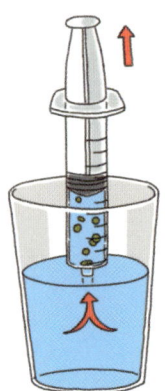

5 주사기 통 끝을 손가락으로 막고 주사기 밀대를 당겼다 놓았다를 반복하여 잎에 붙어 있을 기포를 완전히 없앤다.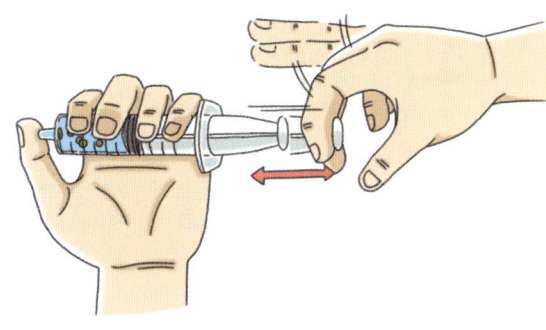

6 주사기 통에서 밀대를 뺀 후 내용물을 다시 식용 소다가 담긴 유리컵에 담는다.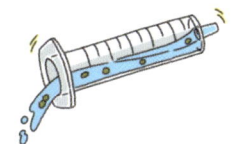

7 유리컵 위에 물이 담긴 샬레를 올려놓는다.

※**실험 속 잠깐!**
샬레가 없다면 투명한 접시에 물을 담아 사용해도 괜찮아!

내가 궁금한 생명과학 **185**

8. 위쪽에 전기스탠드로 빛을 비춘 뒤 나뭇잎을 관찰한다.

나뭇잎은 어떻게 될까?

나만의 노트

1. 잎 디스크는 몇 초가 지나면 떠오를까?

2. 빛과의 거리가 더 가까워질 때 잎 디스크가 뜨는 시간은 어떻게 될까?

3. 유리컵 위에 물 채운 샬레(또는 접시)를 두는 이유는?

왜 그럴까 궁금하지?
잎 디스크는 왜 떠오를까?

'광합성'은 식물의 엽록체에서 물과 이산화탄소를 원료로 포도당과 산소를 만드는 화학 작용입니다. 이때 필요한 에너지는 빛에서 얻지요.

앞 실험은 잎 디스크 속 엽록체가 빛 에너지를 받아 용액 속 물과 소다 액이 녹아 만든 이산화탄소를 가지고 광합성이 일어나게 하는 것입니다.

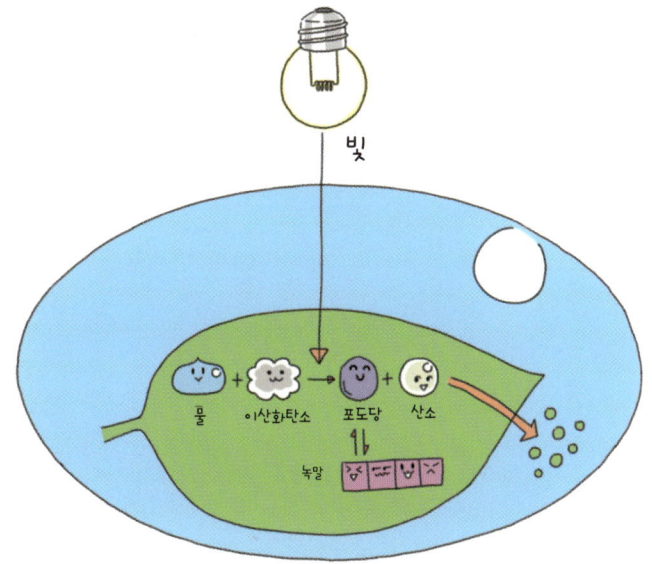

그 결과, 포도당이 식물체 속에 쌓이고 밖으로 내보낸 산소 일부가 잎에 붙지요. 그러면 잎에 산소 풍선이 매달려 있게 되어 잎 자체 밀도가 작아져 결국 잎 디스크는 뜨게 됩니다.

그렇다면 실험에서 유리컵 위에 물이 담긴 샬레또는 접시를 놓는 이유는 뭘까요? 전기스탠드에서 나오는 불빛은 빛 말고 열도 있어요. 이 열 때문에 유리컵 속 물의 온도가 올라가면 광합성 양이 달라질 수 있습니다. 물이 담긴 접시가 유리컵 위에 있다면 전기스탠드에서 나온 열이 물을 데운답니다. 결국 전기스탠드는 유리컵에 열 효과를 없애고 빛의 효과만 주는 거지요. 이런 효과 때문에 잎 디스크 사이에 물이 담긴 샬레또는 접시를 놓는답니다.

개념 돋보기

광합성 요소 자세히 살펴보기

뭐가 필요해?	광합성을 하려면?	광합성에 영향을 주려면?
	물, 온도, 빛, 이산화탄소	빛의 세기, 온도, 이산화탄소 농도

광합성에 영향을 주는 요인으로는 '빛의 세기·이산화탄소의 농도·온도'가 있습니다.

엽록체가 빛을 받으면 물과 이산화탄소를 이용해 포도당과 산소를 만듭니다. 물과 이산화탄소가 넉넉하다면 빛이 셀수록 광합성은 많이 일어날까요? 약한 빛에서 점차 그 세기가 커질수록 광합성 양은 늘어납니다. 하지만 빛의 세기가 어느 정도 세지면 더 이상 늘어나지 않습니다.

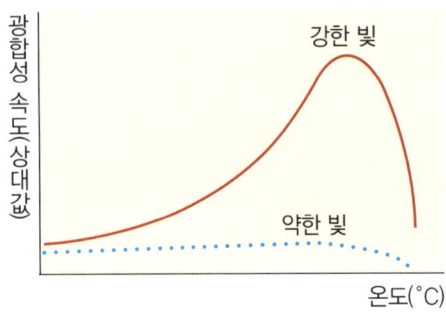 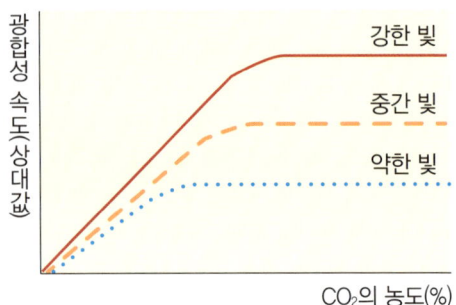

이산화탄소 농도도 마찬가지입니다. 이산화탄소도 일정 농도에 이르면 더 이상 광합성 양은 늘어나지 않습니다.

온도는 광합성 하기 좋은 온도에 이를 때까지는 광합성이 활발해집니다. 광합성이 가장 활발한 온도는 35~40℃이지만 그 이상에서는 급격히 떨어지지요. 이는 광합성에 관계하는 효소가 열에 약해 그 이상 온도를 넘어가면 작용을 멈추기 때문이랍니다.

식물의 숨구멍은 어떻게 생겼을까?

엄마와 아빠 침실에 자리를 차지하고 있는 선인장을 포함한 다육 식물들. 언제부터인지 엄마는 침실에 이 녀석들을 놓기 시작했어. 향이 나는 것도 아닌데 왜 놓느냐는 질문에 엄마는 이 녀석들이 일반 식물들과 다른 점이 있어서라고 하셨지. 이 녀석들은 밤에 기공을 열어 이산화탄소를 흡수한대. 증발율이 낮은 밤에 이 기공을 열어 이산화탄소를 흡수하기 때문에 공기를 정화해 준다나? 그렇다면 식물이 숨 쉬는 구멍은 어떻게 생겼을까? 우리 코처럼 구멍이 두 개인가?

|중2| 식물과 에너지

실험

Check List
- ☐ 닭의장풀(달개비) 잎 ☐ 면도칼 ☐ 핀셋 ☐ 받침 유리
- ☐ 덮개 유리 ☐ 현미경(또는 스마트폰 장착 미니 현미경)

1. 닭의장풀 잎을 면도칼로 작게 자른다.

2. 닭의장풀 잎 앞면과 뒷면의 표피를 핀셋으로 얇게 벗겨 낸다.

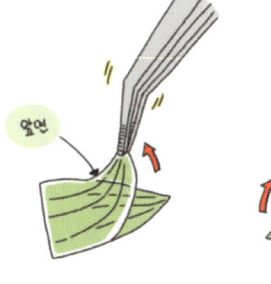

내가 궁금한 생명과학 **189**

3 벗긴 잎의 표피를 받침 유리 두 개에 각각 놓는다.

닭의장풀 앞면   닭의장풀 뒷면

4 물을 한 방울 떨어트린 뒤 기포가 생기지 않게 덮개 유리로 덮는다.

5 현미경(또는 스마트폰 장착 미니 현미경)으로 표피를 관찰한다.

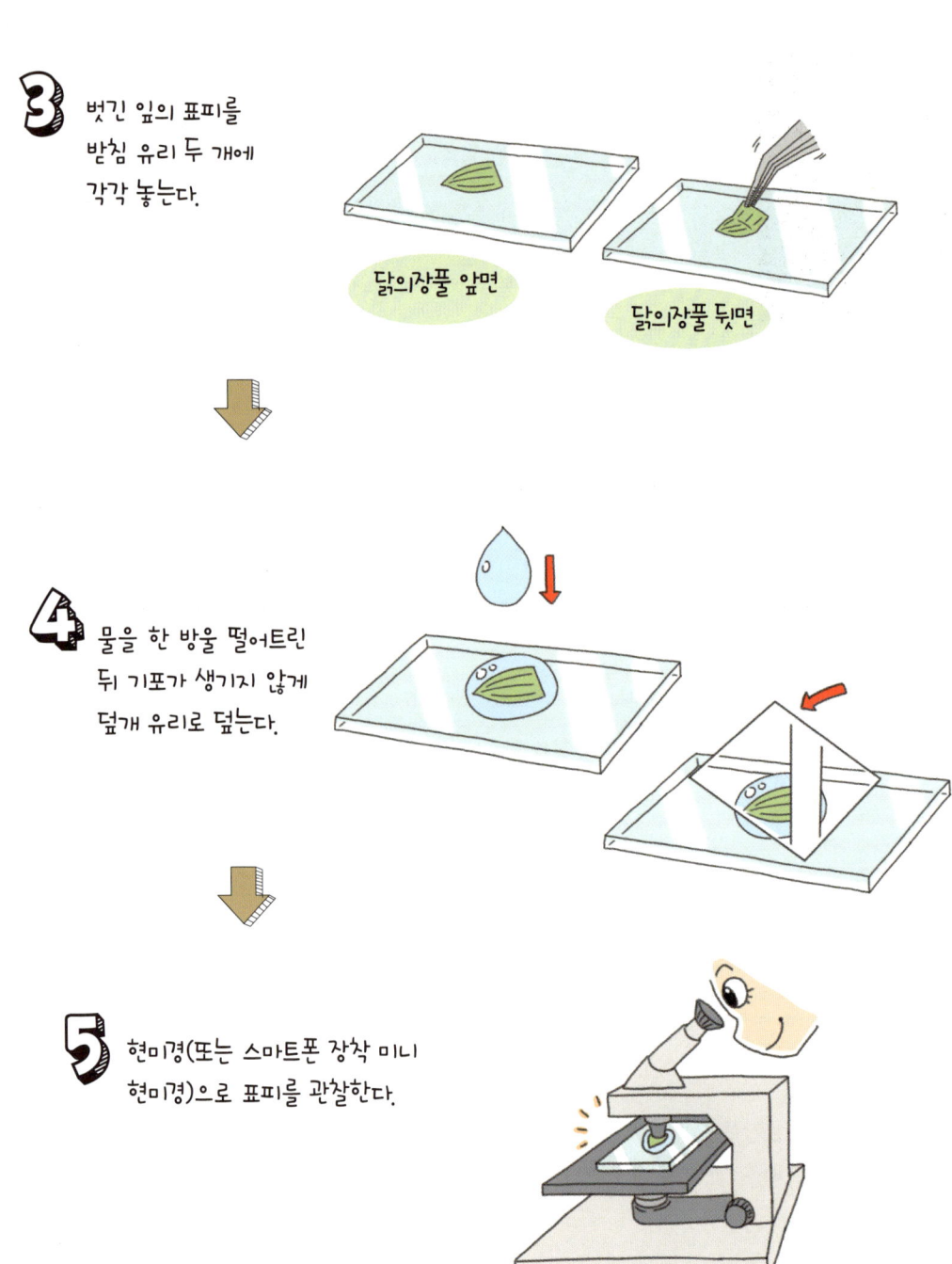

6 현미경 렌즈에 디지털 카메라나 스마트폰 카메라를 대고 촬영한다.

스마트폰 장착 미니 현미경이라면 바로 촬영할 수 있다!

※실험 속 잠깐!
보통 기공 관찰은 100~400배로 한대.
스마트폰에 장착한 미니 현미경은 '줌 기능'을 이용하면 60~240배로 확대해 볼 수 있어!

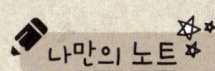
나만의 노트

1. 현미경으로 관찰한 닭의장풀 잎의 앞면과 뒷면 기공을 그림으로 그려 볼까?

2. 같은 배율로 관찰한 잎의 앞면과 뒷면에서 본 기공은 각각 몇 개일까?

3. 기공 개수가 다르다면 어디에 많이 있을까? 그리고 그 이유는?

4. 다른 식물의 잎도 기공을 관찰해 보자.

왜 그럴까 궁금하지?
식물의 숨구멍 기공은 어떻게 생겼을까?

기공 주변에 있는 '공변세포'는 표피 세포가 바뀐 세포입니다. 주로 식물의 잎 뒷면에 있는 기공을 구성하지요. 이 공변세포 두 개가 짝을 이루면 기공이 한 개 만들어집니다. 또 공변세포는 다른 표피 세포에서는 볼 수 없는 엽록체를 가지고 있어요.

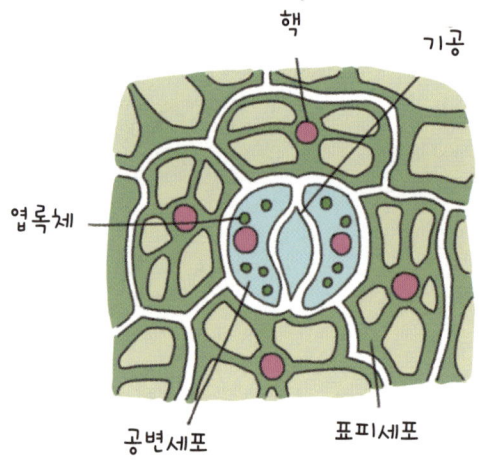

현미경을 같은 배율로 맞춘 뒤 '닭의장풀' 잎을 살펴보면 잎의 앞면과 뒷면에 있는 기공 개수가 다릅니다. 잎의 앞면보다 뒷면에서 기공을 더 많이 볼 수 있지요. 이는 수분 증발과 관계가 있는데요. 기공이 잎의 앞면에 많이 있으면 햇빛을 직접 받아 수분이 증발해 버리고 맙니다. 이렇게 날아가는 수분을 막으려고 앞면보다 뒷면에 기공이 더 많은 것이랍니다.

개념 돋보기

기공 관찰에는 닭의장풀이 최고!

우리가 관찰할 때 쓴 닭의장풀은 길가나 빈터에서 흔히 자라는 한해살이풀이에요. 닭장 주변에서 흔히 볼 수 있어서 '닭의장풀'이라고 부르지요. '달개비, 닭의밑씻개'라고도 부른답니다. 닭의장풀 잎의 기공은 다른 식물의 것보다 크고, 표피가 잘 벗겨집니다. 덕분에 표본을 만들기도 쉬워서 기공 관찰 준비물로 좋습니다.

개념 돋보기

증산 작용을 조절하는 기공과 공변세포

기공을 통해 증산 작용이 일어난다면 기공은 어떤 원리로 움직이며 증산 작용을 조절하는 걸까요? 그 답은 공변세포에 있습니다.
공변세포는 식물의 잎 뒷면에 있는 기공을 구성하는 세포지요.

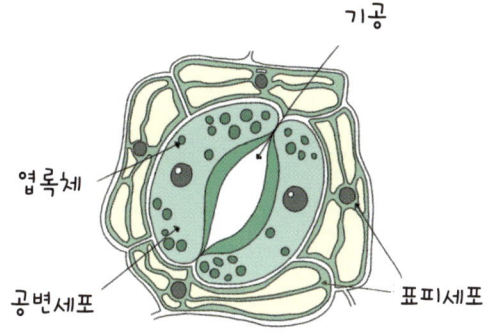

이 공변세포는 부위에 따라 세포벽 두께가 다른데요. 두 공변세포가 맞닿아 있는 안쪽은 세포벽이 두껍고 바깥쪽은 세포벽이 얇습니다. 공변세포가 물을 빨아들여 팽팽해지면 안쪽보다 바깥쪽 세포벽이 잘 늘어나 활처럼 휘어지면서 기공이 열립니다. 반대로 공변세포 안의 물이 줄어들어 홀쭉해지면 휘어졌던 공변세포가 원래대로 되돌아가면서 기공이 닫힙니다. 이에 맞춰 기공이 열리고 닫히면서 증산 작용이 조절되지요.

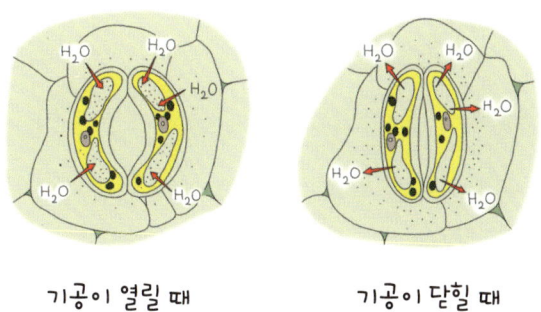

기공이 열릴 때   기공이 닫힐 때

식물은 어떻게 수분을 흡수할까?

요즘 내 즐거움은 집에 있는 작은 나무 키우기야! 나무에 물과 거름을 꼼꼼히 주며 날마다 관심을 쏟고 있는 중이야. 그리고 잘 자라도록 나무 가까이에서 거름을 듬뿍 주기도 하지. 하루하루 나무가 커 가는 모습에 보람을 느끼는 것도 잠시, 잘 자랄 거라고 생각했던 나무가 바싹 말라 버린 게 아니겠어? 결국 죽어 버린 나무를 살리지 못하고 정원에 묻을 수밖에 없었어. 시무룩해진 난 과학 수업 시간에 나무가 말라죽은 이유를 알 수 있었지. 식물이 물을 빨아들일 때 있는 확산과 삼투에서 그 답을 찾은 거야! 다음처럼 고구마 2개로 실험해 보면 여러분도 그 이유를 알 수 있을 거야!

실험

Check List ☐ 고구마 2개 ☐ 샬레(또는 접시 2개) ☐ 물 ☐ 소금 ☐ 칼 ☐ 스푼 ☐ 저울

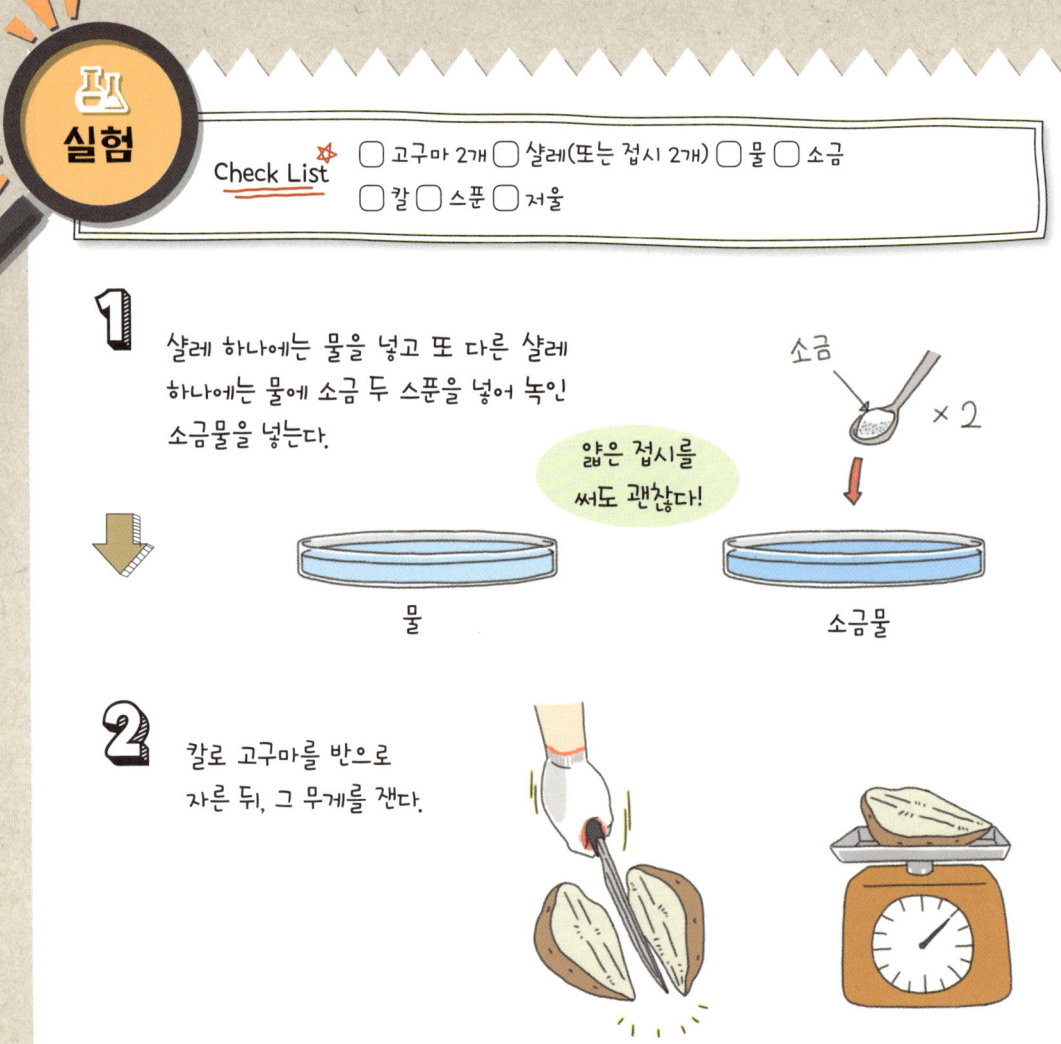

1. 샬레 하나에는 물을 넣고 또 다른 샬레 하나에는 물에 소금 두 스푼을 넣어 녹인 소금물을 넣는다.

   얇은 접시를 써도 괜찮다!

2. 칼로 고구마를 반으로 자른 뒤, 그 무게를 잰다.

자른 면이 하늘을 향하게 하여
실험 1번 과정의 두 샬레에 각각 놓는다.

 2시간 이상이 지난 뒤, 고구마를 관찰한다.

2시간 뒤에는?

나만의 노트

1. 고구마 내부가 어떻게 바뀌었는지를 관찰하고 각각 질량을 재어 처음 질량과 나중 질량을 아래 표에 써 보자!

구분	고구마의 질감	처음 질량	나중 질량
물에 놓은 고구마			
소금물에 놓은 고구마			

왜 그럴까 궁금하지?
식물은 어떻게 수분을 흡수했을까?

실험에서 살펴봤듯, 고구마에는 변화가 있었지요? 고구마에 변화를 준 물은 어떻게 고구마 속으로 들어가거나 나갔을까요?

자연은 본래 주위 이웃과 공평해지는 것을 좋아한답니다. 잉크 한 방울을 컵에 떨어뜨리면 컵 전체가 골고루 물들고 향수를 뿌린 사람이 들어오면 그 향이 안 전체에 골고루 퍼지듯이 말이죠.

우리 실험에서는 고구마 막이 경계면이 되어 물또는 소금물과 고구마를 나누고 있어요. 고구마 막에는 아주 작은 구멍이 뚫려 있는데 이곳으로 물 분자 정도만 겨우 통과할 수 있습니다. 물속에 담긴 고구마는 물 입장에서 볼 때, 바깥쪽에 이미 물이 많이 있어 부족한 안쪽으로 공평하게 물이 들어가지요.

반대로 소금물에 담긴 고구마는 고구마 속 무기물 농도와 소금물 농도 가운데 바깥쪽 소금물이 더 고농도입니다. 마찬가지로 고구마 속에서 물이 빠져나와 바깥쪽 고농도 소금을 공평하게 빨아들여 그 농도 차이를 줄이려고 하지요. 이로 인해 고구마는 전보다 딱딱해지면서 질량에 차이가 난답니다.

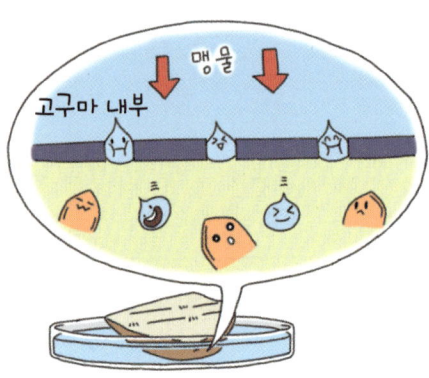 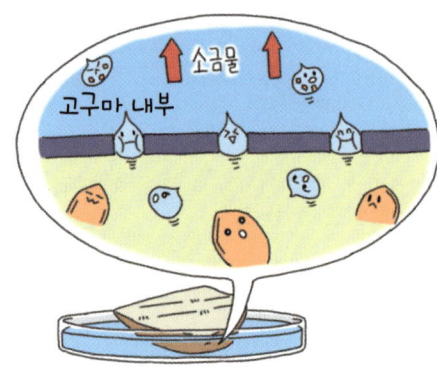

이처럼 고농도에서 저농도로 물질이 이동해 공평한 평형 상태에 이르는 현상을 '확산'이라고 합니다. 반대로 삼투는 막을 경계로 하여 물질이 이동하는 현상이에요. 그런데 이 막은 구멍의 크기로 인해 물 같은 용매는 통과시키지만 크기가 큰 영양분은 통과시키지 않는답니다. 그래서 삼투 현상이 일어나는 막을 '반투과성 막반투막'이라고 불러요.

나무에 거름을 줄 때도 마찬가지랍니다. 나무와 너무 가까이 거름을 많이 주면, 삼투 현상 탓에 나무에 있던 물이 바깥으로 나오고 말아요. 결국 물이 부족해져서 말라 죽는 거지요. 따라서 거름이나 비료를 줄 때는 되도록 묽게 해서 나무와 좀 떨어진 곳에 적당히 주어야겠지요?

개념 돋보기 🔍

확산 VS 삼투

'확산 현상'은 수성 잉크가 물에 떨어졌을 때, 또는 향수를 짙게 바른 사람이 방에 들어왔을 때처럼 향수나 잉크용질가 공간 일부에 불균등한 농도 상태로 있게 되면, 시간이 지나면서 농도가 연한 쪽으로 이 물질들이 이동하여 전체적으로 균등한 농도를 가지게 하는 것입니다.

반면에 '삼투 현상'은 일정 공간에서 녹아 있는 '물질이 용질막'을 경계로 차이가 있을 때 보이는 현상입니다. 막반투막에는 작은 구멍이 있어서 그 구멍을 통과하는 물질은 막 양쪽의 농도 차이를 줄이는 쪽으로 움직이지요. 하지만 그 구멍을 통과하지 못하는 물질은 그저 한쪽에만 있게 된답니다. 보통 물 분자(용매)는 크기가 작아 반투막을 통과하는데 주로 물이 이동합니다.

일상 속 과학 수수께끼?

바닷물도 마실 수 있다?

우리가 살아가는 데 꼭 필요한 물. 문명이 발달하고 인류가 늘어나면서 세계는 전혀 생각해 보지 않았던 '물 고민'에 빠졌다. 물을 마실 사람들은 수없이 늘어나는데 정작 마실 물이 점점 줄어들거나 오염이 되고 있기 때문이다. 지하수 등은 고갈을 염려해야 하고 빗물 등은 기후에 영향을 많이 받고. 인류는 지구의 98%를 차지하는 풍부한 바닷물에 눈을 돌렸다! 하지만 사람이 마시는 생수나 수돗물 등에는 기본적으로 염분이 없어야 한다. 이 바닷물을 마실 수 있는 물로 바꾸려면 어떤 작업이 필요한 걸까?

🔑 Keyword 01. **삼투압** Keyword 02. **불순물** Keyword 03. **압력**

우리가 마실 수 있는 생수나 수돗물에는 다양한 무기질이 소량으로 들어 있습니다. 하지만 이런 식수를 구하는 데 한계는 있지요. 앞에서 살펴봤듯, 각종 산업 등으로 물이 오염되거나 잦은 지하수 개발로 물이 사라지고 있는 거예요. 그래서 선택한 방법이 지구에서 가장 많은 물을 차지하는 바닷물을 식수로 바꾸는 것이었습니다.

바닷물은 거기에 들어 있는 염분은 물론, 우리 몸에 나쁜 영향을 주는 불순물들이 많아 그냥 마실 수 없습니다. 그래서 식물의 삼투 현상을 이용해 마실 물로 바꿉니다. 먼저 각종 불순물이 섞여 있는 바닷물에 압력을 주어 반투막을 통과시킵니다. 이 단계에서 불순물은 걸러 주고 순수한 물과 산소 그리고 무기 물질을 얻습니다. 이를 이용하여 사막에서는 바닷물을 걸러 만든 물로 사람이 마시거나 농작물 재배에 쓰지요.

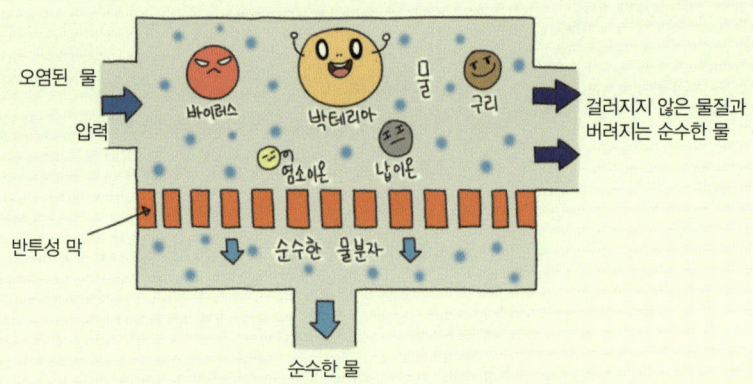

바닷물에 압력을 주어 반투막을 통과시키고 불순물을 걸러서 먹는 물로 만든다!

식물이 땀을 흘린다고?

해를 거듭할수록 더워지는 여름 날씨에는 당연히 에어컨 사용이 늘어나기 마련이다. 하지만 무턱대고 에어컨만 틀다가는 건강을 해치며 여름을 보낼 수밖에 없다! 그렇다면 건강도 지키면서 여름을 시원하게 보낼 수는 없을까? '녹색 커튼'을 이용하면 시원한 여름도 꿈은 아니다! 이 녹색 커튼은 건물 벽 또는 실내나 옥상을 담쟁이 덩굴로 두르는 것을 말한다. 평균 2~3°C까지 온도를 내려주는 녹색 커튼은 뿌리로 흡수한 물이 잎의 기공을 통해 증발하는 증산 작용을 이용한 놀라운 과학 원리이다. 그렇다면 증산 작용은 어떻게 일어나는지 아래 실험을 해 보며 자세하게 살펴볼까?

[중2] 식물과 에너지

뿌리와 잎을 살펴볼까?

실험

Check List　☐ 잎이 달린 나뭇가지　☐ 투명 비닐봉지　☐ 고무줄

1 햇빛이 잘 드는 곳에서 잎이 많이 달린 나무를 선택한다.

내가 궁금한 생명과학　**199**

2 나무에서 적당한 나뭇가지를 두 개 고른다.

※ **실험 속 잠깐!**
나뭇가지가 나무에 붙어 있는 상태로 실험하자!

3 하나는 잎이 많이 달린 그대로 두고, 나머지 하나는 나뭇가지에서 잎을 모두 떼어 낸다.

4 두 나뭇가지에 각각 투명 비닐봉지를 씌운다.

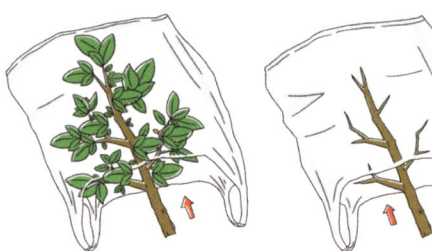

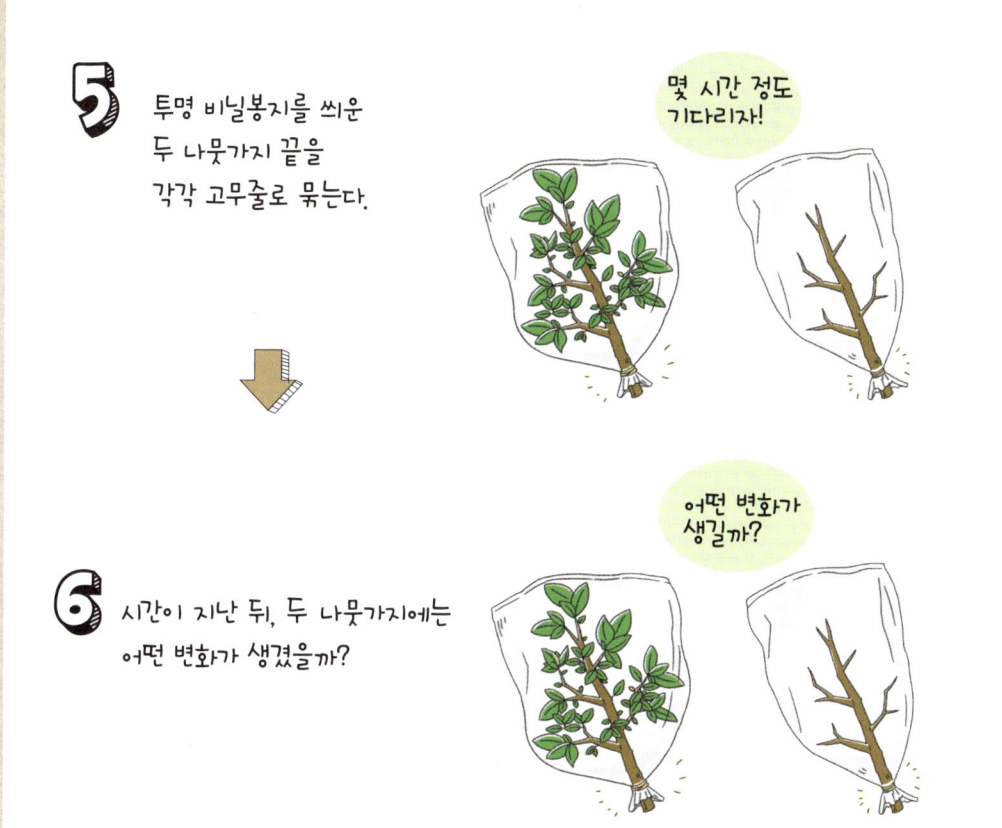

✏️ **나만의 노트**

1. 시간이 지나고 각 비닐봉지 안에서는 어떤 변화가 생겼을까?

2. 변화가 생겼다면 그 이유는?

왜 그럴까 궁금하지?
식물이 땀을 흘리는 까닭은 무엇일까?

식물에는 일반적으로 잎 뒷면에 작은 공기구멍인 '기공'이 있습니다. 식물 안의 물이 기공을 통해 수증기 상태로 빠져나가는 것을 '증산 작용'이라고 합니다.

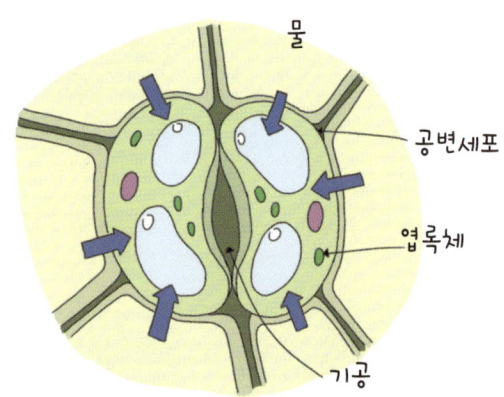

앞 실험처럼 두 나뭇가지에 씌운 비닐봉지를 시간이 지나고 비교해 볼까요?
잎이 달린 쪽 비닐봉지에는 물방울이 많이 맺혀 있지요? 반대로 잎이 없는 쪽은 물방울이 맺히지 않을 거예요.
잎이 달린 나뭇가지는 잎의 기공을 통해 물이 빠져 나가 비닐봉지에 물이 생깁니다. 그러나 잎이 없는 나뭇가지는 물이 빠져나가지 못해 변화가 없는 거예요.

증산 작용으로 기공을 통해 물이 빠져나가면 부족한 물을 보충하려고 줄기와 뿌리에 있는 물을 끌어올립니다. 결국 이 증산 작용은 물을 식물의 높은 곳까지 끌어올리는 원동력이 됩니다. 식물 잎에서 일어나는 증발 현상인 증산 작용은 햇빛이 강하거나 온도가 높거나 바람이 불거나 습도가 낮거나 체내 수분량이 많을수록 더 활발하게 일어난답니다.

일상 속 과학 수수께끼

그늘에도 더 시원한 그늘이 있다?

여름이면 찾아오는 참을 수 없는 무더위. 강한 햇빛이 내리쬐는 바깥에 있다면 어떻게 해야 할까? 햇빛을 피해 그늘진 곳으로 가는 것이 정답!

그런데 여기저기에 건물들과 우거진 나무들로 그늘이 만들어져 있다. 일단 햇빛만 피하면 되니까 아무 데나 가도 상관없지 않느냐고? 천만의 말씀! 그늘도 다 똑같은 그늘이 아니다! 그렇다면 여러분은 건물 그늘과 나무 그늘 가운데 어떤 것을 고르겠는가?

 Keyword 01. **나뭇잎** Keyword 02. **증산 작용** Keyword 03. **열 흡수**

건물 그늘과 나무 그늘 가운데, 여러분은 답을 고르셨나요?

불볕더위의 여름철에는 건물이 만드는 그늘보다 나무 그늘 아래가 더 시원합니다. 그 이유는 앞에서 살펴본 잎의 증산 작용을 생각해 보면 간단하지요.

나뭇잎에서 증산 작용이 일어나면 식물 안에 있는 물이 수증기 상태로 공기 중으로 빠져나갈 때 주위의 열을 흡수합니다. 사람이 땀을 흘리면서 체온을 유지하듯 증산 작용 덕분에 식물도 체온을 조절할 수 있지요. 따라서 건물 그늘보다 나무 그늘에서 온도가 더 낮답니다.

> **증산 작용으로 식물에 있던 물이 수증기로 빠져나와 주위 열을 빨아들이기 때문에!**

우리는 어떻게 숨을 쉬는 걸까?

[초6] 우리 몸의 구조와 기능 | [중2] 동물과 에너지

1952년 영국 런던에서 벌어진 사건. 런던에서는 시민 800만 명의 석탄 사용량이 크게 늘어났다. 그 탓에 굴뚝에서 뿜어져 나온 연기는 도시에 그대로 머물렀다. 하지만 짙은 안개에 익숙했던 런던 시민들은 별로 신경 쓰지 않은 채 일상을 보냈다. 그러는 사이 상상하기 힘들 만큼 끔찍한 일이 벌어지고 말았다!

석탄 가스가 대기에 퍼져 런던 시민들이 첫 주에만 4,000여 명이 사망했던 것이다! 그들의 증상은 호흡 장애와 질식, 즉 무언가 호흡기에 큰 문제를 일으켰는데 런던 시민들은 숨 쉬는 과정에서 이 오염 물질을 들이마셨을 터. 우리는 어떤 과정으로 숨을 들이쉬고 내쉬는 걸까?

실험

Check List
☐ 투명 플라스틱 컵 ☐ 풍선(큰 것 1개, 작은 것 2개)
☐ 주름 빨대 2개 ☐ 철사 ☐ 고무찰흙 ☐ 송곳 ☐ 가위

1 투명 플라스틱 컵 바닥의 중심을 송곳으로 뚫는다.

2 뚫은 구멍을 가위로 약간 넓힌다.

3 주름 빨대 하나를 접히는 부분을 기준으로 아래쪽을 더 길게 자른다.

이렇게 자른 주름 빨대와 같은 길이로 한 개를 더 만들자!

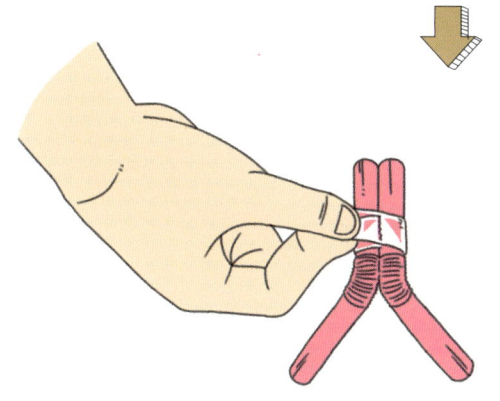

4 두 주름 빨대에서 Y 자로 벌어지는 곳을 아래로 두고 그 윗부분을 테이프로 붙여 고정한다.

5 Y 자를 이루는 빨대 양쪽 끝에 작은 풍선을 끼우고 빠지지 않도록 철사로 묶는다.

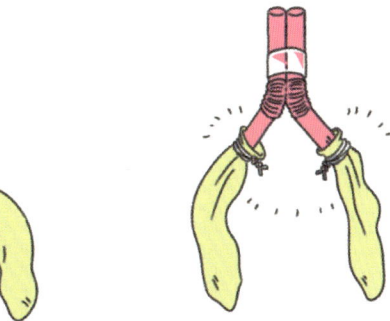

6 플라스틱 컵 가운데에 뚫은 구멍으로 풍선이 달리지 않은 빨대를 안쪽에서 바깥쪽으로 통과시킨다.

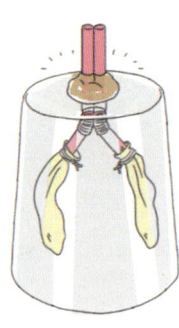

7 구멍으로 통과시킨 빨대 주위를 고무찰흙으로 꼼꼼하게 감싸 주자.

8 입구를 잘라 낸 큰 풍선을 팽팽하게 당겨 플라스틱 컵 아랫부분에 씌운다.

9 플라스틱 컵 아래쪽에 씌운 큰 풍선 주위를 테이프로 고정한다.

테이프 대신 고무줄로 고정해도 좋다!

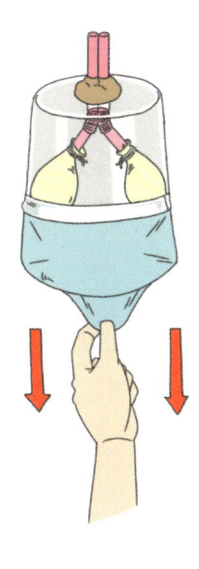 큰 풍선을 아래로 잡아당겼을 때
작은 풍선 크기를 관찰해 보자.

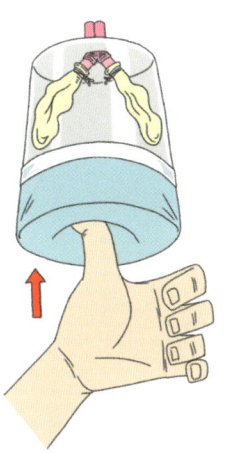 큰 풍선을 위로 밀어 올렸을 때
작은 풍선 크기를 관찰해 보자.

나만의 노트

1. 큰 풍선을 아래로 잡아당겼을 때 컵 속 작은 풍선의 크기를 관찰해 보자.
   작은 풍선은 커졌을까? 작아졌을까?

2. 작은 풍선에 크기 변화가 나타나는 이유는?

3. 큰 풍선을 위로 밀어 올렸을 때 컵 속 작은 풍선의 크기 변화를 관찰해 보자.
   작은 풍선은 커졌을까? 작아졌을까?

4. 작은 풍선에 크기 변화가 나타나는 이유는?

왜 그럴까 궁금하지?
모형 속 풍선은 어떻게 변했을까?

이 실험에서 폐 모형을 풍선과 플라스틱 컵으로 만들어 보았는데요. 이 모형은 폐에서 각각 어떤 부분을 담당하는 걸까요?

먼저, 작은 풍선은 우리 몸에서 폐, 작은 풍선을 끼운 빨대는 기관과 기관지, 투명 플라스틱 컵은 흉강, 투명 플라스틱 컵에 씌운 큰 풍선은 횡격막에 해당합니다.

사람은 코·기관·기관지·폐(허파)로 호흡 기관이 이루어져 있습니다. 폐는 가슴 양쪽에 하나씩 있는데, 수많은 포도송이 같은 폐포(허파 꽈리)가 모여 있습니다. 여기에서 표면적을 최대한 넓혀 산소와 이산화탄소 교환이 효율적으로 일어날 수 있지요.

하지만 폐는 근육이 없어 스스로 운동할 수 없답니다. 늑골(갈비뼈)과 횡격막(가로막)의 상하 운동으로 공기를 마시고 내쉬는 '호흡'이 일어나지요.

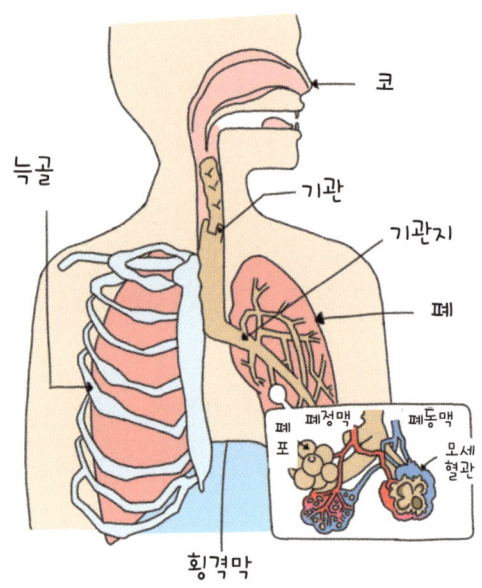

이런 원리에 따라 풍선을 아래로 잡아당기면 다음 그림처럼 작은 풍선은 부풀어 오르고, 위로 밀어 올리면 작은 풍선은 쪼그라든답니다.

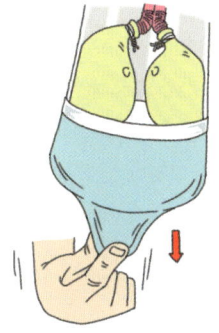 

    우리가 숨을 들이쉴 때 들숨 늑골은 위로 올라가고 횡격막은 아래로 내려갑니다. 이때 가슴 속 공간인 흉강이 커지며 폐 안의 압력이 바깥 압력보다 낮아지는데요.

    기체는 압력이 높은 곳에서 낮은 곳으로 이동하므로 공기 중의 산소가 폐 속으로 들어와 혈액을 통해 조직 세포로 공급되지요. 반대로 숨을 내쉴 때 날숨 늑골은 아래로 내려가고 횡격막은 위로 올라 흉강이 작아지면 폐 안의 압력이 바깥 압력보다 높아집니다. 그래서 혈액을 통해 폐까지 운반된 이산화탄소가 몸 밖으로 빠져나가지요.

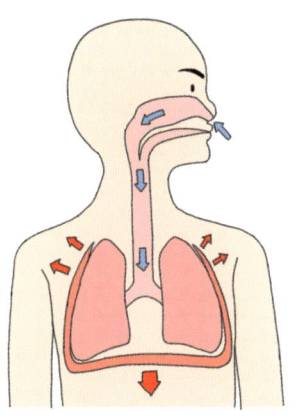   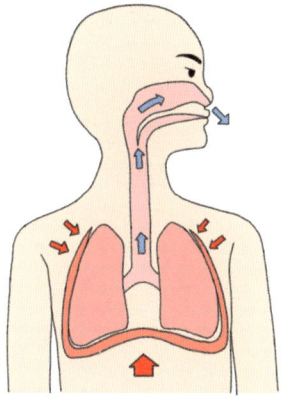

    숨을 들이쉴 때   숨을 내쉴 때

개념 돋보기

들숨과 날숨 한눈에 살펴보기

	공기	늑골	횡격막	가슴 부피	가슴 압력
들숨	몸 밖에서 폐로	올라간다	내려간다	넓어진다	낮아진다
날숨	폐에서 몸 밖으로	내려간다	올라간다	좁아진다	높아진다

딸꾹질, 이제 그만 안녕하자!

놀라거나, 음식을 급하게 먹었을 때 찾아오는 반갑지 않은 손님, 딸꾹질. 이야기하거나 무언가를 먹을 때 또는 집중할 때 흠칫흠칫, 딸꾹딸꾹. 한번 시작하면 멈추지 않아 숨을 참아 보거나 순간을 틈타 놀라게 해 보는 등 갖가지 방법을 사용해 보지만, 그친다 싶으면 얼마 뒤 터져 나오는 딸꾹질에 짜증도 한가득. 이 성가신 딸꾹질은 내 몸에서 왜 일어나는 걸까? 또 멈추게 할 수 있는 방법은 무엇일까?

 Keyword 01. 횡격막 Keyword 02. 경련 Keyword 03. 공기

"횡격막이 갑자기 자극을 받아 의지와 상관없이 특징적 소리를 내는 현상."
바로 이것이 딸꾹질을 정리한 설명입니다. 딸꾹질은 그 원인도 여러 가지입니다.

첫째. 긴장했을 때
둘째. 매운 음식을 먹거나 음식을 급하게 먹었을 때
셋째. 추운 곳에 오래 서 있을 때

딸꾹질을 시작하면 우리 몸에서는 어떤 일이 일어나는 걸까요?
먼저, 여러 이유로 가슴과 배 사이 횡격막이 놀라면 경련이 일어납니다. 이로 인해 횡격막이 갑자기 움츠러들고 공기를 빨아들이며 '딸꾹' 소리가 납니다.
이 딸꾹질은 어른들에게만 발생하지 않습니다. 놀랍게도 어린이들이나 어른들보다 아기들에게 더 흔하다고 합니다. 딸꾹질을 멈추는 방법으로 다음과 같은 것들이 있습니다.

1. 천천히 물 마시기 → 물을 삼키는 목의 움직임과 호흡으로 진정시키는 효과
2. 잘게 간 얼음 씹어서 먹기 → 찬 음식으로 놀란 신경을 자극해 진정시키는 효과
3. 설탕 한 스푼 먹기 → 강한 단맛으로 새로운 자극을 주어 진정시키는 효과

> **놀란 횡격막이 경련을 일으켜 움츠러들고
> 공기를 빨아들여 소리를 내기 때문!**

피는 무엇으로 이루어져 있을까?

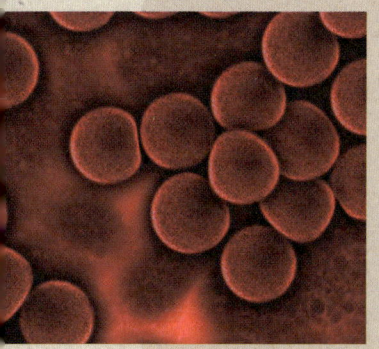

지독한 장염에 걸린 나는 병원을 찾았어. 의사 선생님이 내려준 처방은 일주일분 약과 링거 주사였지. 병원 침대에 눕자 팔이 잠깐 따끔거리더니 내 핏줄에 링거 바늘이 꽂혔어. 얼마가 지났을까? 난 한 자세 그대로 가만히 있는 걸 잘 못 해. 꿈틀거리며 움직인 게 문제였을까. 이내 링거 바늘과 줄 근처에 피가 고여 있는 게 보이지 뭐야! 간호사 선생님의 움직이지 말라는 주의에 가만히 누워 있던 나는 붉은 피를 보면서 한 가지 궁금증이 떠올랐어.

'핏줄은 파란색이었는데 피는 왜 붉은색이지? 대체 피는 무엇으로 이루어진 걸까?'

|중2| 동물과 에너지

실험

Check List
☐ 소독약 ☐ 밴드 ☐ 받침 유리 ☐ 덮개 유리 ☐ 채혈침 ☐ 메틸알코올
☐ 김자액 ☐ 스마트폰 현미경 세트(x60) ☐ 카메라 렌즈가 달린 스마트폰

1 채혈침(란셋)으로 새끼손가락 끝을 찔러 본다.

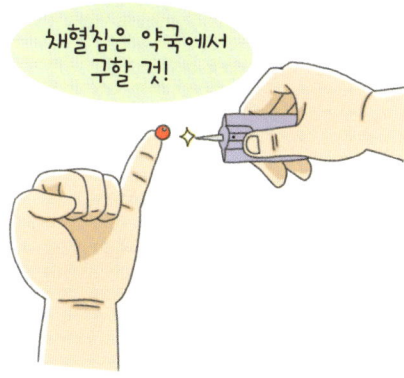

채혈침은 약국에서 구할 것!

※실험 속 잠깐!
이 실험은 부모님이나 선생님과 함께 하자!

내가 궁금한 생명과학 **211**

2 받침 유리를 30° 정도 기울여 안쪽에 혈액을 닿게 한 뒤 덮개 유리로 한쪽으로 밀어 혈액이 퍼지도록 한다.

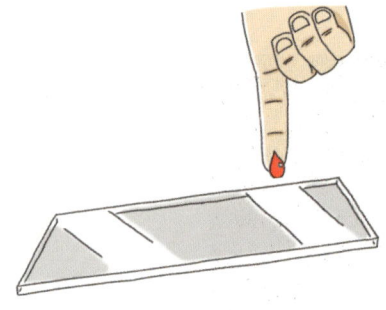

피를 얇게 펴지 않으면 여러 개가 겹쳐 혈구가 낱개로 보이지 않는다!

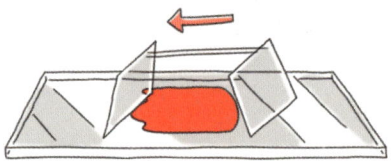

3 얇게 편 피에 메틸알코올을 스포이트로 2~3방울 떨어뜨리고 3분을 기다려 말린다.

메틸알코올

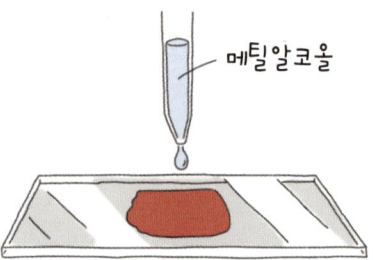

4 염색액인 김자액을 떨어트리고 3~5분 정도 기다려 말린다.

김자액

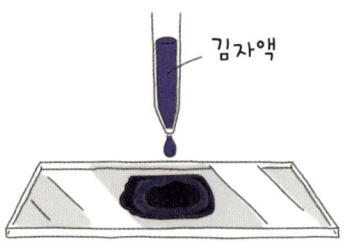

받침 유리를 세운 채 물에 넣었다 빼며 조심스럽게 여분의 염색액을 씻어 낸다.

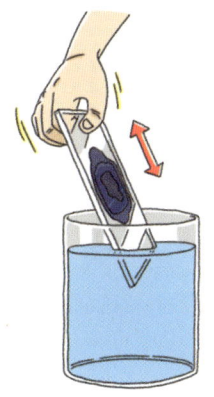

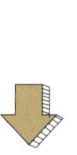

6 덮개 유리를 덮고 키친타월로 물기를 없앤다.

덮개 유리

7 스마트폰용 현미경 부품을 조립하여 스마트폰 현미경을 만든다.

스마트폰 현미경 만들기

본체

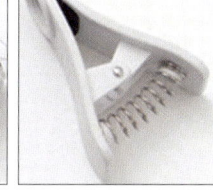
집게

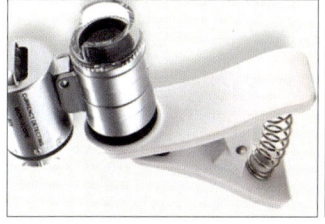
부착한 모습

내가 궁금한 생명과학

혈액 표본을 스마트폰 현미경으로 관찰한 뒤 사진을 찍고 적혈구와 백혈구를 구분하여 그린다.

※실험 속 잠깐!
240배는 스마트폰 줌을 최대로 할 경우 기존 60배의 4배가 된다.

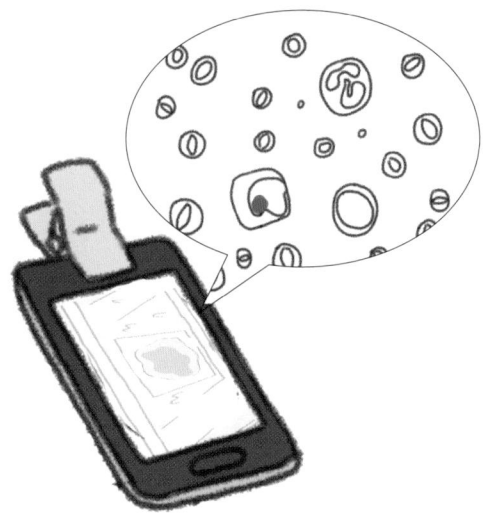

나만의 노트

1. 스마트폰 현미경에서 보이는 모습을 사진으로 찍자.
   그다음 적혈구와 백혈구를 구분하여 그려 볼까?

〈 배율(×),　　　년　월　일 〉

왜 그럴까 궁금하지?
피는 무엇 때문에 붉은색일까?

여러분도 한 번쯤 이런 생각을 해 봤을 거예요. 핏줄은 파란색인데 피는 왜 붉은색일까 하고요. 그렇다면 피는 무조건 붉은색일까요? 피가 왜 붉은색인지를 알려면 먼저 피는 무엇으로 이루어져 있는지를 살펴봐야겠지요?

피를 채취하여 시험관에 두면 소변 색깔의 맑은 부분과 붉은색의 가라앉은 부분으로 나뉘는 모습을 볼 수 있습니다. 소변 색깔의 맑은 부분은 영양분과 노폐물을 운반하는 혈장, 붉은색의 가라앉은 부분은 다양한 기능을 하는 혈구라 부르지요. 이 혈구에는 산소를 운반하는 적혈구, 병원균을 막는 백혈구, 지혈을 맡는 혈소판이 있답니다.

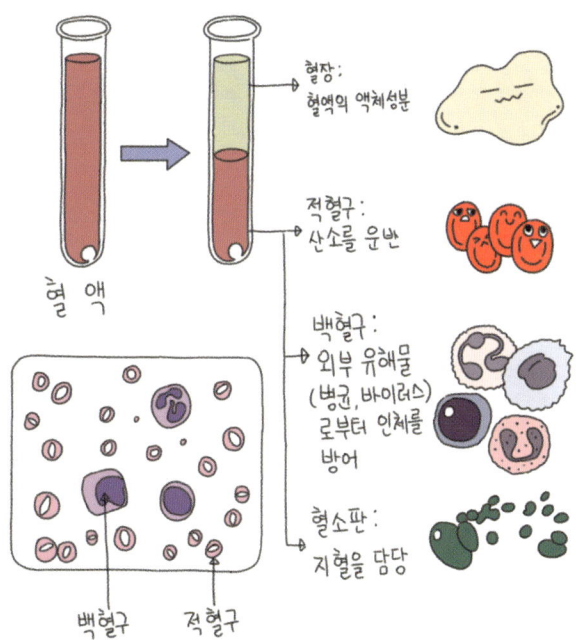

피 속에는 '헤모글로빈'이라는 물질이 있어 산소를 운반합니다. 헤모글로빈이 산소와 결합하고 있으면 붉은색 산소가 떨어져 나가면서 파란색을 띱니다. 동맥의 경우, 보통 산소를 많이 담은 피로 붉게 보이며 몸속 깊은 곳을 흐릅니다. 정맥의 경우, 보통 산소를 조직 세포에 전달해 주었기에 푸른색을 띠며 피부 가까운 곳을 흐릅니다. 우리가 보는 혈관은 대부분 정맥에 해당해 푸른색으로 보이는 거지요.

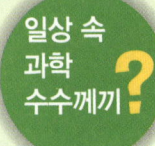

마라톤 선수들은 피가 다르다?

다음은 최근 하계 올림픽 마라톤 우승자이다.

연도	금메달리스트	나라	비고
2012년	스티븐 키프로티치	우간다	아프리카
2008년	사무엘 K. 완지루	케냐	아프리카
2004년	스테파노 발디니	이탈리아	유럽
2000년	게자흐녜 아베레	에티오피아	아프리카
1996년	조시아 투과니	남아프리카 공화국	아프리카
1992년	황영조	한국	아시아

이 표를 살펴보면 유난히 두드러져 보이는 한 가지 사실은 '아프리카' 지역 출신이 금메달리스트가 많다는 점이다! 이뿐만 아니라 은메달리스트들과 동메달리스트들을 포함하면 그 수는 더욱 많아진다! 메달리스트들의 출신을 더욱 깊게 살펴보면 그들은 아프리카에서도 대부분 고산 지대 출신이 많다. 대체 그 이유는 무엇일까?

 Keyword 01. 저산소 Keyword 02. 적혈구 Keyword 03. 혈액 속 산소 운반

위의 표처럼 금메달리스트들은 울퉁불퉁한 길과 산이 많은 아프리카 지역 출신이라는 사실을 발견할 수 있습니다. 왜 그런지 우리 일상에서 다시 한 번 생각해 볼까요?

평평한 땅에서 달리는 것과 높은 지역에서 달리는 것을 비교했을 때 여러분은 어디에서 달리기가 쉬운가요? 아마 평평한 땅이 훨씬 더 쉬울 겁니다.

그래서 전문 마라톤 선수들은 강도 높은 훈련을 대부분 고산 지대로 가지요.

마라톤은 흔히 선수의 호흡과 인내에 따라 승패가 나뉘는 운동이에요. 그래서 고산 지대에서 이루어지는 훈련은 아주 중요한 역할을 합니다. 바로 저산소와 관련이 있기 때문이지요. 이 저산소는 혈액에 산소를 옮겨 주는 적혈구 능력과도 이어지는데요. 고산 지대의 저산소 상태를 피하려고 적혈구를 늘리면 혈액 속 산소 운반 능력이 크게 늘어납니다.

즉, 고산 지대에서 하는 훈련으로 적혈구의 산소 운반 능력을 키워, 긴 마라톤 코스를 달리고 또 우승자로 설 발판을 만들려는 거지요. 우리나라에서 대표적인 마라톤 금메달리스트 황영조 선수도 강원도 삼척 출신이라는 사실도 이 점을 살펴보면 충분히 이해할 수 있는 부분이랍니다.

> **혈액에 산소를 옮겨 주는 적혈구를 늘리는 데 고산 지대 저산소 훈련이 적합!**

효소가 뭐예요?

친구들과 운동장에서 놀던 나는 발이 걸려 넘어졌어! 땅바닥에 엎어져 후끈거리는 다리를 쳐다봤더니 무릎이 까져서 난 상처가 흙 범벅인 거야! 곧 친구들이 내 주위로 몰려들었어!
"야, 수돗가로 가서 흙부터 씻어!"
"미쳤어? 제대로 소독해야지. 이럴 땐 과산화수소수가 짱이야!"
그러더니 언제 가져왔는지 과산화수소수를 상처 위로 쏟아붓듯이 하는 거야! 흙으로 범벅이던 내 무릎은 어느 순간 하얀 거품이 뽀글뽀글 일어나더라고. 아픈 것도 잠시, 난 신기해서 멍하니 그걸 보고만 있었어. 대체 내 무릎에서 무슨 일이 일어난 거지?

|초6| 연소와 소화
|중2| 동물과 에너지

실험

Check List
☐무 ☐당근 ☐감자 ☐볼펜대 3개와 나무젓가락 ☐접시 ☐비닐장갑
☐칼 ☐핀셋 ☐과산화수소수 ☐초시계(또는 핸드폰)

1 둥글고 얇게 썬 무, 당근, 감자를 볼펜대로 뚫어 디스크 모양을 만든다.

야채별로 두께를 최대한 같게 썰자!

내가 궁금한 생명과학 **217**

컵 3개에 과산화수소수를 같은 양 담는다.

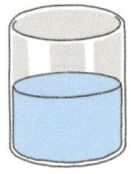  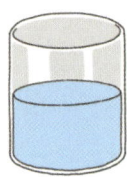

 앞에서 만든 무, 당근, 감자 디스크를 핀셋으로 집어 과산화수소수가 담긴 컵에 넣는다.

 과산화수소수에 넣은 무, 당근, 감자 디스크가 어떻게 되는지 관찰해 보자.

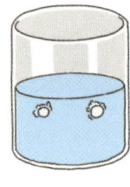 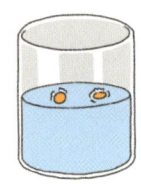 

무 디스크　　　당근 디스크　　　감자 디스크

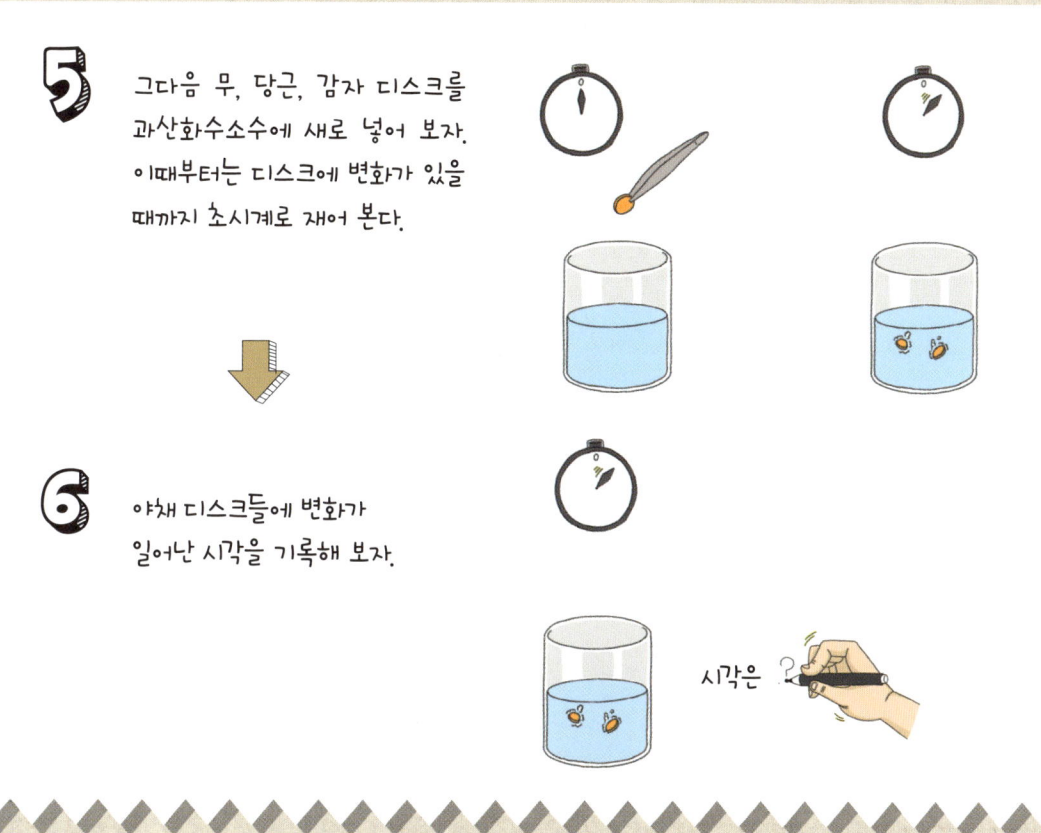

5. 그다음 무, 당근, 감자 디스크를 과산화수소수에 새로 넣어 보자. 이때부터는 디스크에 변화가 있을 때까지 초시계로 재어 본다.

6. 야채 디스크들에 변화가 일어난 시각을 기록해 보자.

시각은

나만의 노트

1. 초시계를 써서 야채 디스크들이 떠오른 시간을 반복해 재고 기록하자.

야채	측정 회수	측정 시간(초)	평균 시간(초)
무	1		
	2		
당근	1		
	2		
감자	1		
	2		

2. 야채 디스크들이 떠오르는 순서를 빠른 순으로 적어 보자.

(　　　　　　　＞　　　　　　　＞　　　　　　　)

왜 그럴까 궁금하지?
야채 디스크들은 왜 떠올랐을까?

실험에서 시간이 지나자 조금씩 떠오르는 야채 디스크들을 보고 신기했지요?
눈에 보이지 않지만 우리가 사용한 야채들에는 '카탈레이스카탈라아제'라는 효소가 들어 있습니다. 이 효소는 과산화수소수를 분해하여 물과 산소를 만들지요.

그렇다면 무·당근·감자 가운데에서 카탈레이스가 가장 많이 들어 있는 야채는 무엇일까요? 바로 '감자'입니다. 그다음은 당근, 무의 순서로 카탈레이스가 들어 있지요. 야채에 카탈레이스가 있다는 사실을 알면 야채 디스크들이 어떻게 과산화수소수에서 떠올랐는지 그 이유를 알 수 있습니다.

감자 디스크를 통해 자세히 살펴볼까요? 감자 디스크에 들어 있는 카탈레이스가 과산화수소를 물과 산소로 나눕니다.

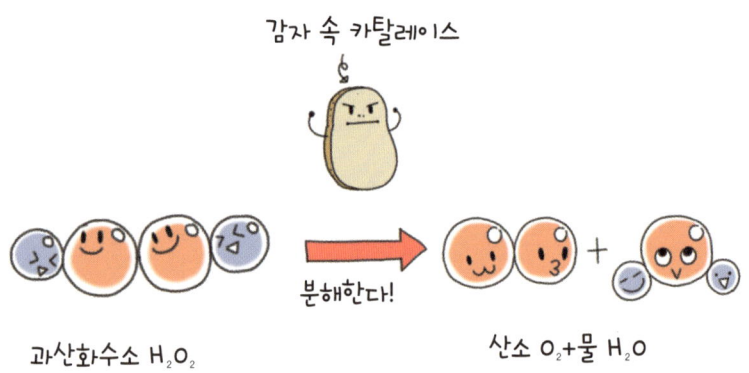

이 산소는 용액에도 녹지만 얇게 썬 야채 디스크에도 붙는답니다. 이렇게 만들어진 산소가 무·당근·감자 디스크에 점점 많이 달라붙으면서 밀도가 작아져 떠오른 거예요.

과산화수소를 분해해 물과 산소로 바꾸는 효소, 카탈레이스는 야채뿐만 아니라 동물에게도 들어 있습니다. 생물체 대부분에 들어 있는 이 효소는 적혈구와 간에 특히 많이 있답니다. 우리가 다쳤을 때 과산화수소 약을 상처에 바르면 하얀 거품이 나는 까닭도 비슷한 원리예요. 피에 있는 카탈레이스가 약과 만나 과산화수소를 물과 산소로 분해하기 때문이지요.

일상 속 과학 수수께끼?

우유가 사람을 차별한다고?

완전식품이라고 소문난 우유. 배고플 때 한 잔만 마셔도 든든해 많은 사람이 아침에 한 끼 대신 먹고 하루를 시작하는 음료이다. 그런데! 맛도 좋고 영양도 풍부한 이 우유가 사람을 차별한다고? 우리 주위를 둘러보면 어렵지 않게 찾을 수 있다!

"난 소화가 안 되서 우유 못 마셔!"

이런 이야기. 믿을 수가 없다고? 대체 우유에 뭐가 들었기에 누구는 마셔도 괜찮지만 누구는 마시면 탈이 나는 걸까?

🔑 Keyword 01. 우유 속 젖당 Keyword 02. 소장 속 락테이스(락타아제)
　　　　　　　　Keyword 03. 분해

여러분 가운데 우유를 마시면 배탈이 나서 잘 마시지 않는 친구들이 있지요? 우유를 마시면 배탈이 나는 이유, 간단합니다.

먼저 소장 안에 있는 젖당을 분해하는 효소, '락테이스' 분비가 적으면서 문제가 생깁니다. 결국 우유에 들어 있는 젖당을 잘 분해하지 못해 결국 탈이 나고 마는 거지요. 이 젖당은 젖을 먹는 포유동물 젖에 있는 탄수화물인데요. 어린 시절부터 우유나 어머니에게서 젖을 먹는 우리들은 유제품을 소화할 수 있는 효소, 락테이스를 갖고 태어난답니다.

보통 이 락테이스가 젖당을 포도당글루코스과 갈락토스로 분해하면, 우리 몸이 이를 흡수합니다. 그런데 젖당을 분해해 줄 효소가 부족하면 젖당이 그대로 대장에 전해지는 거예요. 그리고 대장 속 대장균이 소화하지 못한 젖산 덩어리를 그대로 발효하면서 속이 불편해지는 거지요. 이를 '젖당분해요소결핍증'이라고 부른답니다.

우유를 마시고 속이 많이 불편해졌다면 락테이스가 들어 있는 알약을 먹으면 조금 나아집니다. 그렇다고 이 약을 믿어서 매일 조금씩 우유를 마시지는 마세요. 이런 결핍증이 바로 나아지지는 않으니까요!

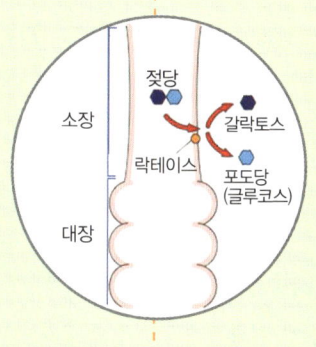

젖당을 분해할 락테이스가 부족하면 젖당이 대장에 전해져 속이 불편해지는 것!

피부에서 가장 예민한 부위는?

[초6] 우리 몸의 구조와 기능
[중3] 자극과 반응

추운 겨울이 찾아올 때면 장갑이나 핫 팩 말고도 따뜻한 음료수는 역시 필수품이야!
　장갑이나 핫 팩이 없을 때 따뜻한 캔을 들고 있으면 손이 덜 춥거든. 대책 없이 추운 그 날, 손이 시린 걸 참다못해 편의점에서 따뜻한 음료를 사기로 했지. 내가 좋아하는 초콜릿 맛 음료수를 한 캔 사서 쥐고 있으니 얼었던 손이 녹는 듯했어. 목도 칼칼했던지라, 손에 쥔 캔을 땄는데 그만 손등으로 초콜릿 음료가 튄 거야! 생각보다 뜨겁다는 느낌이 없어서 음료를 마시려고 입술에 댔는데 이게 웬일이니?
　손등보다 입술에서 더 음료가 뜨겁게 느껴지는 거야! 과학 시간에 감각들을 느끼는 '감각점'들이 신체마다 다르게 있다더니 그래서인가?

실험

Check List ☐ 30cm 자　☐ 이쑤시개 2개　☐ 컬러 헤어 고무줄

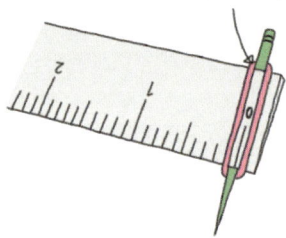

고무줄로 고정시킨다.

1 컬러 헤어 고무줄로 이쑤시개 한 개를 자의 기준점(영점)에 고정한다.

※실험 속 잠깐!
컬러 헤어 고무줄은 일반 고무줄보다 지름이 작아 쉽게 고정할 수 있어.

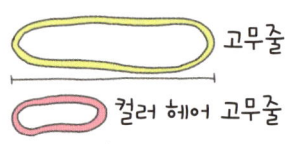

고무줄
컬러 헤어 고무줄

2 나머지 이쑤시개도 고무줄을 이용해 자의 임의 지점에 고정한다.

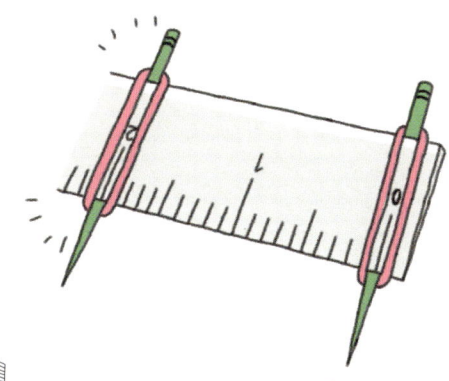

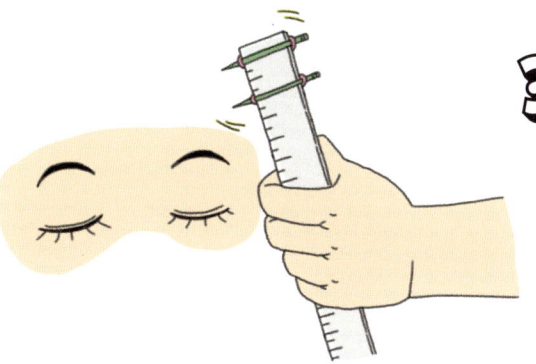

3 한 명은 자에 붙은 이쑤시개로 눈을 감은 상대방의 이마를 누른다.

※**실험 속 잠깐!**
이쑤시개로 찔러서 상처가 나지 않도록 주의하자!
지그시 누르는 것이 중요!

4 닿는 곳이 한 점으로 느껴지는지 두 점으로 느껴지는지 물어본다.

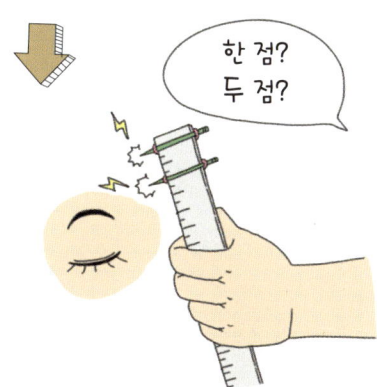

한 점?
두 점?

손바닥과 손가락에서도 똑같이 실험한다.

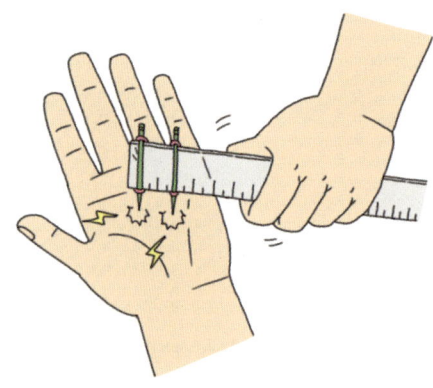 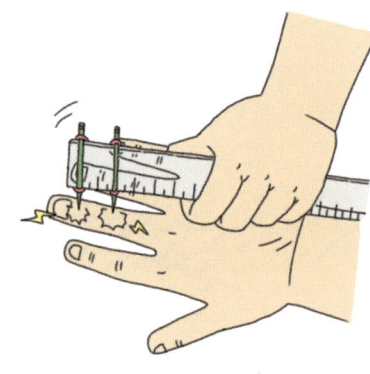

 이쑤시개의 간격을 점점 좁혀서 실험해 본다.

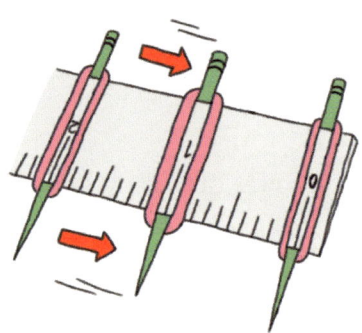

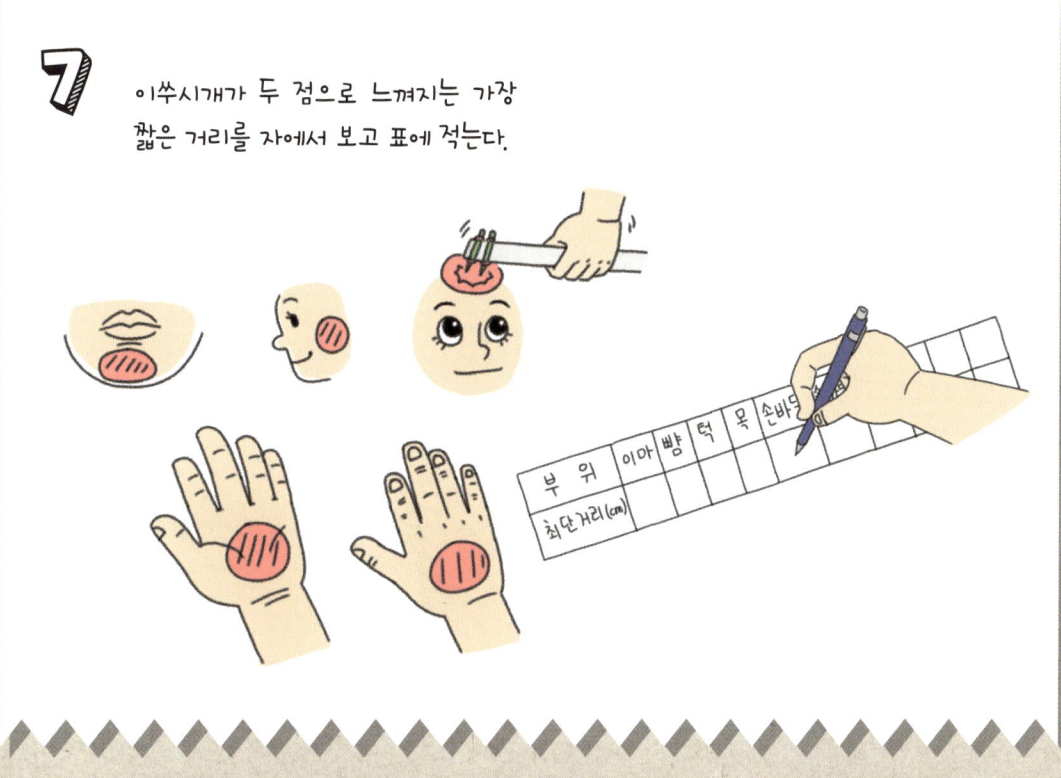

7 이쑤시개가 두 점으로 느껴지는 가장 짧은 거리를 자에서 보고 표에 적는다.

📝 나만의 노트

1. 부위에 따라 두 점으로 느껴지는 최단 거리를 표에 적어 보자.
   (표에는 실험한 다양한 신체 부위를 적는다)

부위	이마	뺨	턱	목	손바닥	손가락	손등	……
가장 짧은 거리(cm)								

2. 가장 예민한 부위는 어디일까?

3. 두 점으로 느껴지는 최단 거리와 피부 감각과는 어떤 관계가 있을까?

왜 그럴까 궁금하지?
피부가 가장 예민하게 느끼는 감각은?

피부는 몸에서 가장 바깥쪽에 위치하여 외부 환경에서 우리 몸을 지켜 주는 보호막 역할을 합니다. 그렇기 때문에 많은 피부 감각점이 있지요.

피부 감각점에는 '다섯 가지 종류'가 있습니다. 따뜻함을 느끼는 온점, 차가움을 느끼는 냉점, 누르는 힘(압력)을 느끼는 압점, 닿는 곳(접촉)을 느끼는 촉점, 아픔을 느끼는 통점이지요.

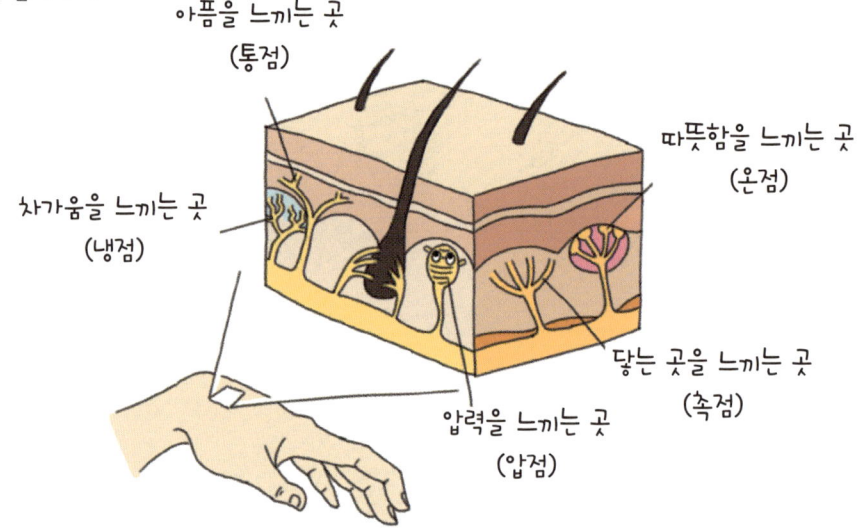

실험에서처럼 이쑤시개 두 개의 거리를 점점 좁히면서 피부를 누르면 어떨까요? 여러 부위를 누를 때 부위에 따라 이쑤시개가 두 점으로 느껴지는 거리가 서로 다르지요? 감각점이 많이 있는 곳일수록 두 점으로 느끼는 최단 거리가 짧은데요. 우리 몸에서는 손가락 끝과 입술은 감각점이 많이 있어 가장 예민한 부위랍니다.

개념 돋보기

피부 감각점은 감각마다 얼마나 있을까?

온몸에 있는 피부 감각점은 한 점에서 한 종류의 감각을 느낍니다. 감각점은 몸의 부위에 따라 다르게 퍼져 있습니다. 퍼진 감각별로 가장 많은 감각점부터 적은 감각점까지 이들을 정리하면 이렇습니다.

통점(아픔) > 압점(누름) > 촉점(접촉) > 냉점(차가움) > 온점(따뜻함)

대체로 $1cm^2$당 온점은 0~3개, 냉점은 6~23개, 촉점은 25개, 압점은 100개, 통점은 100~200개 정도이지요. 그렇다면 왜 사람의 피부는 통증에 가장 민감하게 반응하며 통점이 가장 많을까요? 이는 피부에 조그만 상처가 나도 아픔을 빨리 느껴서 우리 몸을 보호하기 위해서랍니다.

우리 눈은 어떻게 사물을 볼까?

과학 시간에 선생님이 보여 주신 특별한 종이 한 장. 그것은 그림이나 사진이 숨어 있는 '매직아이'라는 특이한 종이였어.
'보면 볼수록 눈이 흐릿해지면서 보일락 말락 하네?'
선생님이 말씀해 주신 매직아이 원리는 종이에 숨은 물체와 거리를 두고 눈의 원근과 시각 차이라고 하셨지. 종이에 겹친 그림의 간격이 멀면 위로 떠 보이고 반대로 간격이 가까우면 뒤로 떨어져 보이면서 감춰진 그림이 보인다나? 이런 마술 같은 효과를 체험할 수 있는 시각, 그러니까 우리 눈이 사물을 어떻게 볼 수 있는지 이번 과학 시간에 눈 구조 모형 만들기로 인체의 '눈'을 파헤쳐 보기로 했어!

[초6] 우리 몸의 구조와 기능 / [중3] 자극과 반응

실험

Check List
- ☐ 투명한 플라스틱 컵과 뚜껑 ☐ 볼록렌즈 ☐ 아크릴 물감(검정색, 흰색)과 붓
- ☐ 셀로판테이프 ☐ OHP 필름과 사포 ☐ 빨대 ☐ 가위와 칼 ☐ 자 ☐ 원형 스티커

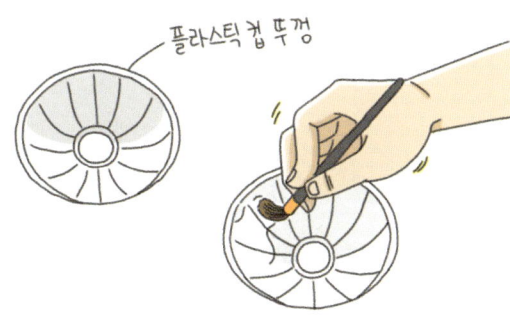

1 투명한 플라스틱 컵 뚜껑 안쪽에 흰색 아크릴 물감을 칠하고 말린다.

2 그다음 다시 그 위에 검정색 아크릴 물감을 칠해 말린다.

내가 궁금한 생명과학 **227**

물감이 마른 뒤 컵 밑의 안쪽 원 테두리에 칼집을 내고 가위로 오려 낸다.

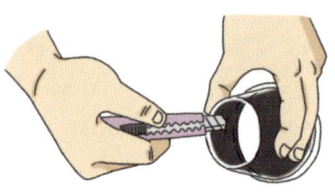 

 컵 몸통에 자를 대고 칼로 세로 길이 3cm 정도의 1자형 틈을 낸다.

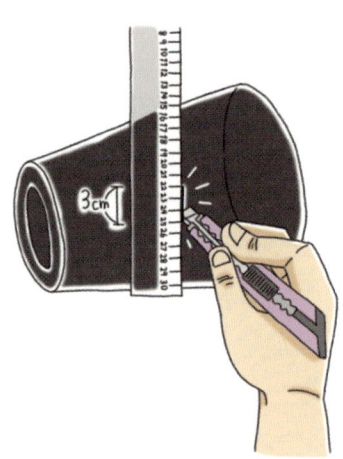

볼록렌즈는 지름이 25mm 정도인 것으로!

 뚜껑 안쪽 중앙에 볼록렌즈를 투명 테이프로 고정한다.

6 원형 스티커 가운데를 뚜껑 중앙 구멍에 맞춰 오려 내고 검은색으로 칠한다.

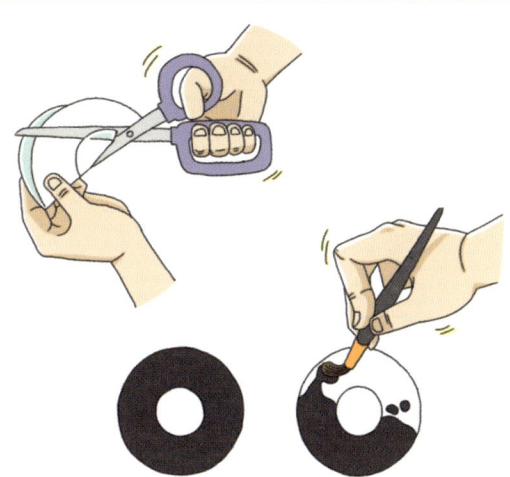

7 플라스틱 뚜껑 바깥쪽에 앞에서 만든 원형 스티커를 붙여 홍채를 만든다.

8 OHP 필름을 사포로 문질러 반투명하게 만든다.

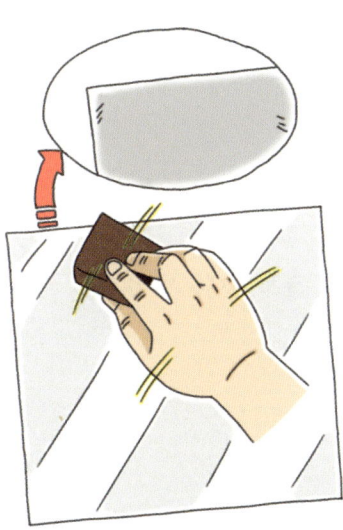

9 OHP 필름을 컵 입구의 원형 크기만큼 자른 뒤 빨대 끝에 붙여 망막을 완성한다.

10 컵 입구에 지금까지 작업한 뚜껑을 닫는다.

11 컵을 눕힌 뒤, 바깥쪽에 세로로 홈을 낸 구멍으로 OHP 필름을 붙인 빨대를 넣는다.

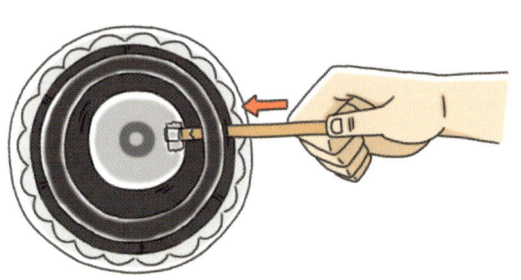

12 스마트폰에 띄운 촛불 그림을 렌즈에 비추며 촛불 상을 관찰한다.

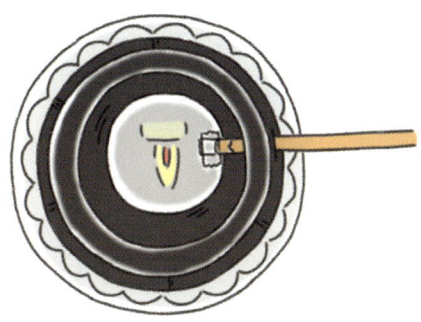

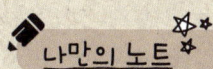

1. 모형 망막에 비친 촛불은 바로 서 있는 모습인가? 아니면 거꾸로 선 모습인가?

2. 촛불을 컵과 멀리 했을 때 망막은 어느 쪽으로 움직여야 할까?

3. 촛불을 컵과 가까이 했을 때 망막은 어느 쪽으로 움직여야 할까?

왜 그럴까 궁금하지?
우리 눈은 어떻게 사물을 볼까?

한 번도 이런 생각을 해 본 적 없나요? "우리는 '눈'에 보이는 사물을 제대로 보고 있는 것일까?" 하고요. 앞선 실험에서 만든 눈 모형은 눈의 구조를 정확히 알 수 있는 모형입니다. 촛불 사진이 비치는 과정을 통해 눈이 사물을 어떻게 볼 수 있는지 확인할 수 있지요.

눈이 사물을 인식하는 과정을 알아보기 전에 렌즈와 빛 그리고 굴절의 개념을 살펴봐야 합니다.

볼록렌즈를 통과한 평행 광선은 오른쪽 그림처럼 안쪽으로 굴절하여 한 점을 지나 다시 직진합니다. 이때 빛이 만나는 한 점을 '초점'이라고 하지요.

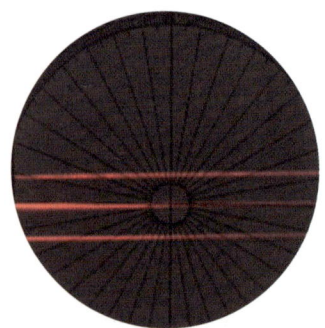
평행광선(렌즈없음)

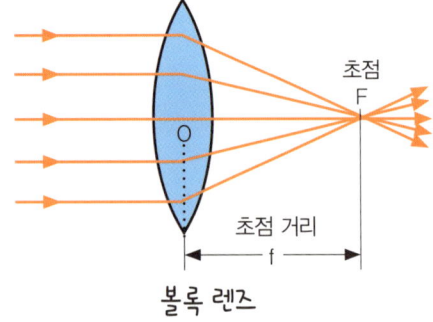
볼록 렌즈

우리 눈 속에는 볼록렌즈에 해당하는 '수정체'가 들어 있습니다. 수정체는 동공으로 들어온 빛을 굴절시키지요. 망막은 초점 뒤에 위치하는데 여기에 비치는 물체는 거꾸로 된 모양이랍니다.

그럼, 우리는 왜 거꾸로 맺힌 물체 모양을 바로 서 있다고 보는 걸까요?

거꾸로 맺힌 물체 모양 정보가 시신경을 통해 대뇌로 전달되면 대뇌에서 이를 바로 선 것으로 해석하기 때문이랍니다.

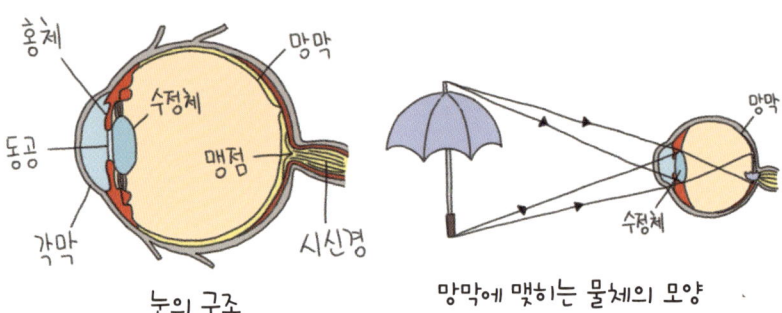

눈의 구조　　　　　망막에 맺히는 물체의 모양

안경은 어떤 원리로 시력을 교정할까?

주위를 가다 보면 어린이들이나 할머니들 그리고 할아버지들이 안경을 쓰고 있는 모습을 볼 수 있을 것이다. 눈이 나쁘기 때문에, 시력이 좋지 않은 사람들은 사물을 더 뚜렷하게 보려고 안경을 쓴다. 하지만 그들이 어떤 거리에 있는 사물이 어떻게 안 보이는지 구체적으로 알고 있는가? 가깝거나 멀리에 있는 사물을 보다 뚜렷하게 보려고 쓰는 안경, 그 안경에는 시력과 빛과 거리 그리고 초점의 비밀이 숨어 있다!

 Keyword 01. 빛 Keyword 02. 거리 Keyword 03. 초점

우리 눈은 물체에서 반사되어 나오는 빛을 받아들여 인식합니다.

그런데 가깝거나 먼 거리에 있는 물체가 잘 안 보이는 경우가 있습니다. 혹시 근시와 원시라는 말을 들어본 적 있나요? 이 말들은 정확히 어떤 뜻일까요? 먼저 근시는 가까운 곳은 잘 보이지만 먼 곳은 잘 보이지 않는 경우입니다.

이 근시는 오목렌즈로 교정할 수 있습니다. 동공 앞에 놓인 오목렌즈는 빛을 원래보다 위아래로 벌린 뒤 수정체로 보내지요. 이 경우 초점이 수정체에서 망막 쪽으로 물러납니다. 근시라는 눈의 이상은 또렷한 상이 망막의 앞쪽에 있는 눈이지요.

그럼 원시란 무엇일까요? 가까운 곳부터 점점 흐리게 보이며 먼 곳까지 침침해지는 경우입니다.

원시는 볼록렌즈(돋보기)로 교정할 수 있습니다. 동공 앞에 놓인 볼록렌즈는 눈으로 들어오는 빛을 수정체 앞에서 더 꺾어 수정체로 보냅니다. 그 경우 초점은 볼록렌즈 쪽으로 다가와서 망막에 또렷한 상이 맺힌답니다. 따라서 원시라는 눈의 이상은 원래 또렷한 상이 망막을 건너가서 있는 눈이지요.

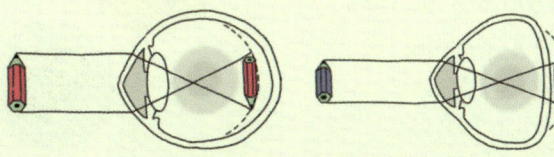

오목렌즈가 필요한 눈(근시)   볼록렌즈가 필요한 눈(원시)

혈액형은 왜 4개일까?

[초6] 우리 몸의 구조와 기능
[중3] 생식과 유전

키우던 강아지가 크게 아파 동물병원에 데려간 나는 놀라운 사실을 알았어.
바로 동물들도 피를 주고받을 수 있다는 사실이었지. 우리 강아지는 수혈받아야 할 정도로 큰 수술을 앞두고 있었어. 오랜 시간을 기다려 수술을 마친 수의사 선생님은 이렇게 한마디 하셨지.
"강아지가 수혈받아야 한다니 신기하죠? 동물들도 우리 사람처럼 혈액형이 있어요."
그런데 더 놀라운 사실은 뒤에 있었어. 사람은 혈액형이 4개잖아?
동물들은 종류에 따라 다르지만 혈액형이 10가지가 넘는 것도 있다는 거야!
그렇다면 사람은 왜 혈액형이 4개인 걸까?

실험

Check List ☐ 속이 비치지 않는 주머니 2개 ☐ 다른 색깔의 공 3개(2세트)

1 속이 비치지 않는 주머니 2개에 한쪽에는 엄마, 다른 한쪽에는 아빠라고 적는다.

2 준비한, 색깔이 다른 공 3개에 각각 유전자 A, 유전자 B, 유전자 O라고 표시한다.

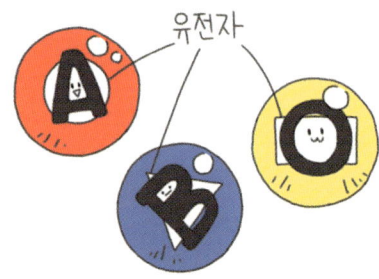

3 표시한 공 3개를 '엄마' 주머니에 넣는다.

4 '아빠' 주머니에도 표시한 공들을 넣어 준다.

5 '엄마' 주머니에서 공 1개, '아빠' 주머니에서 공 1개를 꺼내 자녀의 혈액형을 맞춰 본다.

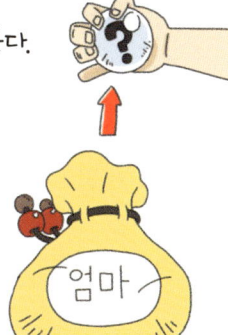
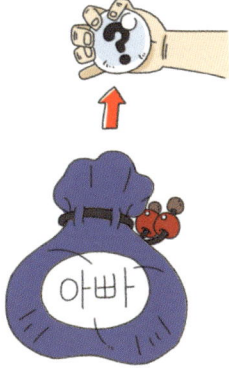

6 꺼낸 공을 다시 주머니에 넣고 앞에서 한 과정을 반복한다.

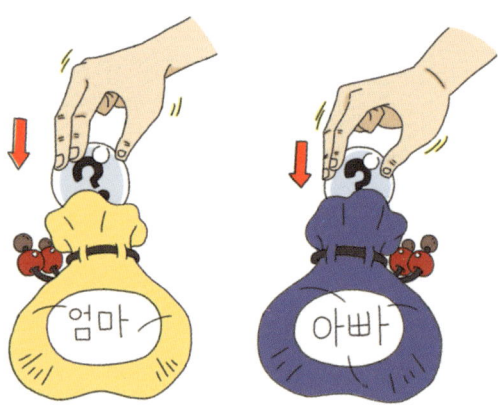

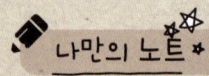 나만의 노트

1. 어떤 공을 뽑았나? '엄마' 주머니에서 꺼낸 공과 '아빠' 주머니에서 꺼낸 공의 조합을 표에 기록해 보자. 10회 이상 해 보자.

(예)	1회	2회	3회	4회	5회	6회	7회	8회	9회	10회
AO										

2. 물음 1번에서 써 본 공의 조합으로는 자녀에게 어떤 혈액형이 나타날까?

(예)	1회	2회	3회	4회	5회	6회	7회	8회	9회	10회
A형										

우리 혈액형은 어떻게 4개일까?

사람의 ABO식 혈액형은 A형, B형, AB형, O형으로 나타납니다. 흔히 쌍꺼풀이다/외꺼풀이다, 귓불이 있다/없다, 혀말기가 가능하다/불가능하다 등의 표현형^{생물에서 겉으로 드러나는 여러 특성}은 2가지이지요. 그런데 혈액형은 그 표현형이 왜 4가지일까요?

ABO식 혈액형은 유전자 A, B, O 3가지와 관계있기 때문입니다. 이 유전자와 우성 그리고 열성을 알면 우리 혈액형에 감춰진 비밀을 알 수 있습니다. 먼저, 한쪽 유전자를 누르고 겉으로 드러나는 형질을 우성, 반대로 눌려서 나타나지 않는 형질을 열성이라고 한답니다. 유전자 A와 B는 유전자 O에 대해 우성이며, 유전자 A와 B 사이에는 우열 관계가 없습니다. 따라서 엄마, 아빠에게 각각 유전자 A와 B를 받았다면 자식의 혈액형은 AB형, A와 O를 받았다면 A형, B와 O를 받았다면 B형으로 표현되지요.

자녀의 혈액형으로 부모 혈액형의 유전자형^{표현형을 나타내는 유전자 2개를 기호로 나타낸 것}을 알아낼 수도 있어요. 예를 한번 들어볼까요?

아빠는 A형이고, 엄마는 B형인데 나는 O형입니다. 아빠와 엄마 혈액형의 유전자형은 무엇일까요?

자식의 혈액형이 O형이려면 부모에게 각각 한 개씩 유전자 O를 받아야 하므로 아빠 혈액형의 유전자형은 AO, 엄마 혈액형의 유전자형은 BO임을 알 수 있지요.

개념 돋보기

아빠와 엄마의 혈액형에서 어떤 혈액형이?

		엄마의 혈액형			
		A형(AO)	B형(BO)	O형(OO)	AB형(AB)
아빠의 혈액형	A형(AO)	A, O형	A, B, O, AB형	A, O형	A, B, AB형
	B형(BO)	A, B, O, AB형	B, O형	B, O형	A, B, AB형
	O형(OO)	A, O형	B, O형	O형	A, B형
	AB형(AB)	A, B, AB형	A, B, AB형	A, B형	A, B, AB형

일상 속 과학 수수께끼

혈액형의 미스터리

AB형인 아버지와 O형인 어머니 사이에서 어떤 혈액형을 가진 자녀들이 나올 수 있을까? 우리가 가진 유전 상식으로는 아마 A형과 B형이라고 생각할 수 있다.
한데, AB형이나 O형이 나올 수 있다면 어떻게 된 걸까? 부모나 자녀의 피검사가 잘못돼서? 아니면 진짜 자식이 아니라서? 제법 당황스러운 이 문제는 복잡하게 생각할 필요 없다. 어떤 경우에라도 예외는 있는 법이니까.

Keyword 01. 시스 Cis   Keyword 02. 유전자 분리

ABO식 혈액형에 따르면 AB형과 O형 부모 사이에서 태어난 자녀는 A형이나 B형의 혈액형을 가집니다. AB형이나 O형은 나올 수 없지요. 그러나 '시스Cis-AB형'이라면 가능합니다. 시스Cis-AB형은 유전자 A와 B가 하나의 염색체 위에 존재하므로 유전자 A와 B가 나뉘지 않고 통으로 유전되지요.

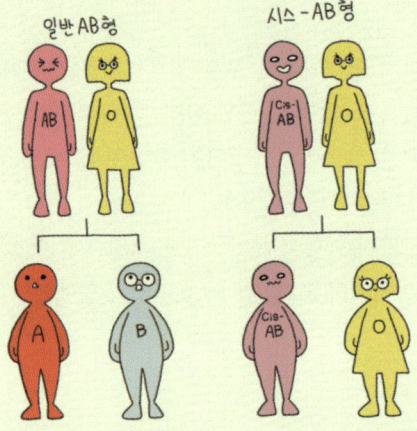

'시스Cis'라는 용어는 프랑스어로 '한쪽에 있다'라는 뜻이랍니다. 따라서 시스Cis-AB형인 사람이 O형인 다른 사람을 배우자로 만나면 자녀 혈액형이 AB형이나 O형으로 나올 수 있습니다.

유전자 AB가 통으로 전달되는 Cis형으로 예외의 경우가 있을 수 있다!

DNA를 직접 볼 수 있을까?

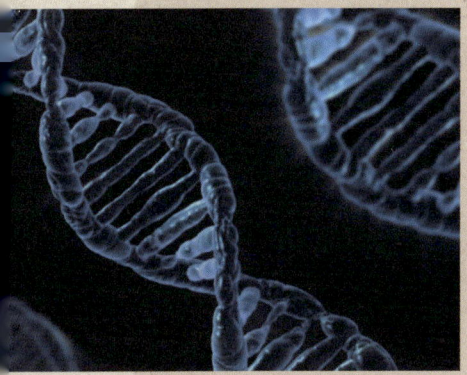

책장을 정리하다 우연히 집은 책 <그리스 로마 신화>. 가볍게 넘기다 보니 제법 흥미로운 신화가 나왔어. 사람의 생명을 다스리는 운명의 여신들은 한 명이 실을 짜면 다른 한 명은 그 실을 감고 또 다른 한 명은 목숨이 다하면 그 실을 끊는대. 이는 절대적이어서 올림포스 최고 신 제우스조차 운명의 세 여신이 정한 죽음을 바꿀 수 없다고 해. 이런 신화 덕분인지 생명과 유전을 담당하는 DNA도 실 비슷한 모양을 갖는다고 들은 적이 있긴 한데.
지금 당장 과일(브로콜리, 귤, 바나나 등), 가루비누, 에탄올, 물 등을 가지고 정말 그런지 알아볼까?

|중3| 생식과 유전

 **실험**

Check List
- ☐ 브로콜리 ☐ 가루비누(계면활성제) ☐ 에탄올 ☐ 물
- ☐ 믹서 ☐ 그릇 ☐ 거즈 ☐ 컵 ☐ 스포이트

1 브로콜리를 믹서에 넣어 잘게 간다.

가루비누 ×7   소금 ×2   +   = 총 200mL!

2 그릇에 가루비누 7스푼(50g), 소금 2스푼(15g)을 넣고 물을 부어 총 200mL 정도의 DNA 추출 용액을 만든다.

3 잘게 간 브로콜리와 앞에서 만든 DNA 추출 용액을 섞어 1~2분 동안 잘 저어 준다.

4 잘 저어 준 즙을 거즈에 부어 걸러 준다.

5 거른 용액에 스포이트로 빨아올린 에탄올을 떨어트린다. 에탄올은 혼합액의 약 2배 정도로 하면 된다.

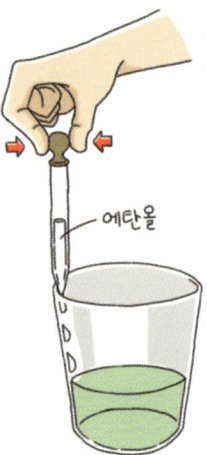

컵의 벽에 대고 아주 천천히 조심스럽게 하자!

에탄올

6 안에서는 어떤 변화가 일어났을까?

나만의 노트

1. 거른 용액에 에탄올을 넣으면 어떤 변화가 나타날까?

2. 용액의 어디에 무엇이 생겼을까? 무엇이 생겼다면 위쪽에 있을까, 아래쪽에 있을까?

왜 그럴까 궁금하지?
DNA는 어떻게 실처럼 보이는 걸까?

일상에서 버릇으로 혀를 말아 본 적이 있나요? 혀말기가 되는 친구들도 있고 되지 않는 친구들도 있을 텐데요.

혀말기는 혈액형처럼 남녀의 성과 관계없이 유전됩니다. 혀를 말 수 있는 형질생물이 가지고 있는 특징은 우성, 혀를 말 수 없는 형질은 열성이지요. 혀를 말 수 없는 사람은 아빠와 엄마에게 혀를 말 수 없는 유전자를 한 개씩 받은 것이랍니다.

그럼 '유전'이란 무엇일까요?

부모가 가진 형질이 DNA에 의해 자녀에게 전달되는 것을 '유전'이라고 해요.
DNA는 핵 속에 들어 있으며 생물의 모든 정보를 저장하고 있지요. 이것이 수정을 통해 자녀에게 전해진답니다.

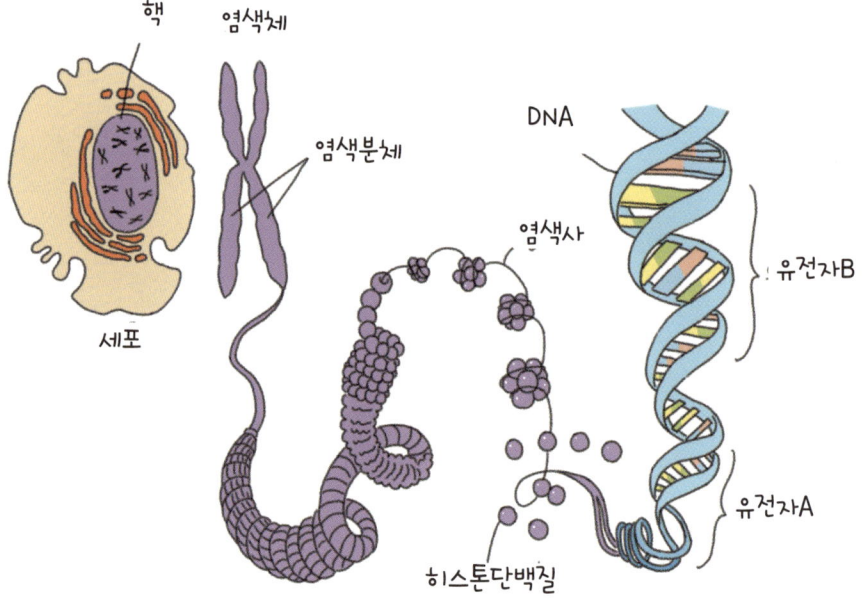

실험에서는 DNA 관찰이 쉬운 식물인 브로콜리를 썼는데요. DNA 관찰 과정을 간단하게 살펴볼까요?

브로콜리는 먼저 믹서로 잘 갈아 즙으로 만들어 세포벽을 파괴해 줍니다. 그리고 가루비누를 써서 만든 DNA 추출 용액으로 브로콜리 즙에서 세포막과 핵막을 없앱니다. 그다음, 브로콜리 즙을 거즈로 거르면 세포 안의 소기관들은 거즈를 빠져나가지 못합니다. 반대로 크기가 작은 DNA는 물에 녹은 상태로 거즈를 빠져나가지요. 거른 용액에 에탄올을 조금씩 조심스럽게 떨어트리면 어떻게 될까요?

물은 성질상 에탄올을 더 좋아하기 때문에 물이 가지고 있던 DNA를 놓아 버리고 에탄올과 결합합니다. 그 결과, 용액 위쪽의 에탄올 층에서 하얀 실 모양 물질을 관찰할 수 있어요. 이 하얀 실 같은 물질에 생물의 정보가 들어 있는 DNA가 담겨 있답니다.

> **개념 돋보기** 🔍
>
> **DNA 추출 용액과 가루비누, 에탄올?**
>
> 먼저 DNA 추출 용액을 만들 때 쓴 가루비누는 세포막에서 인지질 성분을 녹이고 DNA가 빠져나올 수 있게 돕는답니다. 그리고 에탄올은 DNA의 용해도를 낮춰서 DNA가 한데 엉겨 눈에 보일 수 있게 하는 역할을 하지요.

생물의 염색체는 왜 쌍을 이루고 있을까?

과학 수업 시간. 선생님은 오늘 사진 5장을 보여 주셨어. 어린아이들이 찍힌 사진 5장 가운데서 딱 1장만 달랐지. 그 사진에는 보통 아이들과 다르게 생긴 남자아이가 찍혀 있었어.
'전체적으로 살집 있는 얼굴이 둥글둥글하고 코가 낮네? 턱도 좁아!'
나도 이런 사람을 주위에서 본 적이 있어! 선생님은 이 아이가 다운 증후군을 가진 친구라고 했지.
선생님은 다운 증후군이 염색체 개수와 관련이 있다고 하셨어! 대부분 염색체는 2개씩 한 쌍을 이룬다며 다운 증후군은 염색체가 3개라서 나타나는 증후군이라고 하셨지!
그럼 염색체는 왜 두 개씩 한 쌍을 이루고 있을까?

실험

Check List
- ☐ 양말 그림 자료 (= 상동 염색체 그림 자료)
- ☐ 가위 ☐ 풀 또는 셀로판테이프

1. 양말 A와 같은 색 양말을 엄마 양말, 양말 B와 같은 색 양말을 아빠 양말이라고 하자.

양말 A : 엄마 양말

양말 B : 아빠 양말

양말 1개를 염색체 1개로 생각할 때 양말 그림 자료에서 염색체 전체 수를 세어 보자.

※ **실험 속 잠깐!**
양말 그림 자료는 247쪽의 그림을 활용하세요.

3 양말 그림 자료를 가위로 잘라 엄마 양말과 아빠 양말을 각각 짝을 지어 보자.

몇 쌍의 짝을 지을 수 있을까?

짝지을 수 없는 쌍이 있을까?

나만의 노트

1. 염색체 수는 모두 몇 개인가?

2. 엄마에게 받은 염색체 수는?

3. 아빠에게 받은 염색체 수는?

4. 크기가 같은 염색체는 몇 쌍일까? 짝짓지 못한 염색체는 몇 쌍일까?

양말 그림 자료

왜 그럴까 궁금하지?
염색체가 쌍을 이루는 이유는?

일반 세포에는 '염색체'가 왜 쌍으로 존재할까요? 생물은 대부분 고유의 염색체 수를 가지고 있답니다. 또 암수 핵 모양이 다르기도 하지요. 우리 사람은 염색체 개수가 모두 46개, 23쌍으로 이루어져 있습니다.

생명체가 태어나려면 엄마와 아빠의 생식 세포가 합쳐져야 합니다. 그런데 엄마의 생식 세포_{암생식 세포, 난자}와 아빠의 생식 세포_{수생식 세포, 정자}는 개수가 같습니다. 엄마와 아빠 모두 '상동 염색체' 22쌍과 '성염색체' XY_{남자라면} 또는 XX_{여자라면} 두 개를 가진답니다. 그래서 그것이 홀수이든 짝수이든 더하면 짝수가 되기 때문에 쌍으로 존재한답니다.

염색체는 세포 분열을 하는 세포 속에서 관찰할 수 있어요. 전자 현미경으로 보면 실 모양 구조물로 복잡하게 얽혀 있습니다. 이 실 모양 구조물을 '염색사'라고 하는데 'DNA'라 불리는 유전 물질과 히스톤이라는 단백질로 이루어져 있습니다.

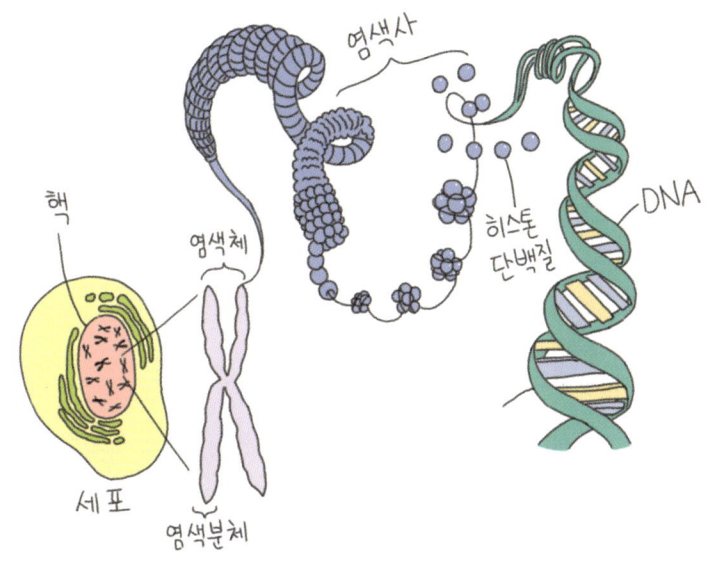

모든 생명체는 자신만이 갖는 염색체 수가 정해져 있어요. 이를테면 고양이는 38개, 개는 84개, 돼지는 38개, 사람은 46개처럼 말이지요. 1923년에 사람의 염색체는 48개라고 발표되었다가 1956년에 46개로 밝혀졌답니다.

개념 돋보기

염색체 한눈에 보기

■ 염색체란?
　세포를 염색약으로 물들일 때, 잘 염색되어 현미경으로 볼 때 잘 보이는 물체입니다. 훗날 여기에 유전 물질이 들어 있음을 알았답니다.

■ 사람의 염색체 수
　보통 어떤 생물의 염색체 수를 말할 때는 체세포 1개에 들어 있는 개수를 말합니다. 사람의 체세포 1개 속에는 염색체 46개가 들어 있지요.
상동 염색체 생식 세포를 만들 때, 서로 짝이 되는 염색체로 보통, 모양과 크기가 비슷합니다(단 성 염색체끼리도 상동 염색체에 해당합니다). 사람의 경우, 23쌍의 상동 염색체를 가집니다.

■ 성 염색체
　염색체 가운데에서 성별 결정에 관여하는 염색체로, 사람은 X 염색체와 Y 염색체가 해당합니다.

■ 상 염색체
　전체 염색체에서 성 염색체를 제외한 나머지 염색체를 말합니다. 사람은 상 염색체가 44개 있습니다.

내가 궁금한 지구과학

잠깐만, 친구들!

지구과학은 글자 그대로 우리가 사는 지구를 탐구하는 학문이에요. 지구를 이루는 하늘(기권)·바다(수권)·땅(지권)·밤하늘의 별(외권)에 이르기까지, 지구를 이루는 여러 요소를 공부하고 이 요소들 사이의 긴밀한 관계를 바탕으로 지구에서 일어나는 자연 현상을 과학적으로 설명하는 학문이지요. 그렇다면 바다에서 생기는 자연 현상이 왜 일어나는지를 설명하려면 어떻게 해야 할까요? 지구계를 구성하는 여러 요소가 긴밀하게 영향을 주고받기 때문에, 바다만 주목하지 않고 공기와 땅 나아가 우주까지 고려하여 설명할 수 있어요. 물론 여러 자연 현상을 과학적으로 설명하려면 물리나 화학, 생물과 같은 기초 학문이 바탕을 이루어야 하지요. 이처럼 지구에서 일어나는 여러 자연 현상에 대한 물음을 물리나 화학, 생물과 같은 기초 학문을 바탕으로 합리적으로 답하는 학문이 지구과학이랍니다.

04

건물에 있는 돌을 찾아보자 1

학교를 가거나 학원에 갈 때 길을 가다 무심코 아래를 내려다보면 돌로 이루어진 보도블록들을 볼 수 있다. 길뿐만이 아니다. 내 주위에 있는 건물들을 관찰해 보면 안팎에서 많은 돌을 찾아볼 수 있다. 발에 걸리는 흔한 돌멩이부터 건물에 이르기까지, 수많은 돌을 어렵지 않게 찾을 수 있는데 정작 난 이 돌이 무슨 돌인지 모른다! 그저 돌멩이라고만 생각했던 돌들에게도 이름이 있다고 하는데 이것들은 어떻게 구별하고 이름을 붙인 걸까?

실험

Check List
☐ 사진기 ☐ 10원짜리 동전 ☐ 돋보기
☐ 10% 묽은 염산 ☐ 못 ☐ 스포이트

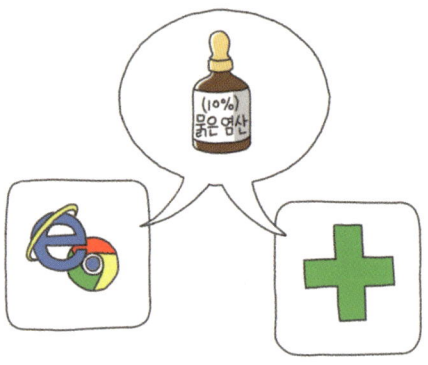

1 부모님과 상의해 10% 묽은 염산(약국이나 인터넷을 이용하여 구입)을 준비하자.

※**실험 속 잠깐!**
염산은 물에 잘 섞이니 묽은 염산이 피부에 묻으면 물로 씻어 내자!

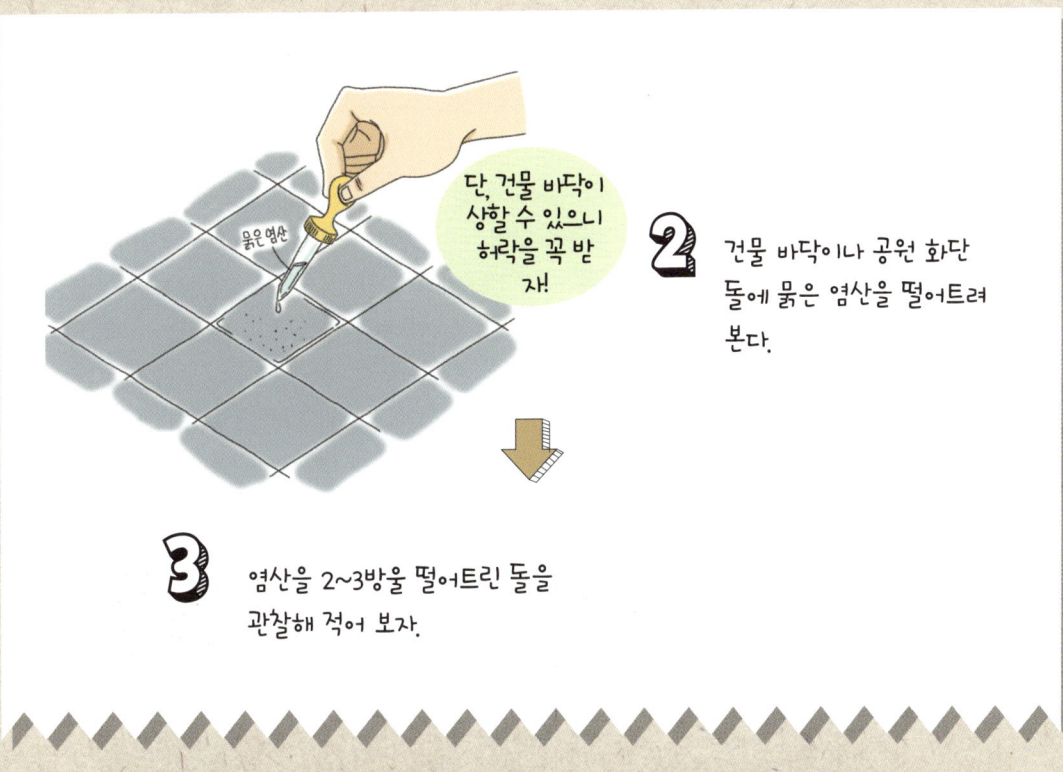

나만의 노트

1. 암석으로 이루어진 건물 벽면·계단·바닥을 스케치하거나 사진을 찍어 칸에 그려 보자!
(암석 사진이나 그림으로 나타낼 때는 10원짜리 동전을 같이 놓고 찍으면 암석 알갱이 크기를 미루어 짐작할 수 있어 좋아요)

2. 암석들에 묽은 염산을 떨어트렸을 때 거품을 내면서 녹는 암석이 있었나?

3. 염산에 반응한 암석과 반응하지 않은 암석을 못으로 긁으면 어떤 차이가 있을까?

각 암석들은 어떤 특징이 있을까?

암석 종류는 구별하기가 생각보다 쉽지 않아요. 눈으로는 구별이 어렵지만 방법이 아예 없는 건 아니랍니다. 구별 방법으로는 묽은 염산과 같은 '산'을 이용합니다. 산에 반응하는 암석은 '석회암'과 '대리암'이 있어요. 이 암석들은 산에 반응하는 탄산칼슘이 주성분이랍니다. 이 암석들에 산을 떨어트리면 이산화탄소를 내놓기 때문에 녹으면서 부글거리지요. 또 석회암과 대리암은 못에 잘 긁힌답니다.

그런데 두 암석은 주성분이 같아도 자세히 관찰해 보면 다른 점이 있어요. 대리암은 석회암에 비해 줄무늬가 있거나 얼룩거리는 특징이 있습니다.

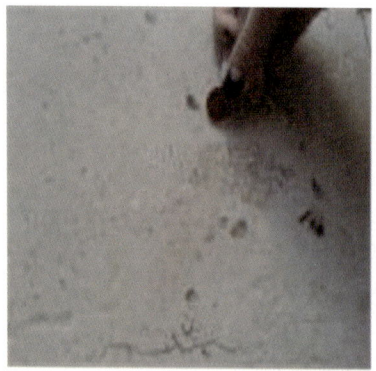
벽면을 장식한 석회암. 화석을 볼 수도 있다.

건물 바닥이나 벽면 재료로 많이 쓰이는 대리암

그러나 작은 알갱이들이 점처럼 박혀 있는 '화강암'이나 '반려암' 같은 암석에는 묽은 염산을 떨어뜨려도 아무런 반응이 일어나지 않아요. 이 두 암석에는 탄산칼슘이 없기 때문에 반응하지 않는답니다. 그래서 화강암이나 반려암은 산성비에 강하다는 특징을 갖고 있지요.

건물 바닥이나 벽면에 쓰이는 화강암

비석이나 건축 재료에 쓰이는 반려암 전체적으로 검게 보인다.

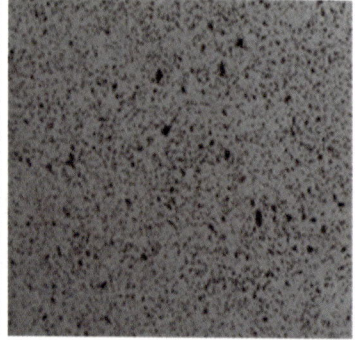
검은색에 가깝고 암석 결정이 작아 보이지 않는 현무암. 검은 것은 화산 가스가 빠져나간 구멍들.

개념 돋보기 🔍

화강암과 반려암의 입자?

암석들을 자세히 관찰해 보면 알갱이들을 볼 수가 있는데요. 특히 화강암 같은 경우 입자가 커서 확인하기 쉬워요. 이처럼 암석을 이루는 알갱이들을 '광물'이라고 합니다. 서울 도심에 있는 인왕산이나 안산에서도 쉽게 만날 수 있는 화강암은 광물 입자가 커서 눈으로도 관찰이 가능해요. 화강암의 석영 입자는 투명하기 때문에 하얀 장석보다 좀 어둡게 보입니다.

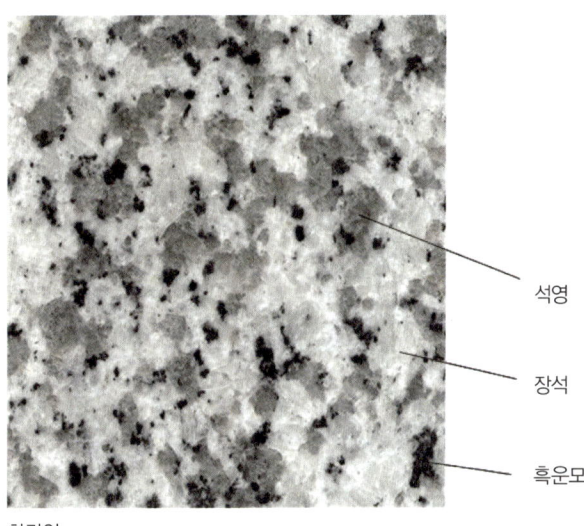

— 석영
— 장석
— 흑운모

화강암

건물에 있는 돌을 찾아보자 2

우리 학교는 좋은 날씨를 골라 문화재 현장 학습을 나왔어. 그 옛날, 임금님이 나랏일을 돌보셨다고 하는 경복궁! 바로 이곳이 우리가 둘러봐야 할 곳이야. 펼쳐진 경복궁 근정전에 들어섰을 때 선생님은 여기를 잘 보라고 하셨어. 이번 과학 시험에 꼭 문제가 나온다면서. 한국사 시험도 아니고 왜 과학 시험에 나오느냐고 친구들이 물었지만 난 이유를 알 수 있었어. 근정전 앞마당 바닥이 화강암으로 만들어져 있었거든! 또 선생님은 서산 마애삼존불상도 화강암 바위에 새겨졌다고 하셨어.
'대체 왜 문화재나 건축물에는 화강암을 많이 쓸까? 비슷한 반려암도 있는데……'
지금부터 우리 주위에서 화강암과 반려암을 찾아보며 그 특징에서 이유를 알아보자.

실험

Check List ☐ 사진기 ☐ 10원짜리 동전 ☐ 돋보기

1 주어지는 단서들로 주위 건물이나 지하철역, 공원 등에서 화강암과 반려암을 찾아보자.

2 화강암 단서들

단서1 : 색이 밝아요.

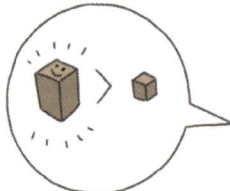
단서2 : 자세히 들여다보면 광물 입자들이 커서 눈으로도 보여요.

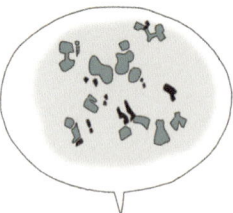
단서3 : 보통 장석·석영·흑운모 3가지 광물을 확인할 수 있어요.

3 반려암 단서들

단서1 : 보통 색이 검어요.

단서2 :
자세히 들여다보면
광물 입자들이 커요.

나만의 노트

1. 주위에서 발견한 화강암을 사진이나 그림으로 나타내 볼까?
발견한 장소는?
(10원짜리 동전을 놓고 나타내는 것을 잊지 말자!)

화강암

2. 주위에서 발견한 반려암을 사진이나 그림으로 나타내 볼까?
발견한 장소는?
(10원짜리 동전을 놓고 나타내는 것을 잊지 말자!)

반려암

왜 그럴까 궁금하지?
화강암과 반려암은 어떻게 만들어질까?

화강암은 건축할 때 아주 중요하게 쓰입니다. 오래전부터 문화재와 건축물에서 많이 쓴 암석인데요. 주위에 흔하게 있고 단단한 특징 덕분에 그 옛날 우리 조상들에게 각종 건축 재료로 선택 받곤 했습니다. 문화재뿐만이 아니더라도 지하철역 계단이나 기둥, 바닥도 대부분 화강암으로 이루어져 있답니다. 반려암은 화강암보다 우리 주위에서 구하기가 쉽지 않고 가격이 비싸지요.

화강암으로 이루어진 경복궁 근정전 앞마당

화강암 위에 새겨진 서산 마애삼존불상

그렇다면 화강암과 반려암은 어떻게 만들어질까요?
화강암과 반려암은 지하 깊은 곳에서 마그마가 천천히 식으면서 생겼습니다. 그래서 두 암석을 이루는 광물 결정이 눈에 보일 정도로 크답니다. 비슷한 환경에서 생겼는데 왜 색깔이 다르냐고요? 두 암석을 이루는 광물들 종류가 다르기 때문이에요.
화강암은 장석이나 석영처럼 색이 밝은 광물들로 이루어져 있어요.
반대로 반려암은 각섬석이나 휘석처럼 어두운 광물들로 이루어져 있지요.

지하철역 바닥과 기둥에서 찾을 수 있는 화강암. 기둥 밑에서는 반려암을 찾을 수 있다.

반려암

개념 돋보기

광물 들여다보기

- 장석 : 불투명하고 흰색인데 모양이 두꺼운 판 모양을 하고 있어요. 분홍색을 나타내는 정장석도 화강암에 많이 보여요.
- 석영 : 투명하고 단단한 광물로, 결정이 잘 발달한 석영을 '수정'이라 합니다.
- 흑운모 : 검은색을 띠며 빛에 반사되어 반짝거리는 광물이에요.

흑운모

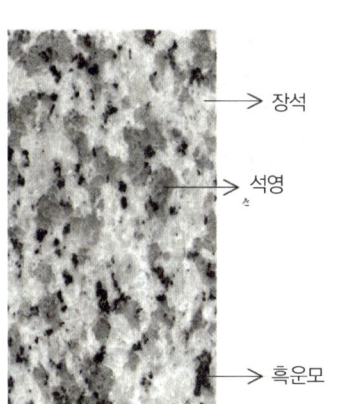
화강암에서 알갱이 들여다보기
→ 장석
→ 석영
→ 흑운모

장석

일상 속 과학 수수께끼?

앙코르 와트와 피라미드 중 무엇이 먼저 무너질까?

고대 이집트 때 지어진 피라미드, 그리고 12세기에 지어진 앙코르 와트. 이 둘은 모두 사람들의 시선을 사로잡는 건축물이다. 한 번은 그 거대한 웅장함에, 또 한 번은 건축 재료에 놀라워하는 피라미드와 앙코르 와트. 이들은 모두 암석으로 지어졌다는 공통점이 있다. 그렇다면 피라미드와 앙코르 와트 가운데 무엇이 더 빨리 무너질까?

답은 간단하다고? 지어진 지 2배 이상 오래된 피라미드라고 쉽게 답하는 사람들이 대부분일 터. 두 건축물이 지어진 암석 성질에 관심을 갖고 있다면 다시 생각하게 될 것이다.

🔑 Keyword 01. 암석   Keyword 02. 화강암과 사암   Keyword 03. 풍화 작용

이집트 피라미드는 무슨 암석으로 지어졌을까요? 이집트에서 풍부한 석회암으로 지어진 것 아니냐고요? 우리 생각과 다르게 피라미드는 화강암으로 지어졌는데요. 고대 이집트인들은 석회암보다 화강암이 더 단단하다는 사실을 잘 알았나 봅니다. 그들은 가까운 곳에 있는 흔한 석회암보다 멀리 있는 화강암을 끌고 와서 피라미드를 짓는 수고로움을 감수했지요.

앙코르 와트는 사암으로 이루어져 있어 화강암보다 단단하지 못하답니다. 앙코르 와트 사원을 가 보면 무너져 있는 많은 건물을 볼 수 있지요. 이는 문화재를 잘 돌보지 않아서 생긴 일이기도 하지만 암석의 차이 때문이기도 합니다. 따라서 자연적인 풍화에 따라서 건물이 무너진다고 한다면 피라미드보다는 앙코르 와트가 먼저 무너지지 않을까요?

**단단한 화강암으로 지은 피라미드보다
약한 사암으로 지은 앙코르 와트가 더 먼저 무너진다!**

건물에 있는 돌을 찾아보자 3

인간과 낙타가 길을 만들고, 그 길을 따라 문명이 만나던 곳, 실크로드. 그곳 거점 도시의 사막에는 오랜 시간에 걸쳐 만들어진 석굴이 있었다. 고대 중국의 5호16국 시대 366년, 승려 낙준은 바위산 위에 홀연히 나타난 금빛 불상을 보았다! 즉시 그는 무른 바위를 파 석굴을 만들기 시작했다. 이렇게 탄생한 유적지가 바로, 우리가 알고 있는 돈황 석굴이다. 곡괭이나 삽처럼 평범한 도구들로 문화유산을 만든 고대 중국인들. 완성 기간만 1,000여 년에, 발굴한 굴만 492개라는 어마어마한 규모의 돈황 석굴 탄생에는 '사암'에 비밀이 숨어 있었다.

[초3] 지표의 변화
[중1] 지권의 ?

실험

Check List ☐ 사진기　☐ 10원짜리 동전　☐ 돋보기

1 주어지는 단서들로 우리 주위에 있는 장소에서 사암과 역암을 찾아보자.

2 사암 단서들

단서 1 : 겉을 돋보기나 눈으로 자세히 보면 입자들이 보여요.

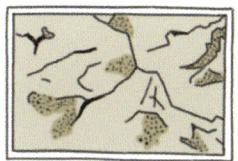

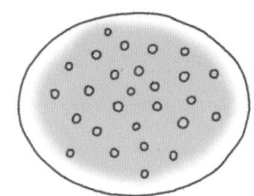

단서 2 : 입자들은 맞물리지 않고 각각 존재하며 모래 알갱이 크기예요.

 역암 단서들

단서 1 : 콘크리트처럼 자갈·모래·진흙 입자를 볼 수 있어요.

단서 2 : 색깔이 여러 가지예요.

✎ 나만의 노트

1. 주위에서 찾은 사암을 사진이나 그림으로 나타내 볼까? 발견한 장소는?

사암

2. 주위에서 찾은 역암을 사진이나 그림으로 나타내 볼까? 발견한 장소는?

역암

왜 그럴까 궁금하지?

사암, 역암은 색이 왜 다양할까?

왜 사암은 모래 입자들을 많이 뭉쳐 놓은 것처럼 생겼을까요? 또, 역암은 모래나 자갈, 진흙 입자를 뭉쳐 놓은 것처럼 생겼을까요?

암석이 오랫동안 '풍화'를 겪으면 잘게 부서져 흐르는 물을 타고 이동합니다. 이동한 암석들이 호수 밑바닥이나 강바닥, 바다 밑에서 쌓이고 다져지면 서로 뭉쳐진답니다. 이렇게 이루어진 암석을 '퇴적암'이라고 부르는데 사암과 역암이 바로 이 퇴적암입니다. 하지만 모래나 자갈이 단순히 뭉친다고 사암이나 역암처럼 단단해지지는 않아요. 퇴적암이 만들어지려면 모래와 모래 입자나 자갈 입자 사이를 '교결 물질'이라는 것이 메워 주면서 단단하게 합쳐 줍니다.

퇴적암인 사암과 역암은 퇴적 환경에 따라 암석의 색이 달라요. 사암은 흰색부터 회색, 붉은색, 노란색, 검은 회색 등 다양합니다. 붉은색 사암은 범람원 같은 곳에서 만들어지지요. 범람원은 홍수 때 범람으로 퇴적이 이루어지는 곳이며 평소에는 공기 중에 노출되기 때문에 운반되어 온 진흙, 모래 속의 철 성분 색깔이 산화되어 붉게 나타난답니다.

서울과 경기 지역은 주위에서 화강암보다 사암을 찾기가 어려워요. 그 옛날 호수나 강, 바다 밑에서 이루어진 지형이 아니기 때문이에요.

서울과 경기 지역 건물에서는 사암을 찾기가 힘들지만 아예 찾을 수 없는 건 아니랍니다. 사암은 건축 재료로 많이 쓰기도 하는데요. 담장이나 건물 벽, 예쁘게 장식한 건물 기둥 등을 잘 관찰해 보세요. 우연치 않게 사암을 만날 수도 있을 거예요.

개념 돋보기

퇴적암이 만들어질 때 영향을 주는 것들은?

- **교결 물질**: 이산화규소나 탄산칼슘 같이 퇴적 입자들을 서로 붙여 주는 역할을 합니다.
- **풍화**: 암석이 여러 원인으로 잘게 부서져 토양으로 변해 가는 현상.
- **침식**: 풍화된 암석 조각들이 지표면에서 제거되는 것을 말합니다. 풍화·침식된 암석 조각들은 다른 곳으로 운반되어 퇴적됩니다.
- **퇴적**: 침식된 토양이 유수나 바람에 운반되다 유수나 바람의 속력이 줄어들면 밑으로 쌓이는 현상입니다.

'마이산'에 숨은 암석의 비밀

전라북도 진안에 있는 마이산. 말의 두 귀를 닮았다 하여 이름이 붙은 이 산은 크게 두 봉우리로 이루어져 있다. 특이한 사실은 이 산 전체가 거대한 역암이라는 사실! 직접 가서 보면 산의 신비로움을 느낄 수 있다. 어디에서 신비로움을 느낄 수 있느냐고? 마이산을 한번 자세히 보자. 살펴보면 수많은 자갈과 모래가 거대하게 쌓여 이루어져 있는 것을 볼 수 있다. 마이산의 신비로움은 바로 여기에 있다.

물 한 방울 보이지 않는 이곳에서 마이산은 어떻게 퇴적암인 '역암'으로 이루어졌을까?

마이산

🔑 Keyword 01. 퇴적암 Keyword 02. 역암 Keyword 03. 사암

먼저 지구 표면 80% 정도를 퇴적암들이 덮고 있다는 사실과 지구 나이가 46억 년 정도라는 사실을 기억하세요. 이 사실들을 바탕으로 마이산이 왜 역암으로 이루어졌는지 미루어 알 수 있어요.

지구에서 지각이 형성된 뒤로 쉬지 않고 퇴적암이 만들어지고 있습니다. 서울과 경기 지역에서는 퇴적암을 주변에서 찾기 힘들지만 남해 쪽인 경상도와 전라도 쪽에서는 퇴적암을 많이 볼 수 있답니다.

퇴적암이 발달한 지역은 과거에 그곳이 호수나 강, 바다였다는 뜻입니다. 실제로 퇴적암으로 이루어진 마이산이 있는 지역은 과거에 거대한 호수였답니다. 신기한 일이지요? 풍화에 약한 곳은 없어져 버리고 남아 있는 모습이 우연하게도 말의 두 귀를 닮은 신비로운 산이 바로 마이산입니다.

지구 내부는 어떻게 생겼을까?

최근 나는 놀라운 방송을 보았어. 방송에서는 한 번도 생각해 보지 못했던 내용을 다루고 있었거든. 내가 살고 있는 이 지구 안에 또 다른 세계가 있다는 이야기였어!
"북극과 남극에 가면 지하 세계로 갈 수 있는 입구가 있다. 그곳에는 우리 역사에서 행방을 찾을 수 없었던 종족들을 만날 수 있다. 그곳은 땅과 바다로 이루어진 우리 지구와 비슷한 모습을 띠고 있었다."
모르는 세계가 있다는 사실도 놀랍지만 난 지구 안이 어떻게 생겼는지가 더 궁금해지기 시작했어!
과학 시간에 흔히 들어본 핵과 맨틀, 지각이 지구를 어떻게 이루는 걸까?
그것들 너머로, 방송에서 본 지하 세계가 진짜 있을까?

[중1 지권의 변화]

실험

Check List
- ☐ 투명 필름(OHP 용지) ☐ 유성 펜 ☐ 가위 ☐ 셀로판테이프
- ☐ 4가지 곡식(좁쌀, 쌀, 팥, 수수) ☐ 일자 모양 투명 컵

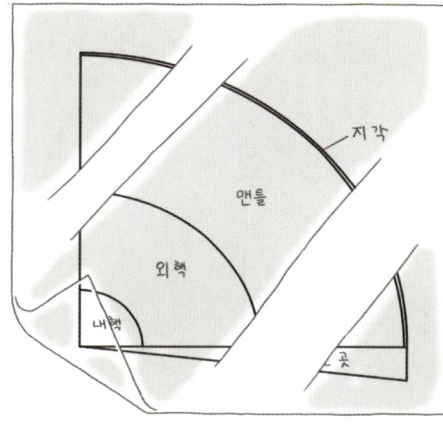

1 지구 내부 구조를 본뜬 그림 위에 투명 필름을 올려놓는다.

※실험 속 잠깐!
지구 내부 구조 그림은 272쪽에 있는 그림을 활용하세요.

내가 궁금한 지구과학 **267**

유성 펜으로 각 층을 경계에 따라 그린 다음 오린다.

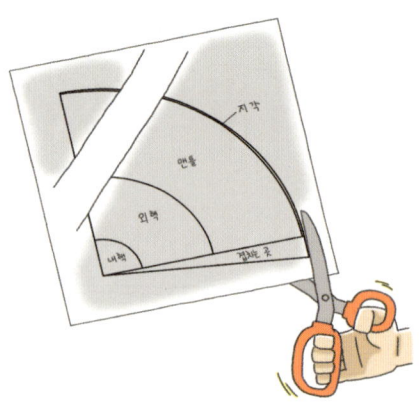
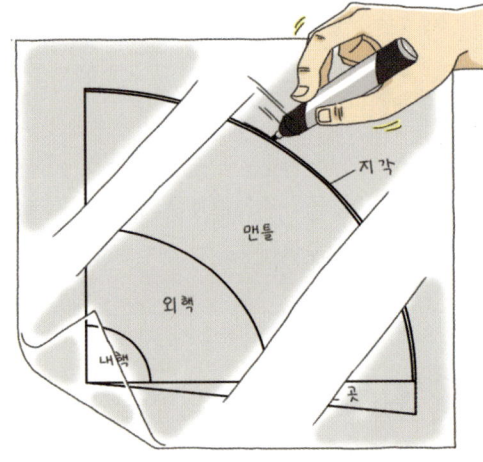

 오린 투명 필름을 고깔 모양으로 말아 셀로판테이프로 고정한다.

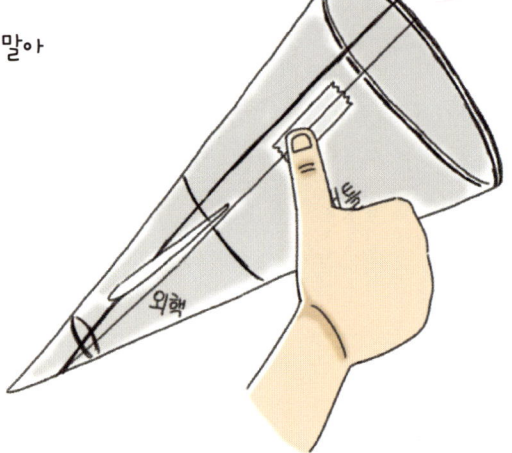

만든 투명 고깔 필름이 쓰러지지 않도록 컵에 끼운다.

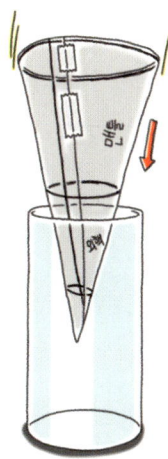

 고깔 필름에 표시한 내핵·외핵·맨틀을 각각 다른 곡식으로 채운다.

※실험 속 잠깐!
4가지 각기 다른 곡식 대신
여러 색깔의 사탕이나 초콜릿도 좋다.

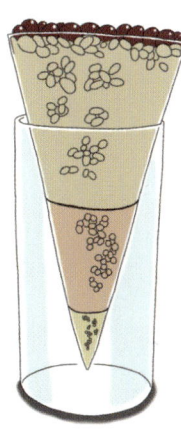

6 일자 모양 투명 컵에 고깔 각 층에 있는 곡식을 붓고 유성 펜으로 경계선을 긋는다.

7 그 선들의 높이를 각각 재어 표에 적는다.

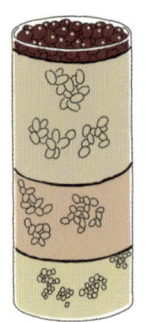

높이를 잴 때 곡식의 높이만 잰다.

나만의 노트

1. 지구 내부는 층이 몇 개로 이루어져 있는가?

2. 지구 내부를 채웠던 곡식의 부피를 적어 보자.
   (각 곡식의 부피는 높이에 비례하므로 부피 대신 높이만 측정해 기록한다)

지구 내부	내핵	외핵	맨틀	지각
높이(cm)				

3. 지구 내부 구조에서 가장 많은 부피를 차지하는 층은 무엇일까?

4. 아래 식을 사용하여 각 층의 부피 비를 구해 보자.
   가장 많은 부피를 차지하는 층은 몇 % 정도일까?

$$각\ 층의\ 부피\ 비(\%) = \frac{각\ 층의\ 높이}{전체\ 높이} \times 100$$

지구 내부 구조 그림

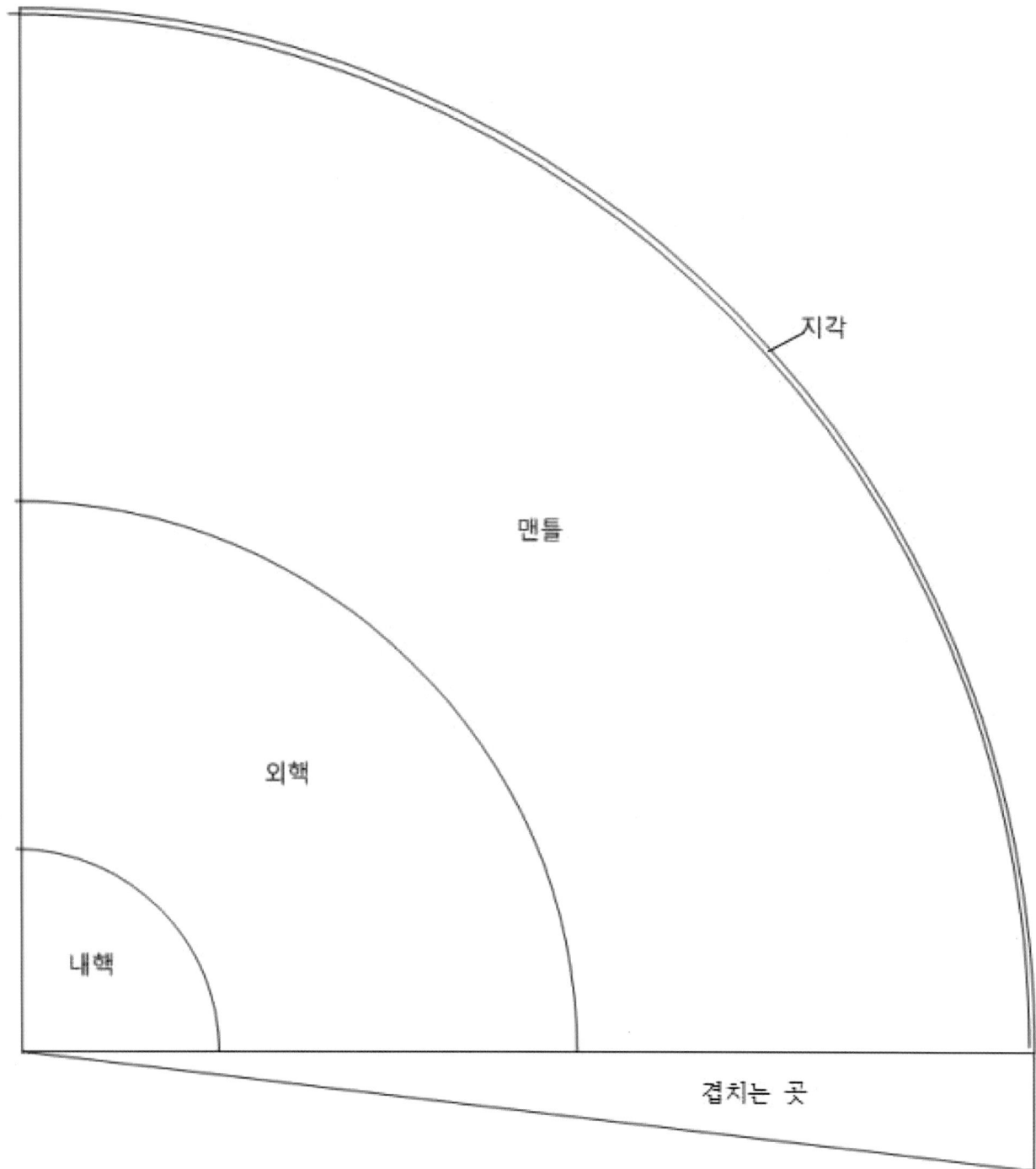

왜 그럴까 궁금하지?
지구 내부, 어떻게 이루어져 있을까?

과학자 모호로비치치는 지구 내부에서 퍼져 가는 지진파 속력이 지하 약 35~50km에서 갑자기 빨라지는 것을 발견했습니다. 이 지점을 경계(모호면)로 위층을 '지각', 아래층을 '맨틀'이라고 부른답니다. 이처럼 지진파의 연구로 지구 내부가 지각·맨틀·외핵·내핵으로 이루어졌다는 것을 알 수 있지요.

하지만 지구 내부로 들어갈수록 온도와 압력이 높아져서 인간은 아직까지 모호면에 도착하지 못했습니다.

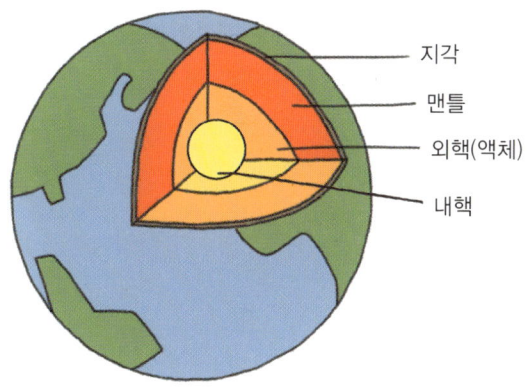

지구를 전체적으로 보면 지각이 매우 얇은 층이라는 사실을 볼 수 있습니다. 물론 맨틀의 부피가 약 80%로 제일 큽니다. 지구 내부는 안으로 들어갈수록 뜨거워지는데 가운데에 있는 내핵은 가장 뜨겁지만 압력이 세서 고체 상태로 추정한답니다. 외핵은 연구 결과 액체 상태라는 것을 알아냈지요.

개념 돋보기 🔍

지구 내부 한눈에 들여다보기

- 지각
- 6~35km
- 모호면 : 지각과 맨틀의 경계면
- 맨틀
- 2,900km
- 외핵
- 구텐베르크 불연속면 : 맨틀과 외핵의 경계면
- 5,100km
- 내핵
- 레만면 : 외핵과 내핵의 경계면
- 지구 중심

■ **지각** : 지구 겉을 이루는 암석층이에요. 지구에서 약 1% 미만을 차지하지요. 대륙과 해양 지각으로 이루어져 있어요.

■ **맨틀** : 지각 바로 아래 있는 상태의 층입니다. 지각보다 무거운 물질로 이루어져 있고 부피가 약 80% 정도를 차지한대요. 깊이는 지하 2,900km이며 여기에서 온도 차이가 나, 대류 운동이 일어나면 대륙을 이동시키는 힘이 된답니다.

■ **외핵** : 지하 2,900~5,100km에 이르는 곳으로 철이나 니켈 등 무거운 금속으로 이루어져 있다고 본대요.

■ **내핵** : 지하 5,100km부터 지구 중심에 해당하는 곳으로 온도는 6000여 ℃에 이를 것으로 본대요.

마션은 정말 가능한가?

화성을 탐사하던 한 남자. 불행하게도 그는 모래 폭풍을 만나 팀에서 낙오되어 화성에 홀로 남고 만다. 팀원들은 남자가 죽었다고 생각해 화성을 빠져나온다. 놀랍게도 남아 있는 식량과 갖고 있는 과학 지식을 동원해 살아남은 남자. 화성에서 식량 문제를 해결하며 끊임없이 지구로 구조 요청을 보낸 끝에 결국 귀환에 성공하는데······.

2015년 개봉해 화제를 불렀던 영화 <마션>의 줄거리이다. 이 영화처럼 정말 화성에서도 사람이 살아갈 수 있는 조건이 되는 걸까?

🔑 Keyword 01. 지구 내부 구조 Keyword 02. 물 Keyword 03. 태양풍과 자기장

화성은 소설과 영화 등 다양한 볼거리와 읽을거리에서 단골 소재로 쓰입니다. 인류가 가장 많이 관심을 보인 행성이기도 하지요. 아무래도 지구 가까이에 있고, 대기가 희박하여 지구에서도 화성 표면을 오래전부터 관찰할 수 있어서가 아닐까 합니다. 덕분에 화성에 거대한 운하가 있다고 착각하며 인간들이 화성인에 대한 상상을 키워 온 지 오래입니다. 그러나 화성 표면에서는 변변한 생명체를 아직 발견하지 못하고 있습니다. 이는 산소와 액체 상태의 물도 없지만 화성은 이미 내부가 식어서 태양에서 불어오는 태양풍을 막아 줄 '자기장'이 없기 때문이랍니다. 태양풍에는 암을 유발하거나 심하면 목숨까지 앗아갈 수 있는 방사선이 있습니다. 지구는 아직 지구 내부가 뜨거워서 외핵이 액체 상태로 존재하기 때문에 자기장을 만들어서 태양풍을 막아 준답니다.

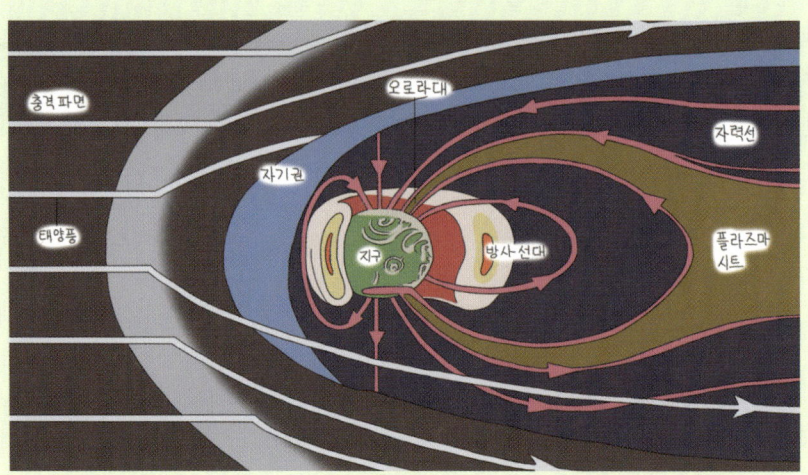

해류는 왜 생길까?

나는 바닷물고기를 주인공으로 한 영화에서 흥미로운 장면을 보았어. 바다가 배경이다 보니 여기저기를 자유롭게 헤엄치는 바다 생물들은 시선을 끌었지. 그런데! 내가 본 문제의 장면에는 해류를 타고 거북이 떼와 함께 신 나게 먼 곳으로 이동하는 물고기 한 마리가 나왔어. 마치 고속 열차를 타고 이동하는 듯한 모습이었지!
물고기들이나 해파리들은 떼를 지어 해류를 타고 여기저기로 이동하지 않던가? 대체 이 해류는 무엇이고 어떻게 생겨서 우리 생활에 영향을 주는 걸까?

|중2| 수권의 구성과 순환 |초4| 물의 순환

실험

Check List ☐뚜껑 없는 투명 플라스틱 통 ☐물 ☐빨간색, 파란색 식용 색소 ☐알루미늄 포일 ☐셀로판테이프 ☐소금 ☐빨대 1개 ☐송곳 ☐종잇조각

1 투명 플라스틱 통에 물을 채운 뒤 종잇조각을 물에 띄운다.

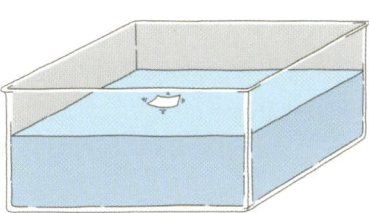

2 빨대로 물 위에 입 바람을 불면서 움직이는 종잇조각을 관찰한다.

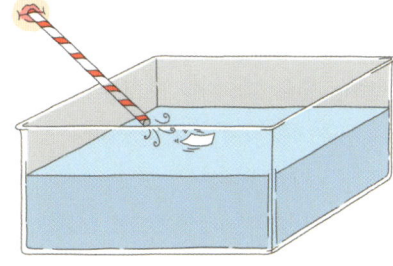

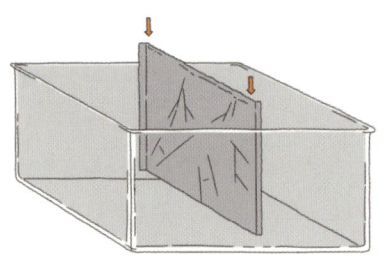

 이번에는 투명 플라스틱 통에 셀로판테이프로 알루미늄 포일을 붙여 가운데를 막아 둘로 나눈다.

 한쪽에는 파란 색소를 넣은 소금물을, 다른 한쪽에는 빨간 색소를 넣은 물을 담는다.

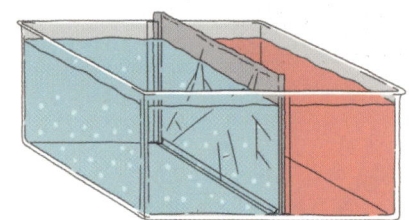

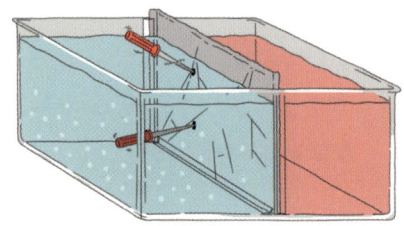

 송곳으로 가운데를 막은 알루미늄 포일, 위쪽과 아래쪽에 1개씩 구멍 두 개를 내고 움직이는 물을 관찰해 본다.

또 다른 투명 플라스틱 통에 셀로판테이프로 알루미늄 포일을 붙여 가운데를 막아 둘로 나눈다.

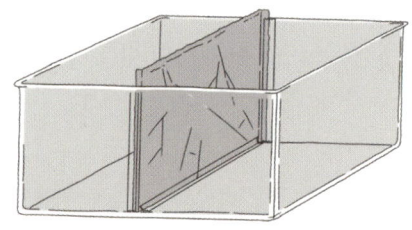

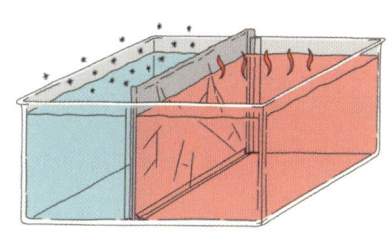

7 한쪽에는 파란 색소를 넣은 찬물을, 다른 한쪽에는 빨간 색소를 넣은 따뜻한 물을 담는다.

8 송곳으로 가운데를 막은 알루미늄 포일, 위쪽과 아래쪽에 1개씩 구멍 두 개를 내고 움직이는 물을 관찰해 본다.

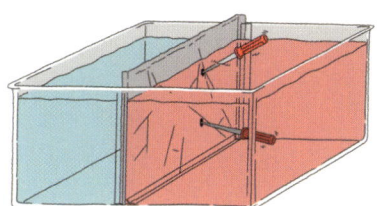

🖉 나만의 노트 ✦

1. 입 바람을 약하게 불 때와 세게 불 때 종잇조각의 움직임은 어떻게 다를까?
   입 바람의 방향에 따라 종잇조각의 움직임은 어떻게 달라질까?

2. 포일에 뚫은 구멍 두 개를 통해 파란 색소를 넣은 소금물과 빨간 색소를 넣은 물은 어떻게 이동할까?

3. 구멍 두 개를 통해 파란 색소를 넣은 찬물과 빨간 색소를 넣은 따뜻한 물은 어떻게 이동할까?

왜 그럴까 궁금하지?
해류는 어떤 원리로 움직일까?

한곳에 잘 머물러 있지 않고 끊임없이 움직이는 바닷물은 참 부지런하지요?

일정 방향으로 흐르는 바닷물을 우리는 '해류'라고 불러요.

해류가 일정 방향으로 움직이는 원인은 여러 가지가 있습니다. 깊은 바닷물 말고 표면의 바닷물 이동은 바람이 가장 큰 원인이랍니다. 빨대로 바람을 불어 물을 이동시키는 실험에서처럼 바람이 바닷물을 밀어 일정 방향으로 흐르게 하기 때문인데요. 또 다른 원인으로는 '바닷물 밀도'를 들 수 있습니다. 두 번째 실험처럼 소금이 많이 들어 있는 바닷물은 아래로 가라앉고, 소금이 덜 들어 있는 바닷물은 위쪽으로 흘러 해류가 생기는데요. 소금이 많이 들어 있는 바닷물은 밀도가 크고, 적게 들어 있는 바닷물은 밀도가 낮기 때문이랍니다. 바닷물이 이동하는 또 다른 원인을 살펴볼까요? 바로 '온도에 따른 밀도 차이'입니다. 세 번째 실험처럼 차가운 물은 아래로 가라앉고, 따뜻한 물은 위쪽으로 흐르는 모습을 보았지요? 이 경우도 찬물은 밀도가 크고, 따뜻한 물은 밀도가 작아, 이런 밀도 차로도 해류가 생긴답니다.

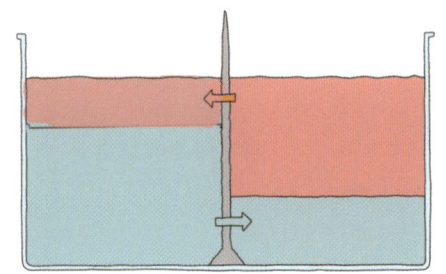

개념 돋보기 🔍

해류와 지역 날씨?

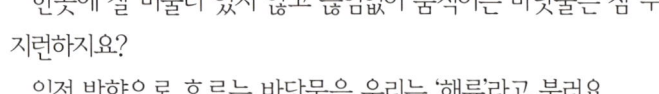
한류
난류

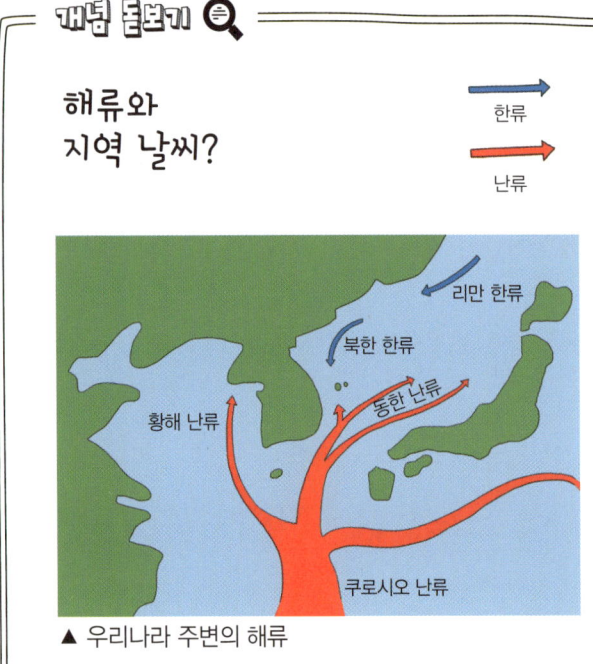
▲ 우리나라 주변의 해류

해류는 지나는 근처 지역 날씨에도 큰 영향을 끼친답니다. 난류는 적도 부근의 바다에서 극지방 쪽으로 흐르는 따뜻한 성질을 띠는 바닷물입니다. 한류는 극지방의 차가운 바닷물이 적도 지방으로 흐르는 찬 성질을 띠는 바닷물이지요. 따뜻한 성질을 가진 난류가 흐르는 해안 지방은 같은 위도의 다른 지방보다 날씨가 비교적 포근하답니다. 우리나라 주변을 흐르는 해류는 쿠로시오 난류와 리만 한류가 주를 이룹니다. 쿠로시오 난류가 갈라지면서 황해 난류와 동한 난류가 되고, 리만 한류가 남쪽으로 내려오면서 북한 한류가 되어 우리나라에 영향을 끼치고 있어요.

집에서 구름을 만들 수 있다고?

구름을 가까이에서 본 적 있니? 구름이 만질 수 있을 만큼 낮게 떠 있다면 믿겠어? 내가 가족들과 함께 스페인에 갔을 때였어. 날씨는 맑고 화창했는데 '알리칸테'라는 해변을 구경할 때였지. 그런데 어디선가 땅에 닿을락 말락 낮게 깔린 연기 같은 구름이 있는 거야! 뒤덮은 모양이 마치 사람들과 해변 그리고 도시를 삼킬 듯해서 멍하니 바라만 보고 있었어. 처음에는 불이 났나 싶다가 안개인가 했는데 정말 구름이지 않겠어? 우릴 놀라게 했던 이 구름은 곧 사라졌지. 믿기 힘들 만큼 놀라운 경험도 잠시, 문득 이런 궁금증이 생겼어. 페트병이랑, 물 약간, 그리고 연기만 있으면 구름을 만들 수 있다는데 진짜일까 하고 말이야.

실험

Check List ☐ 페트병 1개 ☐ 물 약간 ☐ 향

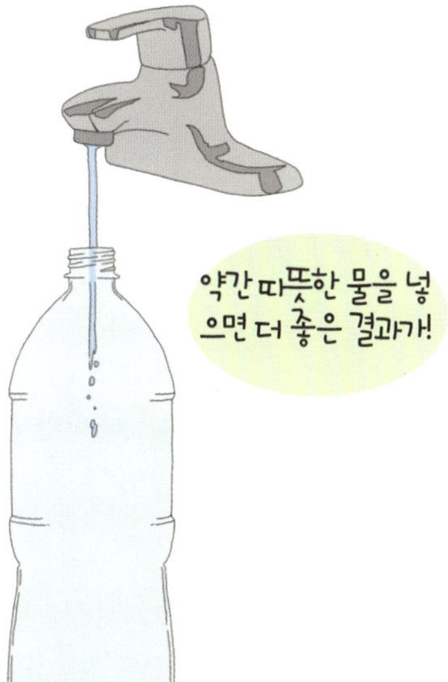

1 페트병 바닥에 깔릴 만큼 적은 양의 물을 넣는다.

약간 따뜻한 물을 넣으면 더 좋은 결과가!

279

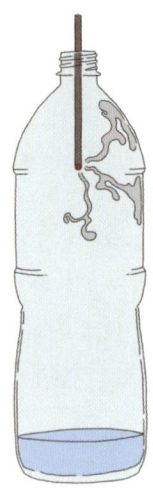

2 불을 붙인 향을 페트병 안에 살짝 넣는다.

3 향을 뺀 뒤, 향 연기가 모두 빠져나가지 못하도록 빨리 페트병 뚜껑을 닫는다.

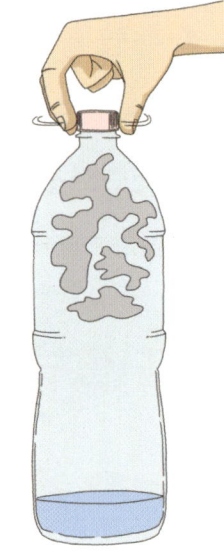

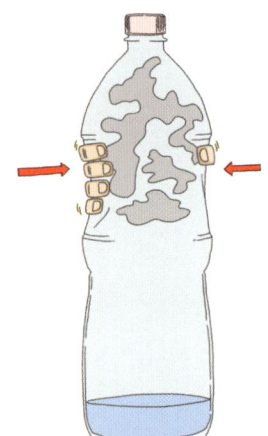

4 페트병 중간을 손가락으로 꾹 눌러 찌그러뜨려 보자.

5 눌렀던 손가락에 힘을 뺐다가 다시 꾹 눌러 보기를 반복해 본다.

6 페트병 안에서 어떤 일이 생길까?

나만의 노트

1. 페트병 중간을 꾹 누르면 안에서 어떤 변화가 생길까?

2. 눌렀던 힘을 빼서 찌그러진 페트병이 약간 펴지면 안에서 어떤 변화가 생길까?

왜 그럴까 궁금하지?
구름은 어떤 원리로 만들어질까?

'구름'은 하늘에 떠 있는 물방울들의 모임이랍니다. 물이 증발하여 기체로 바뀌면 수증기라고 하지요? 수증기는 보이지 않아 우리 주위에 있는지 잘 모를 거예요. 하지만 온도가 내려가거나 공기 중에 포함할 수 없는 상황이 오면 수증기는 작은 물방울 모양으로 우리 눈에 보이기 시작합니다. 지상과 가까운 곳에서 물방울들이 나타나면 우리 눈에는 뿌옇게 보여서 앞이 잘 안 보이기도 합니다. 우리는 이것을 '안개'라고 부르지요.

물방울들이 풀잎에 맺혀서 흐르면 '이슬'이라는 이름으로 부릅니다.

이처럼 안개와 이슬, 구름은 수증기가 물방울로 바뀌어 생긴다는 점에서 형제라고 볼 수 있지요.

실험에서처럼 적은 물과 '향 연기를 넣고 뚜껑을 닫은 페트병'을 손으로 꾹 눌러 찌그러트려 보세요. 병 안은 부피가 줄어들면서 공기 압력이 커진답니다. 이 '고기압' 상태에서는 온도가 약간 올라가요. 온도가 올라가면서 증발 현상이 일어나면 물방울이 수증기로 바뀌면서 페트병 안이 맑아지는 효과가 나타난답니다.

반대로 꾹 눌렀던 페트병에 힘을 빼면 어떨까요? 병 안은 부피가 커지면서 상대적으로 공기 압력이 작아집니다. 이로 인해 공기 입자 사이가 벌어지면 온도가 낮아지는 효과가 나타납니다. 그리고 공기 중에 있는 수증기는 물방울로 모양을 바꾸지요. 우리 눈에는 어떻게 보일까요? 흐려진 페트병 안처럼 뿌예 보인답니다.

이렇게 뿌옇게 흐려지는 과정이 공기가 상승할 때 생기면 높은 하늘에 뿌연 물방울이 모여 구름이 생긴답니다. 이처럼 여러 원인으로 공기가 상승하면 공기 사이가 멀어져 온도가 낮아지고 수증기가 물방울로 모양을 바꿉니다. 이때 수증기가 물방울로 바뀌는 것을 응결이라고 부르지요. 이런 과정을 통해 '구름'이 생기는 거예요.

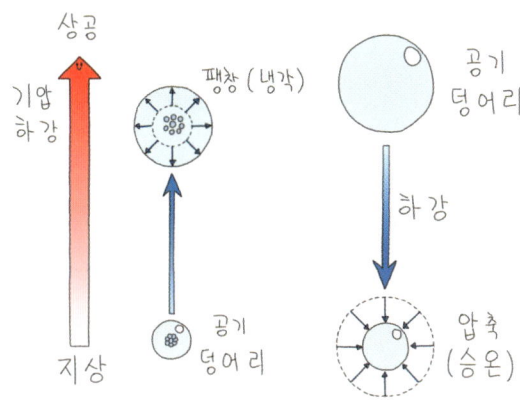

개념 돋보기 🔍

페트병에 향 연기는 왜 넣을까?

수증기가 물방울로 바뀔 때 일정한 크기의 물방울이 되려면 먼지 같은 고체가 도와줘야 해요. 그 고체를 중심으로 물방울을 형성하는 것이지요. 이것을 우리는 '응결핵'이라고 부릅니다. 여기서 페트병에 넣는 향 연기는 수증기가 물방울이 되도록 돕는 응결핵 역할을 한답니다.

너무 비가 오지 않아 가뭄이 이어질 때 인공적으로 비를 내리게 할 때도 비행기로 응결핵이 될 수 있는 물질을 뿌리기도 합니다.

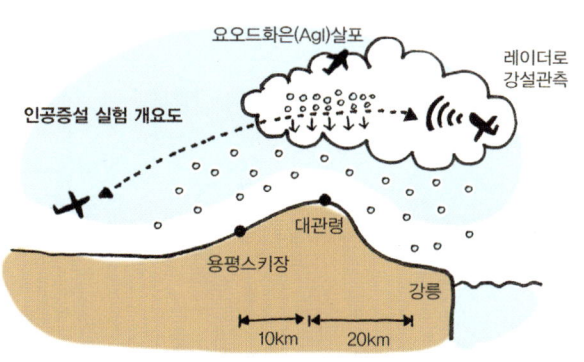

몸이 쑤시는 이유는 날씨 탓?

내가 제일 좋아하는 날은 눈이 오는 날. 싫어하는 날은 비가 오는 날.
가끔 비가 잔뜩 와서 흐린 데다가 눅눅해서 느낌도 썩 좋지가 않아. 무엇보다 싫은 이유는 따로 있어.
엄마도 가끔 그 말씀을 하시는데 희한하게도 날씨가 좋지 않은 날 주로 말씀하시더라고.
어른들한테서 많이 들어봤지? "어이구, 삭신 쑤신다 쑤셔."라고 말이야.
정말 몸 여기저기를 두드리고 주무르시는데 보는 나까지 몸이 쑤시는 듯했어.
그런데 희한한 건 날씨가 좋을 때는 이런 말씀이 없으시다는 말이지? 대체 왜! 흐리거나 비가 올 때 어른들은 쑤시다고 입버릇처럼 말씀하시는 거야?

실험

Check List ☐ 캔 1개 ☐ 고무풍선 1개 ☐ 빨대 1개 ☐ 글루 건 ☐ 줄자 ☐ 가위

1 풍선 부는 입구(좁은 부분)를 가위로 잘라 캔에 씌운다.

글루 건
빨대

2 풍선을 씌운 캔 위에 빨대를 놓고, 떨어지지 않게 글루 건으로 붙인다.

3 벽에 줄자를 붙여 눈금을 확인할 수 있도록 하면 기압계 완성!

4 매일매일 기압계 눈금을 확인하여 기록지에 써 본다.

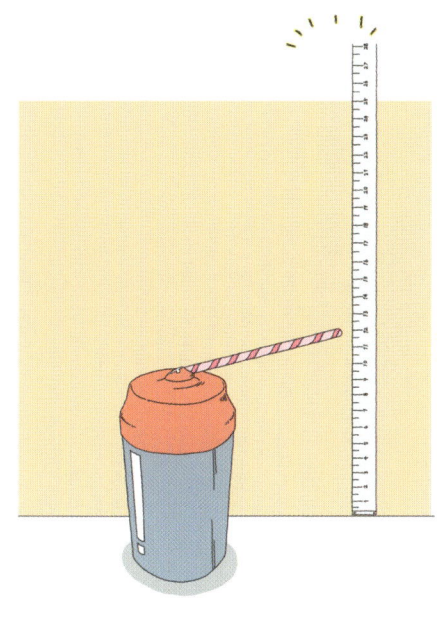

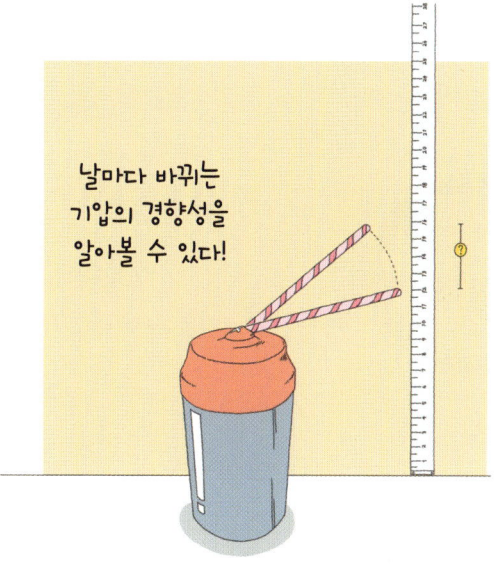

날마다 바뀌는 기압의 경향성을 알아볼 수 있다!

나만의 노트

1. 날마다 관찰한 결과를 적고 기압에 어떤 변화가 있는지 써 보자.

2. 날씨가 맑은 날과 흐린 날은 기압이 어떨까?

3. 관찰한 기압과 기상청에서 발표한 기압과는 어떤 차이가 있을까?

왜 그럴까 궁금하지?
기압은 어떻게 측정할까?

우리 주위에는 보이지 않지만 수많은 공기 입자가 있습니다. 공기 입자들은 스스로 주변을 누르고 있는데 이를 공기의 압력, '기압'이라고 부르지요. 공기 입자들은 때에 따라 많이 모일 때도, 어떤 때는 조금 덜 모일 때도 있어요. 입자들이 많이 모이면 공기들이 누르는 힘압력도 커지는데 이를 고기압이라고 합니다. 반대로 공기 입자들이 주변보다 덜 모여 있어 누르는 힘이 줄어 있으면 저기압이라고 하지요.

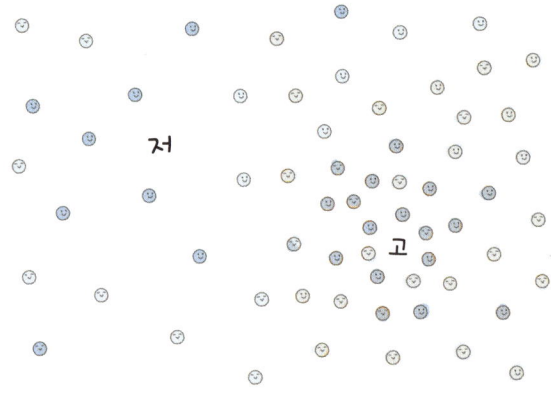

캔에 고무풍선을 씌워 만든 기압계로도 이런 고기압과 저기압을 측정할 수 있습니다. 우리가 만든 기압계는 어떻게 다른 눈금을 가리키는 걸까요?

고기압일 때는 약간의 차이이지만 공기 입자들이 캔을 누르면서 고무풍선도 함께 눌립니다. 이때 고무풍선에 붙은 빨대 끝도 눌리면서 눈금 역할을 하는 빨대 끝이 위로 들려 높은 숫자를 가리키지요. 저기압일 때는 공기 입자가 누르는 힘이 고기압 때보다 작아지니 캔을 누르는 힘도 작아지겠지요. 고기압 때, 눌리던 고무풍선이 덜 눌리면서 풍선 표면이 고기압일 때보다는 볼록해집니다. 이때 눈금 역할을 하는 빨대 끝이 내려가면서 낮은 숫자를 가리키지요.

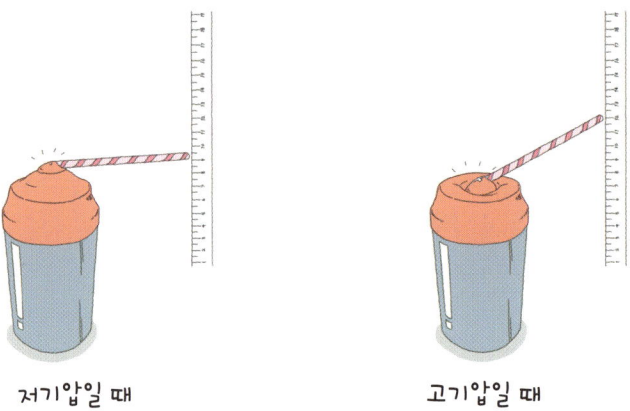

저기압일 때   고기압일 때

날마다 기압 변화를 관찰해 기록해 보면 기압을 알 수도 있어요. 기압 변화와 함께 그날그날의 날씨까지 적으면 기압과 날씨의 관계까지도 알아낼 수 있겠지요.

저기압인 날은 우리가 생활하는 지표면에 공기 입자 수가 다른 날보다 적어졌다는 겁니다. 입자수가 적어지는 날은 보통 공기 입자가 지표면에서 위로 올라갔을 가능성이 높아요. '공기 입자가 상승'하면 지상에는 입자수가 적어져 압력이 작아지면서 저기압이 되지요. 저기압인 날은 공기 상승으로 구름이 생긴답니다. 공기가 상승하면 온도가 낮아져 수증기가 물방울로 바뀌어 구름이 되지요. 따라서 저기압이면 구름이 생겨 날씨가 흐려지는 거예요.

저기압일 때 압력이 작아지면 평소, 우리 몸을 누르던 힘도 작아져 어르신들 몸이 쑤시는 것이랍니다.

개념 돋보기

공기 입자들은 언제 상승할까?

1. 산을 향해 바람이 불면서 산을 따라 공기가 상승하는 경우
2. 따뜻한 공기가 찬 공기 위로 상승할 경우
3. 저기압 중심으로 공기가 모여들어 상승하는 경우
4. 지표면의 공기가 가열되어 상승할 경우

습도를 잴 수 있을까?

요즘, 내가 즐겨 보는 책은 곤충 도감이야. 신기하게 생긴 곤충들을 사진으로 보는 재미가 쏠쏠했는데 그 가운데 딱정벌레에 얽힌 이야기를 읽고 놀랐어! 가장 몸집이 작으면서 자기 몸무게의 850배를 옮길 수 있는 이 녀석이 주위 습도에 따라 색깔을 바꾸는 껍데기를 갖고 있다지 뭐야? 그러니까 건조해지면 황갈색으로, 습해지면 검은색으로 바꾼다니! 녀석 껍데기는 이렇듯 습도를 잴 줄 안다는 소리인데, 우리 사람들은 어떻게 습도를 잴 수 있을까? 그리고 어떻게 건조하고 습한 정도를 나타내는 걸까?

실험

Check List
- ☐ 온도계 2개 ☐ 온도계를 걸 수 있는 거치대
- ☐ 작은 헝겊 ☐ 물 조금

1 온도계 2개를 거치대에 건다.

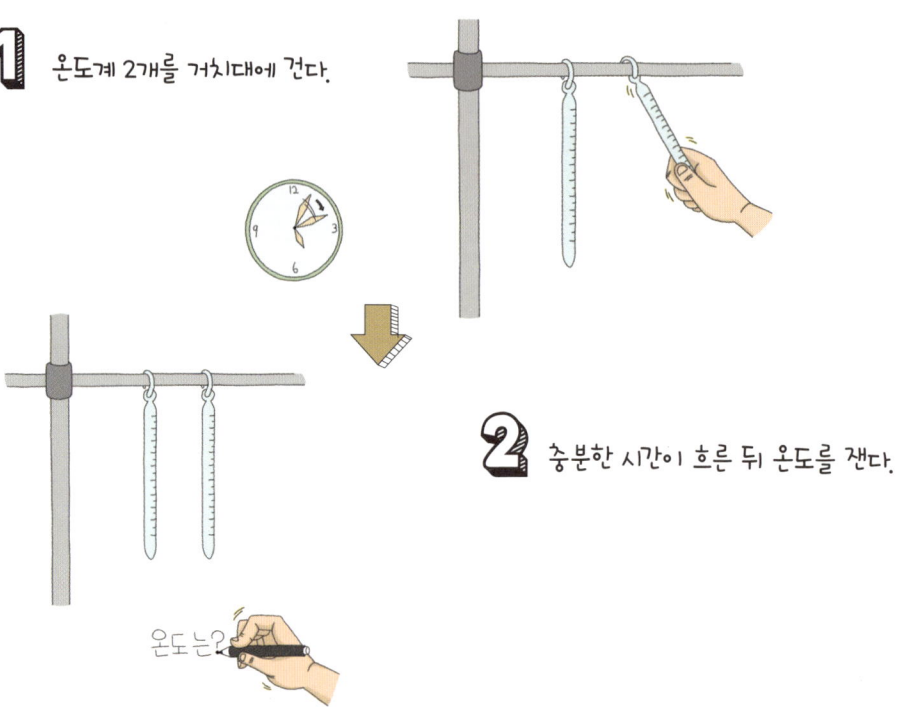

2 충분한 시간이 흐른 뒤 온도를 잰다.

온도는?

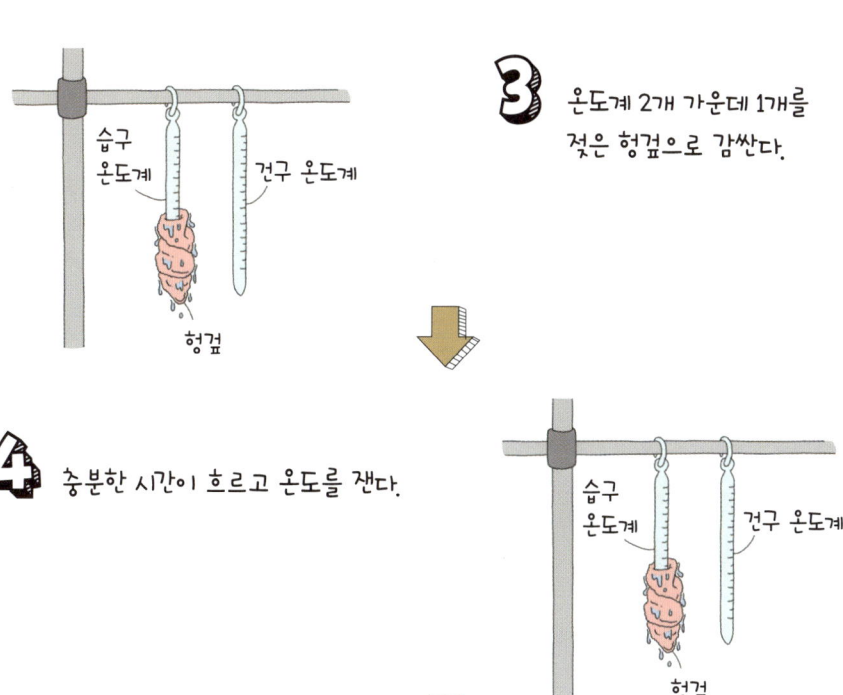

3 온도계 2개 가운데 1개를 젖은 헝겊으로 감싼다.

4 충분한 시간이 흐르고 온도를 잰다.

온도는?

5 젖은 헝겊으로 감싼 온도계와 감싸지 않은 온도계 차이를 이용하여 습도표에서 습도를 찾아내 보자.

습구 온도 (°C)	건구와 습구의 온도 차 (°C)							
	1	2	3	4	5	6	7	8
27	92	85	78	72	67	61	56	52
26	92	85	78	71	66	60	55	51
25	92	84	77	71	65	59	54	50
24	92	84	77	70	64	59	53	49
23	91	84	76	69	63	58	53	48
22	91	83	76	69	63	57	52	47
21	91	83	75	68	62	56	51	46
20	91	82	74	67	61	55	49	44
19	91	82	74	66	60	54	48	43
18	90	81	74	66	59	53	47	42
17	90	81	72	65	58	52	46	40
16	90	80	72	64	57	50	44	30

내가 궁금한 지구과학 **289**

6 바람 부는 맑고 건조한 날과
비가 오는 습기 많은 날에 두 온도계의
온도 차이를 살펴보자.

습도표를 이용해
두 날의 습도를
찾아보자.

나만의 노트

1. 실험 2번 과정에서 측정한 두 개의 온도계는 온도가 얼마?

2. 실험 3, 4번 과정에서 온도계 1개를 젖은 헝겊으로 감싼 뒤 측정한 온도는?

3. 헝겊으로 감싼 온도계와 감싸지 않은 온도계의 온도 차이는?

4. 습도표에서 찾아낸 습도는?

5. 실험 6번 과정에서 두 온도계의 온도 차가 큰 날은 어떤 날일까?

왜 그럴까 궁금하지?
습도를 어떻게 잴 수 있을까?

습도가 낮고 건조한 날은 증발이 잘 일어나고, 습도가 높아, 습기가 많은 날은 증발이 잘 일어나지 않는 것을 이용하면 습도를 잴 수 있습니다. 증발이 일어나면 액체가 기체로 상태 변화를 하면서 주변에 있는 열을 빼앗아 가기 때문에 온도가 낮아집니다. 그래서 실험에서도 증발이 일어나는 젖은 헝겊을 감은 온도계는 온도가 낮아지지요.

이처럼 젖은 헝겊을 감지 않은 마른 온도계를 '건구 온도계'라 하고 젖은 헝겊을 감은 온도계를 '습구 온도계'라고 합니다. 건구 온도는 현재 기온을, 습구 온도는 증발로 낮아진 온도를 알려 줍니다.

습도가 낮은 날은 젖은 헝겊에서 증발이 많이 일어나, 습구 온도가 많이 내려가고 건구와 습구 온도 차이가 커지지요. 반대로 습도가 높은 날은 젖은 헝겊에서 증발이 잘 일어나지 않으므로 습구 온도는 크게 낮아지지 않습니다. 그래서 건구와 습구 온도 차이도 적습니다.

이처럼 건구와 습구 온도 차이를 알면 습도표를 이용하여 습도를 알아낼 수 있습니다. 건구와 습구 온도 차이가 4℃이고, 습구 온도가 20℃라면, 습도는 얼마일까요? 표에서 세로줄 습구 온도 20℃를 찾고, 가로줄 건구와 습구 온도 차이 4℃를 찾아 가로와 세로가 만나는 곳을 읽으면 그 숫자가 습도입니다. 이때 습도는 67%인 거지요.

습구 온도 (℃)	건구와 습구의 온도 차 (℃)							
	1	2	3	4	5	6	7	8
27	92	85	78	72	67	61	56	52
26	92	85	78	71	66	60	55	51
25	92	84	77	71	65	59	54	50
24	92	84	77	70	64	59	53	49
23	91	84	76	69	63	58	53	48
22	91	83	76	69	63	57	52	47
21	91	83	75	68	62	56	51	46
20	91	82	74	67	61	55	49	44
19	91	82	74	66	60	54	48	43
18	90	81	74	66	59	53	47	42
17	90	81	72	65	58	52	46	40
16	90	80	72	64	57	50	44	30

일상 속 과학 이야기 ❗

밤에 걷는 빨래는 왜 눅눅할까?

오래 모아 둔 빨래를 해서 낮 동안 바짝 말려 놓은 경험,
누구나 있지 않은가? 그런데! 빨래를 걷는 것을 잊어버리고 있다가 뒤늦게 기억하고는
밤에 부랴부랴 다시 걷어내다 보니 뭔가 이상하다!
계속 널어 놓았는데도 손에 잡히는 빨래가 덜 마른 듯 눅눅해져 있는 게 아닌가?
낮까지만 해도 뽀송뽀송하게 말랐던 빨래였는데 대체 왜 이렇게 바뀐 걸까?
누군가 물가습기를 틀어놓은걸까?

🔑 Keyword 01. **공기** Keyword 02. **온도** Keyword 03. **상대 습도**

빨래를 눅눅하게 한 범인은 '공기'입니다. 낮 동안 건조하던 공기가 밤이 되어 습기를 빨래에 내놓은 탓에 눅눅해진 것이지요.

공기는 수증기를 포함하는 정도에 따라 건조하거나 습한 성질이 달라집니다.

건조한 공기는 수증기를 적게 포함하고 있어서 습도가 낮고 습한 공기는 수증기를 많이 포함하고 있어서 습도가 높지요.

그렇다면 낮의 공기는 습도가 낮아 수증기를 적게 포함하고 있고 밤의 공기는 습도가 높아 수증기를 많이 포함하고 있는 걸까요? 대체로 맑은 날의 낮과 밤 공기가 포함하는 수증기 양에는 큰 차이가 없습니다. 포함하는 수증기 양이 비슷하다면 왜 낮에는 건조하게, 밤에는 습하게 느껴질까요?

'온도'가 문제입니다. 낮에는 밤보다 온도가 높아서 공기가 수증기를 포함할 수 있는 능력이 커집니다. 수증기를 포함할 수 있는 능력이 큰 것에 비하면 현재 가지고 있는 수증기 양은 적게 여겨져 "습도가 낮고 건조하다"라고 말하는 거예요. 온도가 낮아지는 밤에는 공기가 수증기를 포함할 수 있는 능력이 현저히 줄어듭니다. 적은 양의 수증기를 포함할 수 있는 능력에 비하면 현재 가지고 있는 수증기 양은 크게 여겨져서 "습도가 높고 축축하다"라고 말하는 거예요.

'상대 습도'는 이처럼 습도가 "높다, 낮다"라는 개념을 비교해서 나타내는 상대적인 양입니다. 다시 말하면 공기가 포함하는 수증기 양은 낮과 밤이 비슷한 데도 낮에는 상대 습도가 낮고 밤에는 상대 습도가 높다고 하는 것이지요.

지구의 크기를 잴 수 있을까?

기원전, 알렉산드리아의 도서관. 한 남자가 이집트 남쪽 지역 시에네에 있는 깊은 우물과 관련한 흥미로운 사실을 책으로 읽고 있었다. 이 우물은 1년에 한 번씩 태양 빛을 받아 그 바닥까지 밝아지고 막대기를 세우면 그림자가 생기지 않는다는 이야기였다. 그는 몇 가지 가정을 세우고 지구 크기 재기라는 놀라운 일에 도전한다.

결과는 어땠을까? 그는 지구 크기를 재는데 성공한 최초의 사람이었고 이름난 학자가 되었다. 그가 바로 에라토스테네스였다.

[초4] 지구의 모습
[중3] 태양계

실험

Check List
- ☐ 농구공(또는 축구공) ☐ 굵은 빨대 2개 ☐ 셀로판테이프
- ☐ 실 ☐ 각도기 ☐ 줄자 ☐ 가위

1. 굵은 빨대를 적당한 크기로 자른 뒤 한쪽 끝을 일정한 길이로 가위집을 내준다.

2. 준비한 농구공 위에 가위집을 낸 굵은 빨대 2개를 공 표면에 수직으로 붙여 준다.

빨대는 공의 양극을 잇는 세로선 위에 붙이는 것이 중요!

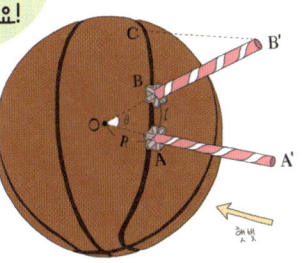

※실험 속 잠깐!
실험에서 공에 붙인 빨대 하나를 A 빨대, 다른 빨대를 B 빨대로 이름 붙인다!

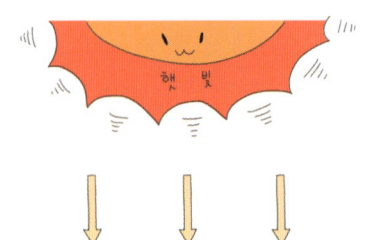

3 햇살이 좋은 날, 야외로 나가서 공 위에 붙인 빨대 2개 가운데 B 빨대에만 그림자가 생기도록 공을 돌려 조절하자.

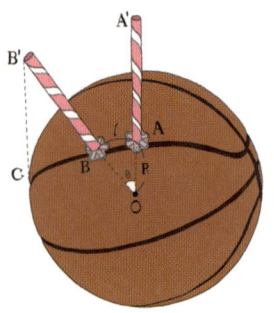

4 그림자가 생긴 B 빨대 끝에 실을 묶어 그림자 끝과 닿게 한다.

5 그림자 끝과 이루는 각을 각도기로 잰다.

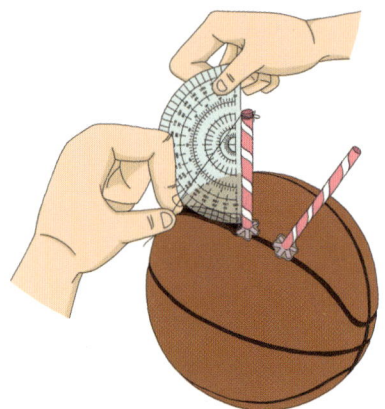

6 빨대 2개 사이 거리 l을 줄자로 잰다.

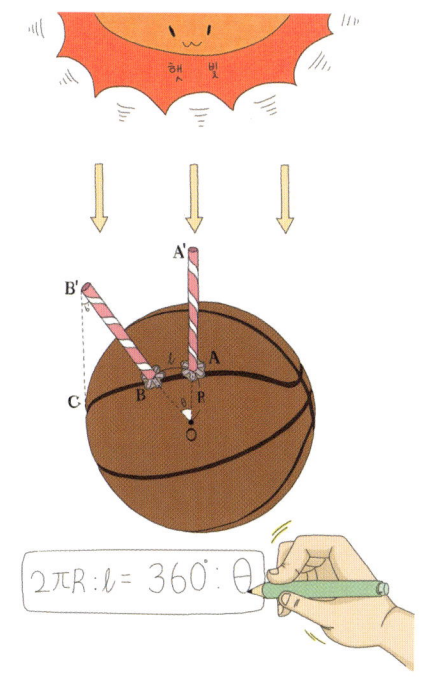

7 "부채꼴에서 호의 길이는 중심각 크기에 비례한다."라는 원리를 이용하여 비례식을 세운다.

$2\pi R : l = 360° : \theta$

✏️ 나만의 노트

1. 실험 5번 과정에서 잰 각도는?

2. 실험 6번 과정에서 잰 두 빨대 사이 거리는?

3. 실험 7번 과정에서 세운 비례식을 쓰고, 공의 반지름을 구해 보자.

왜 그럴까 궁금하지?
커다란 지구 크기는 어떻게 잴 수 있을까?

커다란 지구는 그 크기를 어떻게 잴 수 있을까요? 그리스 학자 에라토스테네스는 지구가 완전히 동그랗다면 비례식으로 지구 반지름을 계산할 수 있으리라 생각했습니다. 물론 햇빛은 먼 거리에서 오기 때문에 평행하게 지구로 들어온다고 가정해야겠지요. '알렉산드리아'와 '시에네'에 평행하게 도달하는 햇빛은 특별한 점이 있었습니다.

특정 시기에 시에네에는 그림자를 만들지 않지만 알렉산드리아에는 그림자를 만들었기 때문인데요. 이때 에라토스테네스는 알렉산드리아에 세운 막대기 끝과 그 막대기 그림자 끝의 각도를 재면 두 지역 사이의 각도 차이_{위도 차이}를 쉽게 알아낼 수 있다는 사실을 깨달았던 것입니다. 그는 평행으로 들어오는 햇빛으로 생긴 그림자 끝과 세운 막대기 끝 사이 각도가 두 지역 사이 각도와 엇각으로 같다는 점을 이용했습니다.

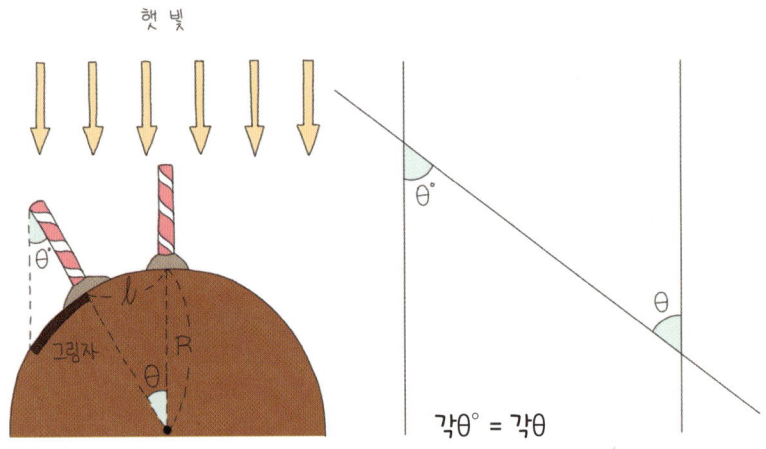

에라토스테네스는 두 지역 사이 거리를 재고 두 지역 사이 각도를 햇빛을 이용해 알아내 비례식을 세워 지구 전체 크기를 계산했습니다.

커다란 지구를 공으로 바꿔, 에라토스테네스가 썼던 방법대로 따라한 것이 이 실험입니다. 비례식을 세울 때는 원의 일부 조각_{부채꼴}의 각도와 길이를 원의 전체 각도와 길이에 대비시켜 세우면 간단하답니다. 원의 일부 조각_{부채꼴}의 각도 θ에 해당하는 호의 길이는 l이고, 원의 전체 각도 360°에 해당하는 호의 길이는 공의 둘레 $2\pi R$입니다.

$$\theta : l = 360° : 2\pi R$$

개념 돋보기 🔍

에라토스테네스가 잰 지구 크기는 정확했을까?

에라토스테네스는 이집트 '알렉산드리아'와 '시에네'라는 두 지역 사이 거리와 두 지역 사이 각도 차이(위도 차이)를 그림자를 이용하여 측정했습니다. 물론 오차는 약간 있었답니다. 사람의 발걸음과 막대기로 잰 값이라고 생각한다면 정확한 편이었지만 오늘날의 값보다 15% 정도 큰 값이었습니다. 그럼 15% 정도나 값이 차이가 나는 이유는 무엇이었을까요?

두 지역 사이 거리를 사람의 걸음으로 잰 것도 원인이었지만 가장 큰 원인은 따로 있었습니다. "두 지역이 같은 경도에 있지 않다."라는 점인데요. 경도는 지구 양극을 잇는 세로선입니다. 두 지역을 연결하여 부채꼴을 만들고 전체 원과 대비시켜야 하는데 부채꼴이 약간 틀어져 있었다는 점이 아쉬운 점이었지요. 그래서 오차가 생길 수밖에 없었답니다.

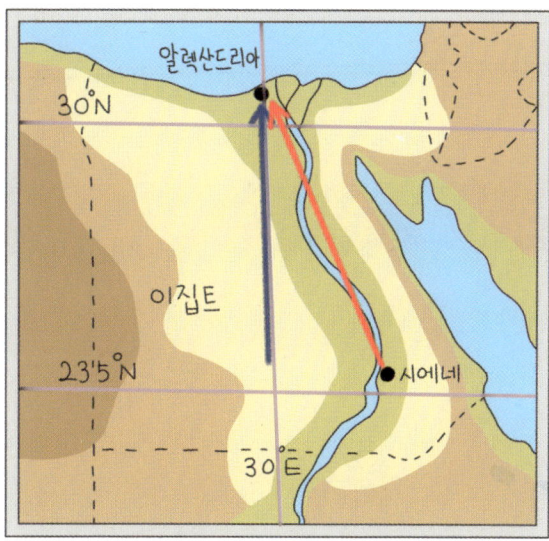

우리 은하는 어떤 모습일까?

밤하늘을 가로지르는 은하수. 사람들이 하늘을 처음 볼 때부터 신비의 대상이었다.

그리스 신화에서 제우스는 아들 헤라클레스를 죽지 않는 몸으로 만들려고 여신 헤라의 젖을 몰래 물렸다. 하지만 헤라가 헤라클레스를 밀쳐 낸 탓에 분출된 젖이 은하수가 되었다고 한다. 동양에서는 이 은하수에서 은빛의 강을 떠올렸다.

다양한 이야기만큼이나 수많은 별로 이루어진 아름답고 신비한 은하수. 간단하게 종이만으로 어떤 모양인지 알아볼까?

[초5] 태양계와 별 / [중3] 별과 우주

실험

Check List ☐ 흰색 종이(A4용지) ☐ 컴퍼스 ☐ 자 ☐ 가위 ☐ 아크릴 판
☐ 딱풀 ☐ 색종이

1. A4 종이에 들어갈 만한 같은 중심의 큰 원과 작은 원을 컴퍼스로 그린다.

> 큰 원은 10cm 정도 반지름, 작은 원은 2cm 정도 반지름으로!

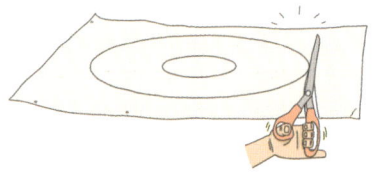

2. 완성한 원 그림에서 바깥쪽 큰 원을 오려 낸다.

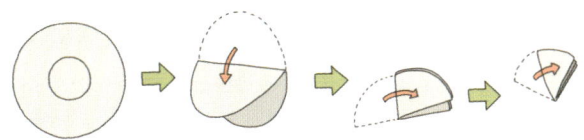

 오린 원을 반씩 접어 가며 원을 12등분한다.

 접은 원을 펼쳐 각각 12등분선을 자를 대고 긋는다.

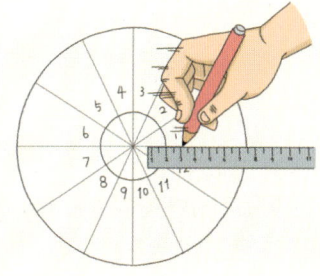

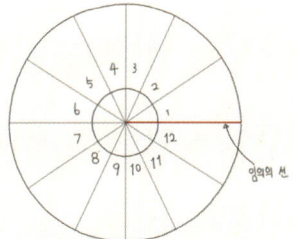 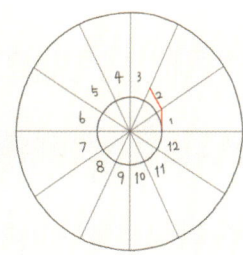

 12등분선 가운데 임의로 선 한 개를 골라 그 선이 작은 원과 만나는 점에서 부터 다음 선까지 수직으로 긋는다.

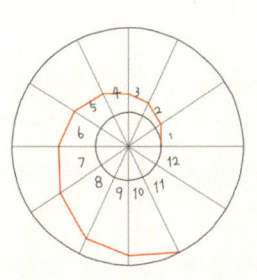

 이런 방법을 반복해 점차 바깥쪽으로 뻗어 나가듯 큰 원의 가장자리까지 선을 긋는다.

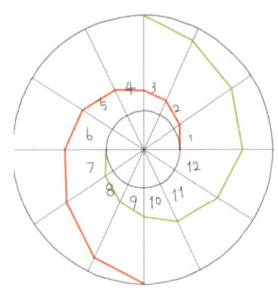

7 같은 방법으로 이번에는 작은 원 왼쪽 점에서 시작해 다음 선까지 바깥쪽으로 뻗어 나가듯 수직으로 선을 긋는다.

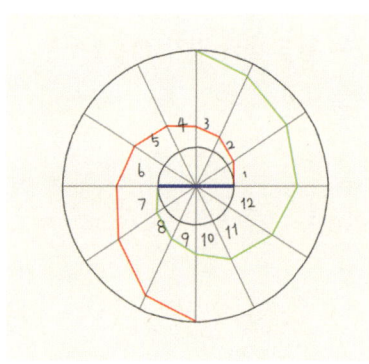

8 원의 가장자리까지 뻗어 나가는 선을 모두 그렸다면 작은 원의 지름을 굵은 선으로 그린다.

9 투명 아크릴 판 아래에 실험 8번 과정까지 완성한 그림을 놓는다.

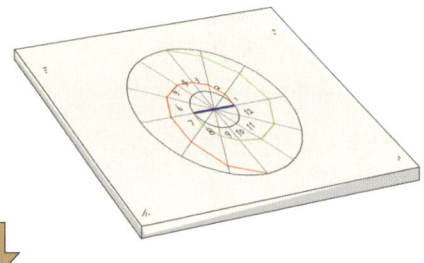

풀칠하기

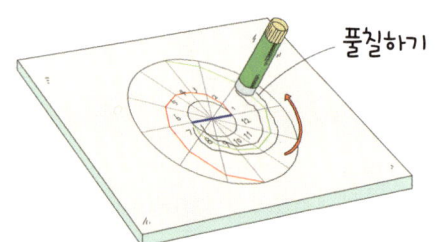

10 투명 아크릴 판 너머로 보이는 그림에서 색깔 나선들을 따라 풀칠을 한다.

11 잘게 자른 색종이를 풀칠한 아크릴 판 위에 뿌린다.

12 붙지 않은 색종이 조각을 털어 낸다.

나만의 노트

1. 실험에서 만들어 본 은하는 어떤 모양인가?

2. 중심에서 퍼져 나가는 나선을 더 추가할 수 있는 방법은 무엇일까?

3. 실험에서 만든 은하 모양과 다른 은하들에는 무엇이 있을까?

왜 그럴까 궁금하지?
우리 은하는 어떤 모양일까?

주위에서 은하수를 본 적이 있나요? 도심에서는 불빛이 너무 많아 밤하늘에 있는 별들을 관찰하기가 쉽지 않습니다. 시골로 캠핑을 가서 은하수 관찰에 도전해 보세요.

'은하수'는 밤하늘을 둘러싸듯 가로지르는 뿌연 띠 모양으로 수많은 별이 모여 있는 것입니다. 우리가 살고 있는 지구가 있는 태양계, 태양계가 속해 있는 거대한 별 집단인 '우리 은하'의 일부분을 보고 있는 것이 은하수입니다.

여름철 남쪽 하늘을 보면 궁수자리 근처의 은하수는 다른 곳보다 폭이 넓고 밝게 보입니다. 지구에서 자신이 속한 우리 은하를 보기 때문에 한계는 있겠지만 은하수 모양을 관찰해 보면 우리 은하의 모양도 알아낼 수 있을 것입니다.

은하 밖에서 우리 은하를 바라본다면 어떤 모양일까요?

최근 연구 결과로 밝혀진 우리 은하 모양은 위에서 봤을 때 중심부에 막대 모양 구조가 있고 주위에는 나선 모양으로 퍼져 나가는 모양입니다. 옆에서 보면 중심 부분이 조금 불룩한 원반 모양이지요.

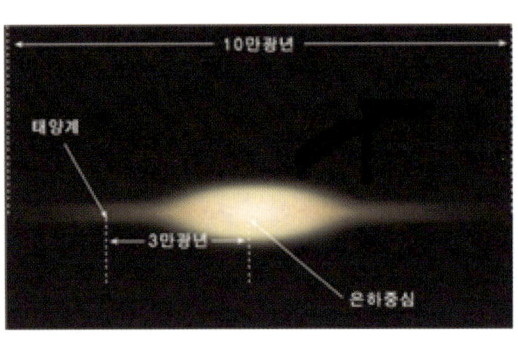

옆에서 본 우리 은하

위에서 본 우리 은하

우리 은하는 지름이 약 10만 광년이고, 태양계는 우리 은하 중심에서 약 3만 광년 떨어진 나선팔에 위치합니다. 나선팔 쪽에서 자신이 속한 우리 은하를 보면 옆에서 본 우리 은하의 모양 원반 모양 가운데 일부만 볼 수밖에 없습니다. 보는 방향에 따라 원반의 중심부는 두껍게 보이고, 원반 가장자리 쪽은 얇게 보입니다. 이는 별자리에서 궁수자리가 우리 은하 중심부 방향에 있어서 궁수자리 쪽 은하수가 두꺼운 것입니다.

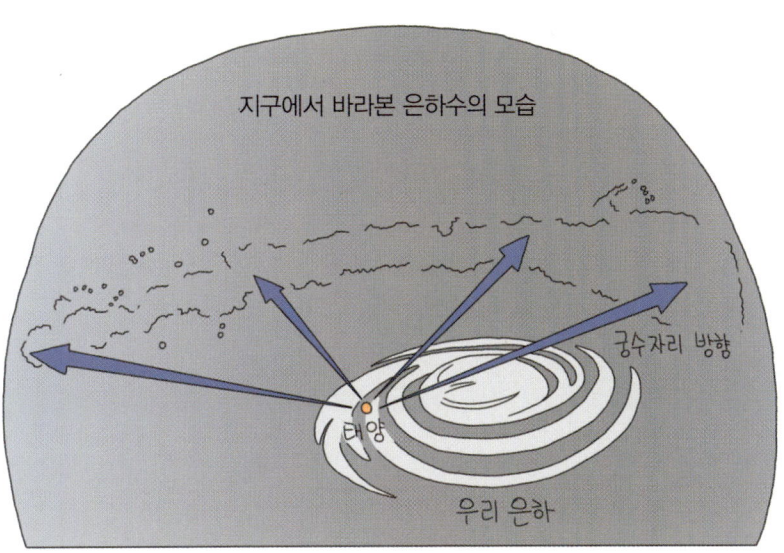

지구에서 바라본 은하수의 모습

개념 돋보기
여러 은하의 모양은 어떨까?

우리 은하 바깥에는 대략 외부 은하가 1,000억 개 이상 있습니다.

외부 은하들은 많은 숫자만큼이나 모양도 다양하지요. 다양한 모양을 가진 외부 은하들을 분류해 보면 타원 은하, 나선 은하, 불규칙 은하로 나눌 수 있습니다.

타원 은하는 납작한 공 모양, 나선 은하는 둥근 중앙부와 주변에 나선팔이 있는 은하입니다.

나선 은하의 중앙부에 막대 구조가 있으면 막대 나선 은하, 막대 구조가 없으면 정상 나선 은하라고 합니다. 물론, 특정한 모양이 없는 은하를 불규칙 은하라고 합니다.

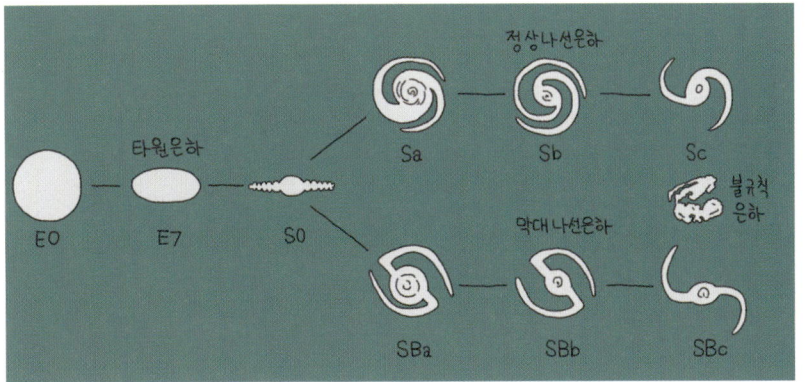

허블의 은하 분류

별의 거리는 어떻게 잴까?

도시에서는 보기 어렵지만 맑고 깨끗한 시골 밤하늘을 수놓는 아름다운 별들.
시골 할아버지 댁에서 바라보는 밤하늘은 별천지였다.
크고 밝게 빛나는 별, 작고 희미한 별, 노란 별, 하얀 별, 붉은 별.
밤하늘에 여러 종류의 별들이 있었다.
별까지 거리는 빛의 속도로 수십만 년 동안 가야 할 정도로 멀다고 하는데 과연 사람들은 이런 별의 거리를 어떻게 알아냈을까? 밤하늘을 보면 거리가 다 똑같아 보이는데……

실험

Check List ☐ 손 ☐ 벽 ☐ 그림(또는 시계)

1 그림이나 시계가 걸려 있는 벽을 바라보며 선다.

2 왼쪽 눈만 감고 오른쪽 팔을 쭉 뻗어 검지를 바라본다.

이때 보이는 검지의 위치를 기억해 놓자!

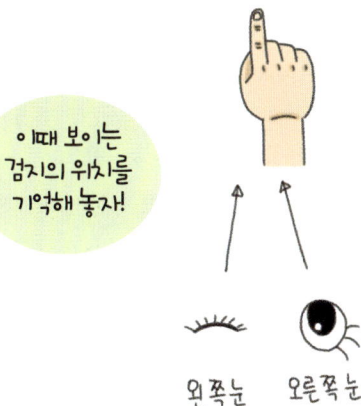

왼쪽 눈   오른쪽 눈

3 손가락은 그대로 둔 채, 반대로 오른쪽 눈만 감고 검지를 바라본다.

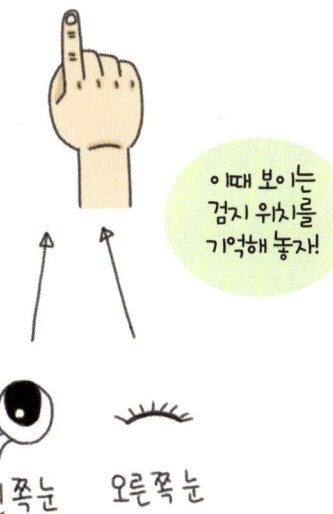

이때 보이는 검지 위치를 기억해 놓자!

왼쪽눈   오른쪽 눈

※실험 속 잠깐!
실험 2번 과정과 3번 과정에서 검지 위치를 꼭 기억하자!

오른쪽 눈으로 보았을 때 손가락의 위치   왼쪽 눈으로 보았을 때 손가락의 위치

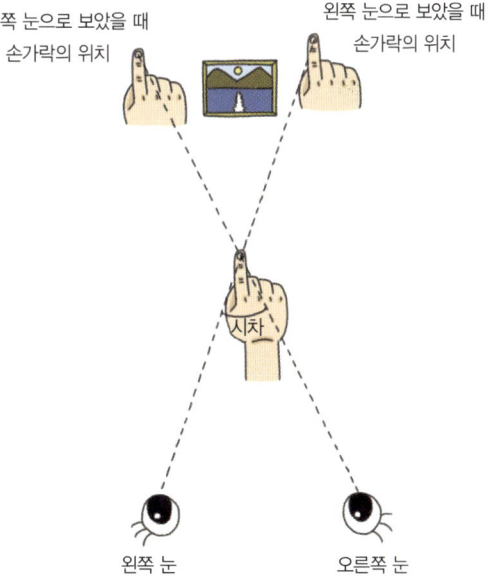

시차

왼쪽 눈   오른쪽 눈

나만의 노트

1. 제자리에 있는 검지 위치가 어떤 눈을 감느냐에 따라 어떻게 달라 보이는가?

2. 검지를 처음 실험보다 가깝게 하여 같은 실험을 해 보자. 어떤 차이가 있을까?

3. 실험을 응용해 보자. 맨 아래 그림에서 나무 C를 A 위치와 B 위치에서 본다면 실험처럼 나무 C가 보이는 위치는 배경에 대해 어떻게 다를지 그림에 표시해 보자.

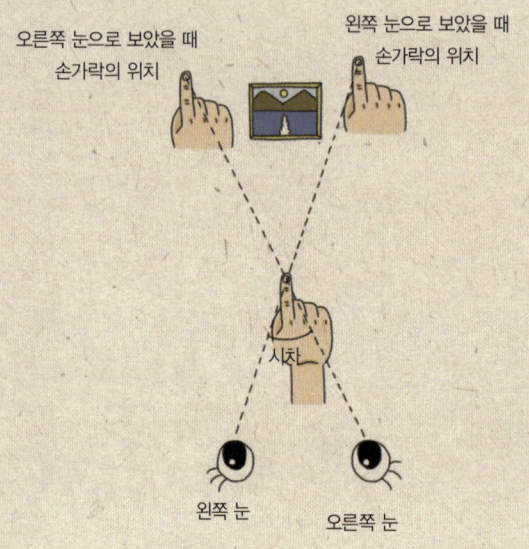

4. 왼쪽, 오른쪽 눈으로 검지를 보았을 때, 두 눈과 검지를 연결한 두 선의 각도를 '시차'라고 한다. 두 눈으로 확인하는 시차와 위치를 옮겨 나무를 관측할 때의 시차는 어떤 차이가 있을까?

왜 그럴까 궁금하지?
별의 거리는 어떻게 쟀을까?

프리드리히 베셀

관측자가 어떤 물체를 두 지점에서 보았을 때 생기는 방향 차이를 '시차'라고 합니다.

실험처럼 관찰자의 위치와 물체와의 거리가 멀어질수록 시차는 점점 작아집니다. 즉 시차와 물체까지의 거리는 반비례합니다. 이를 이용하여 수십 광년 떨어져 있는 별의 거리를 처음으로 잰 사람이 '프리드리히 베셀'입니다.

베셀은 별이 너무 멀리 떨어져 있어 시차가 너무 작아 눈으로 확인할 수 없었습니다. 그래서 관측 위치를 아주 넓게 벌렸지요. 마치 앞의 실험에서 양쪽 눈만 번갈아가며 관측할 때의 시차보다 관측자가 직접 이동하여 나무를 바라볼 때 시차가 커지는 것처럼요. 6개월 간격을 두고 별 하나를 관측하면 두 관측 지점 간격이 태양과 지구 사이 거리의 2배가 됩니다. 덕분에 별이 아주 멀리 있어도 시차를 구할 수가 있었지요. 그림에서처럼 지구에서 가까운 거리에 있는 빨간 별을 살펴볼까요?

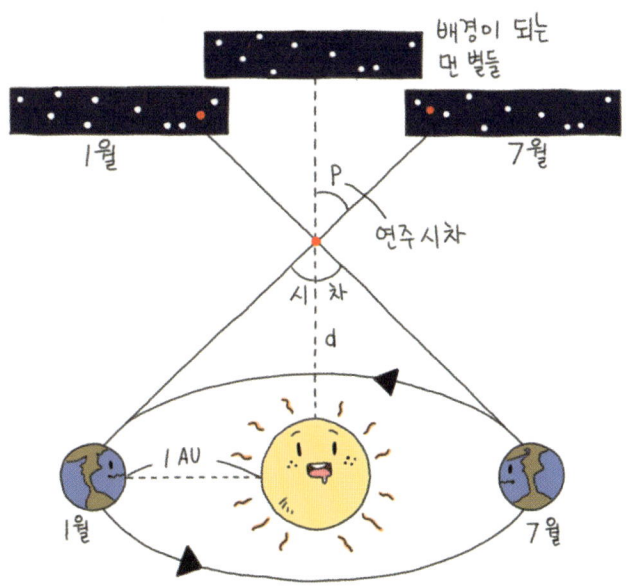

6개월 간격으로 볼 때 빨간 별은 지구가 1월에 있을 때 배경이 되는 먼 별들의 오른쪽에 위치합니다. 7월이 되어 지구가 반대편에 오면 간 별은 배경이 되는 먼 별들의 왼쪽에 위치합니다. 이는 6개월 동안 빨간 별이 옮겨간 것이 아닌 지구가 태양 주위를 공전하면서 별을 보는 위치가 달라졌기 때문입니다. 여기에서 시차의 1/2이 '연주 시차'입니다. 연주 시차 1"초인 거리를 1pc파섹이라 합니다.

별의 연주 시차는 별까지 거리가 멀면 작아지는 특징이 있습니다.
베셀은 처음으로 백조자리 61번 별의 연주 시차가 0.294초임을 밝혔습니다. 거리로 고쳐 계산하면 11광년쯤입니다.
베셀 덕분에 우리들은 생각 범위를 태양계 밖으로 넓힐 수 있었습니다. 그뿐만 아니라 생각보다 큰 우주를 실감할 수 있었지요.

개념 돋보기

천문학의 친척, 삼각 함수와 연주 시차!

연주 시차를 재면 별까지 거리를 어떻게 알 수 있을까요? 삼각 함수를 공부하면 자연스럽게 알 수 있습니다.

먼저 태양과 지구 사이 거리를 1로 봅니다. 직각 삼각형에서 한 변의 거리를 알고 한 각의 크기연주 시차를 재면 태양과 별 사이 거리를 알 수 있습니다. 이를 응용하면 별까지 거리를 어렵지 않게 알 수 있습니다.

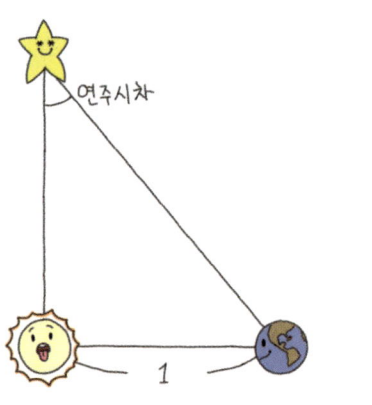

달은 왜 모양이 바뀌지?

우리나라 최고 명절 설. 세뱃돈도 두둑이 받고 쉬면서 맛있는 음식도 먹는 설이 휴일 가운데 제일 좋다. 이런 특별함이 있어 1년에 가장 손꼽아 기다리는 날인데 달력을 살펴보니 빨간 날로 적힌 설 명절 날짜에 조그맣게 다른 숫자가 적혀 있는 게 아닌가! 왜 굳이 불편하게 날짜를 따로따로 또 나누어 적는 걸까?
이게 바로 양력, 음력이라는 건가? 아니, 그것보다 양력은 뭐고 음력은 뭐야?
예전에 선생님이 말씀하신 달력은 달 움직임과 모양에 관계있다더니 진짜인가?

실험

Check List
- □ 스티로폼 공 □ 노란색 매직 (또는 형광펜)
- □ 핸드폰 손전등 앱(또는 손전등) □ 큰 이쑤시개(10cm)

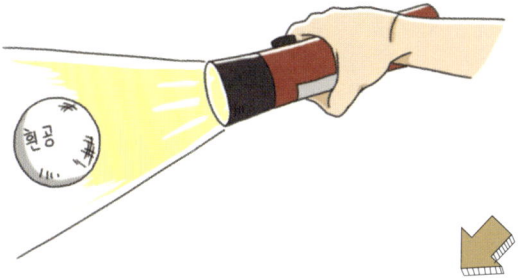

1 핸드폰 손전등 앱이나 손전등으로 스티로폼 공의 한쪽을 비춘다.

2 밝게 보이는 곳은 노란색, 어둡게 보이는 곳은 검게 칠한다.

이때, 색은 반반 칠하자!

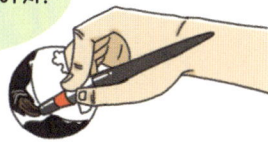

공에 이쑤시개를 꽂는다.

 한쪽 벽에 태양 그림을 붙이거나 벽시계와 같은 물체를 태양으로 생각하자.

이때 태양 그림(또는 벽시계)을 태양이라고 생각하자.

태양 그림이 붙은 벽면을 정면으로 마주 서서 스티로폼 공을 손으로 잡는다.
나는 지구에 서 있고, 스티로폼 공은 달이라고 생각한다.

스티로폼 공의 노란 면은 태양 그림이 붙은 쪽으로!

6 스티로폼 공을 든 채 정면에서 반시계 방향으로 돌며 노란 면을 바라본다.

※**실험 속 잠깐!**
이때 주의할 점은 공의 노란 면을 항상 태양 쪽으로 할 것!

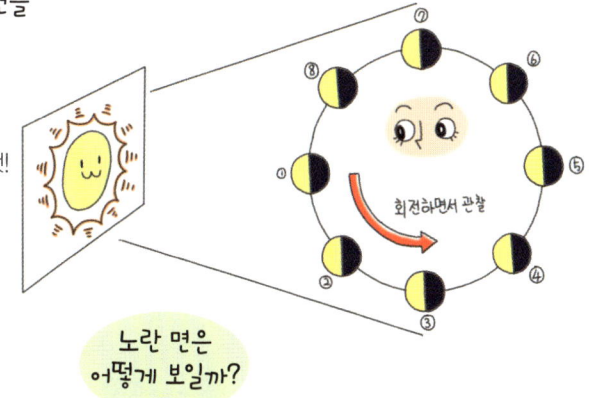

노란 면은 어떻게 보일까?

나만의 노트

1. 원 안에 있는 관찰자라고 생각하고, 스티로폼 공이 ①~⑧ 위치에 있을 때 공의 노란 면을 관찰하고 그려 보자.

①	②
③	④
⑤	⑥
⑦	⑧

2. 스티로폼 공을 반은 검은색, 반은 노란색으로 칠한 이유는 뭘까?

3. 왜 스티로폼 공을 반시계 방향으로 회전시켰을까?

왜 그럴까 궁금하지?
달은 왜 모양이 바뀌는 걸까?

달은 지구 주위를 한 달에 한 번 공전합니다. 우리가 관찰하는 면은 달이 태양 빛을 받아 반사하는 면스티로폼 공의 노란색 면이에요. 태양과 달의 상대적인 위치에 따라 우리가 보는 '달 모양'이 달라진답니다.

태양-달-지구 순서로 위치하면 우리는 달에서 밝은 면을 볼 수 없습니다. 그때음력 1일를 '삭'이라고 합니다. 반대로 태양-지구-달 순서로 위치하면 태양 빛을 반사하는 달 전체 면을 볼 수 있어서 둥근 보름달을 볼 수 있는 거지요.

여러분들은 아마 반달에 해당하는 상현달과 하현달이 가장 이해하기 어려울 거예요. 모양이 서로 반대거든요. 오른쪽으로 반달이면 상현달, 왼쪽이 반달이면 하현달이라고 합니다.

우리가 사용하는 달력은 태양의 운동을 기준으로 만든 태양력이라서 1달이 30일 또는 31일입니다. 달의 모양에 기준을 둔 음력 1달은 그 길이가 차이가 나지요.

달의 모양은 달이 지구 주위를 공전하기 때문에 바뀝니다. 보름달에서 다음 보름달까지는 29.5일이 걸립니다.

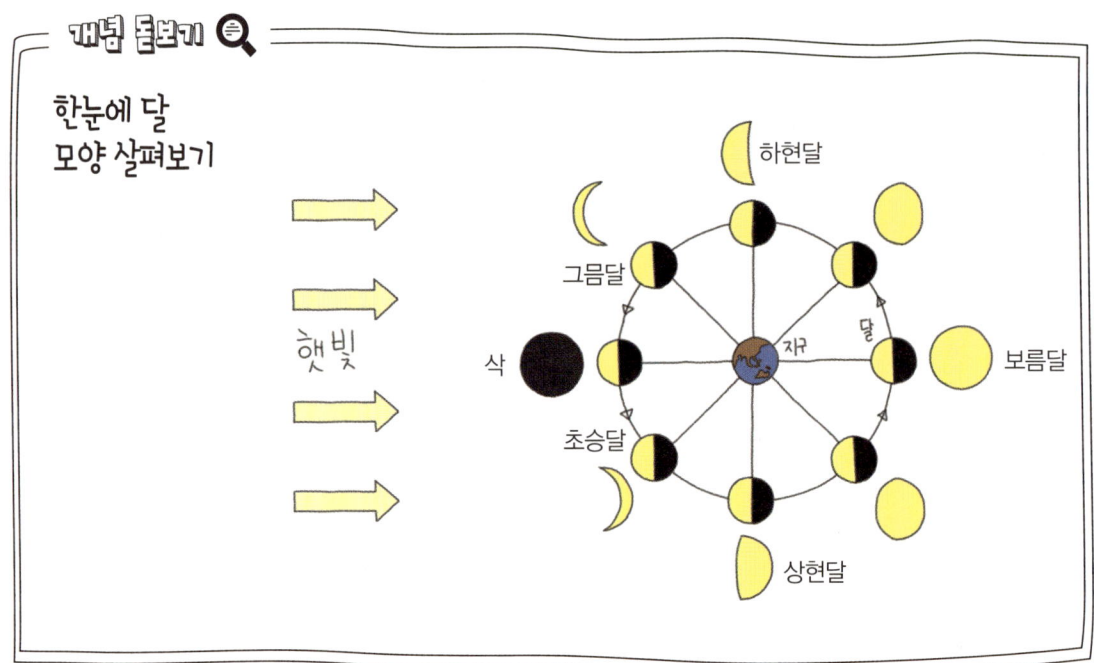

개념 돋보기
한눈에 달 모양 살펴보기

일상 속 과학 수수께끼

어촌 사람들의 일과는 달과 연관이 있다?

우리에게 싱싱한 생선과 어패류를 제공해 주는 고마운 어촌 사람들. 그들은 하루 일과를 어떻게 시작할까? 우리 생각처럼 아침 일찍부터 부지런히 배에 올라 바다로 나가는 것일까? 바다에서 직접 물고기를 잡는 사람들, 갯벌에서 조개를 캐는 사람들. 모두 아침 일찍부터 일과를 시작하는 듯하지만 알고 보면 그들이 보내는 일과에는 과학 원리가 숨어 있다! 이에 따라 물고기를 잡는 양이나 낚시법이 달라지는데 그 이유는 무엇일까?

Keyword 01. 달 Keyword 02. 바닷물의 움직임

음력 한 달 동안 해안가에서 바닷물의 높이는 매일 조금씩 달라집니다. 한 달 가운데 달의 모양이 삭이나 보름달이 되면 바닷물의 높이가 제일 높아졌다 제일 낮아지는 '사리'가 되고, 달 모양이 상현달이나 하현달일 때는 바닷물 높이 차이가 적은 '조금'이 됩니다. 즉, 밀물과 썰물 현상이 매일 조금씩 다르다는 것입니다. 다시 말하면 사리 때는 밀물로 물이 해안가로 들어올 때 제일 높게 들어오고, 썰물로 물이 빠질 때 한 달 가운데 제일 많이 빠진다는 뜻이지요.

그 옛날에는 이런 과학 지식이 없어서 사람들은 바다가 살아 있다고 생각했답니다. 물이 많이 들어올 때 바다가 살아난다고 해서 사리, 물이 적게 들어올 때 바다는 죽었다고 해서 조금(죽음과 발음이 비슷하지요?)이라 불렀습니다.

이처럼 우리 생활에 많은 영향을 미치고 있는 달이 새삼 새롭게 보이지요?

바닷물이 밀고 온 조개껍데기나 자갈이 몰려 있는 모습을 보면 매일 달라지는 물 높이를 확인할 수 있다.

사리 때 바닷물이 빠져 밑바닥이 드러난 모습(충남 보령 무창포 해수욕장)

멀리 있는 달은 크기를 어떻게 잴까?

[초6] 지구와 달의 운동 | [중3] 태양계

최근에 난 뉴스에서 일식을 보고 알고 있는 지식에 어리둥절했어.
태양이 달에 완전히 가려지는 특별한 날이라 뉴스 이곳저곳에서 개기일식 방송이 나오고 있었거든! 문제는 여기서부터였어. 이전 지구과학 시간에 배우기로는 분명히 크기가 큰 순서로 놓자면 태양, 지구, 달 순서로 알고 있었는데……
그 큰 태양이 제일 작은 달에 가려지다니 이게 대체 무슨 일이야? 아니, 그것보다 먼저 달의 크기부터 다시 한 번 재어 봐야겠다! 달 크기를 잴 때는 보름달 사진, 동전과 자만 있으면 준비 끝!

실험

Check List ☐ 보름달 사진(또는 달을 대신할 둥근 벽시계) ☐ 동전 ☐ 자

1 벽에 보름달 사진을 붙이자.

보름달을 대신할 벽시계를 준비해도 좋다!

314 밑줄 쫙! 교과서과학실험노트

2. 한쪽 눈을 감고 다른 한쪽 눈으로만 동전을 손으로 들고 왔다 갔다 하며 보름달과 동전이 일치하도록 한다.

동전이 달 모양을 깔끔하게 가릴 때 거리를 재자!

3. 먼저 줄자로, 동전 크기(d)와 눈부터 동전까지 거리(l)를 잰다.

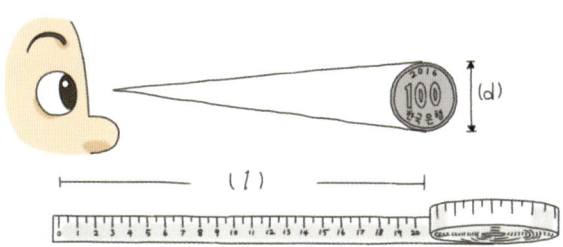

4. 그다음 서 있는 곳에서 달 사진까지 거리(L)를 잰다.

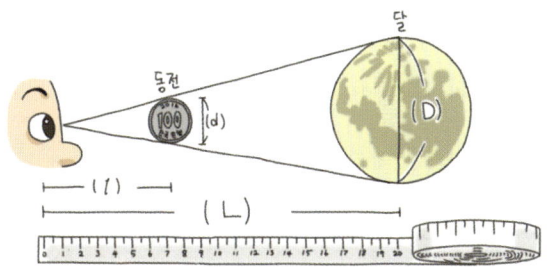

다음 그림에서 큰 삼각형과 작은 삼각형 2개를 찾아보자. 이 두 삼각형은 서로 닮아서 비례식을 사용할 수 있다. 이 비례식으로 달 사진의 지름을 구해 보자.

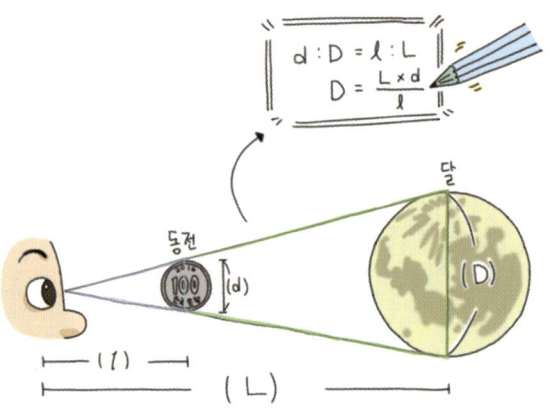

나만의 노트

1. 동전은 지름(d)이 얼마인가?

2. 눈에서 동전까지 거리(ℓ)는 얼마인가?

3. 서 있는 위치에서 달 사진(벽시계)까지 거리(L)는 얼마인가?

4. 비례식을 계산해 구한 달 사진(또는 둥근 벽시계)의 지름(D)은 얼마인가?

5. 직접 자로 잰 달 사진(또는 벽시계)의 지름은 얼마인가?

6. 실제로 구한 달 사진의 지름에서 계산으로 구한 달 사진의 지름을 빼 보자. 그 차이는 얼마일까?

왜 그럴까 궁금하지?
달의 크기는 어떻게 쟀을까?

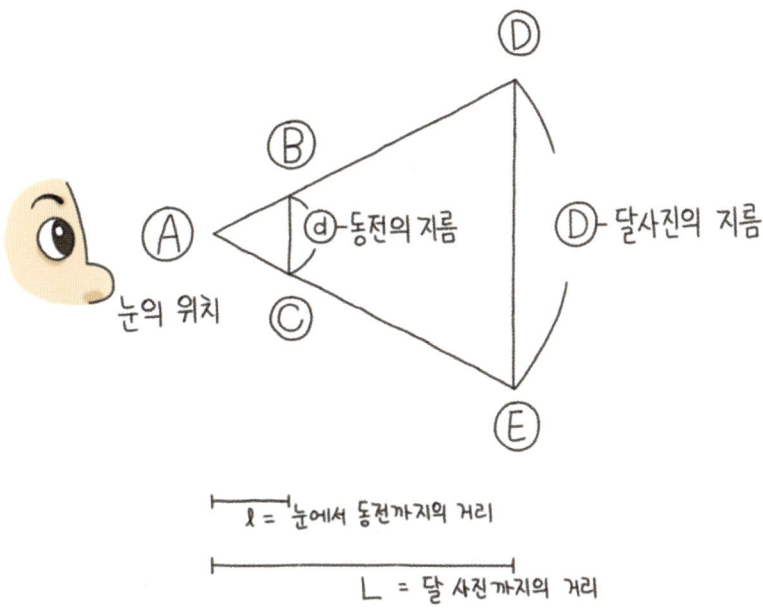

A = 눈의 위치, BC = 동전, DE = 달 사진
l = 눈에서 동전까지 거리, L = 달 사진까지 거리, d = 동전 지름, D는 달 사진의 지름.

△ABC와 △ADE는 크기가 달라도 모양이 닮아, 서로 대응하는 길이 비가 같습니다. 즉, 동전 지름인 d와 달 사진의 지름 D는 서로 대응하는 변입니다. 또 눈에서 동전까지 거리 l과 눈에서 달 사진까지의 거리 L도 서로 대응하는 변입니다.

서로 대응하는 변끼리 비례식으로 옮기면 다음과 같습니다.

$$d:D = l:L$$

비례식 안에 있는 것끼리 곱한 값과 바깥에 있는 것끼리 곱한 값은 같습니다.

$$D \times l = d \times L$$

마지막으로 달 사진의 지름인 D를 정리하면 어떤 식이 나올까요?

$$D = \frac{L \times d}{l}$$

이 비례식은 중학교 과학에서 많이 사용하기 때문에 꼭 익혀 둘 필요가 있답니다.

개념 돋보기

과학자들은 어떻게 달까지 거리를 쟀을까?

멀리 있는 물체의 크기를 구하는 방법은 여러 가지가 있습니다.

앞에서 살펴본 방법으로 달의 크기(지름)를 잴 수 있습니다. 단, 지구에서 달까지의 거리를 알아야겠지요.

과학자들은 달까지 거리를 재려고 탐사선이 달에 두고 온 거울을 이용했습니다. 그들은 레이저를 달에 있는 거울에 쏘고 그 레이저가 돌아오는 시간을 측정하여 달까지 거리를 쟀습니다.

빛의 속도 × 빛이 달까지 갔다 돌아오는 시간의 절반 = 달까지 거리

이를 이용해 과학자들이 구한 달까지 거리는 약 38만 4,400km입니다.

아폴로 호를 타고 우주인들이 달에 세워 놓고 온 거울

시계 없이 시각을 알 수 있을까?

오늘 과학 수업에서 난 쉽게 이해할 수 없는 숙제를 받았어. 과학 시간, 태양과 관련한 수업에 들어가기 전, 장영실이란 과학자와 해시계 '앙부일구'라는 것을 정리해 오기가 주제였거든. 한국사 시간도 아닌데 왜 이게 숙제일까 고민하다가 그 이유를 알 수 있었어!

태양이 계절에 따라 남중고도가 달라진다는 점과 동쪽에서 떠서 서쪽으로 진다는 점을 가지고 해시계 침의 그림자가 맺히는 곳을 읽으면 시각과 계절, 절기까지 알 수 있거든. 이런 원리로 장영실은 휴대용 해시계 현주일구도 만들었다고 해. 그런데 시계 없이 태양만으로 시각을 읽을 수 있다니!

요즘 시계와 태양으로 읽은 시각이 얼마나 차이가 있는지 한번 실험해 볼까?

[초6] 지구와 달의 운동
[중3] 태양계

실험

Check List ☐ 적당한 크기의 막대기(또는 나무젓가락) ☐ 돌멩이 8개 정도
☐ 스마트폰 ☐ 카메라 ☐ 수첩

1 햇살 좋은 맑은 날, 운동장처럼 열린 장소로 나가서 막대기를 꽂자.

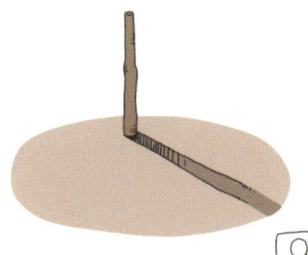

9시

내가 궁금한 지구과학 **319**

2 오전 9시부터 오후 4시까지 1시간 간격으로 막대기의 그림자 방향에 돌멩이를 놓아서 눈금을 표시한다.

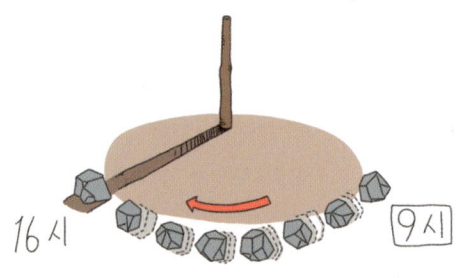

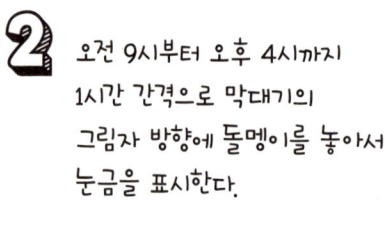

3 완성한 눈금에 시간을 적은 뒤 정확한 시간을 스마트폰이나 시계로 확인하고 카메라로 사진을 찍어 두자.

※**실험 속 잠깐!**
사진을 찍을 때는 디지털 카메라가 아니어도 된다. 스마트폰도 가능!

4 찍은 사진과 이날의 날짜를 수첩에 적어 두고 시간 눈금이 훼손되지 않도록 장소를 잘 보존한다.

햇살 좋은 다른 날, 보존한 장소에서 막대기 그림자가 가리키는 시간과 스마트폰 시간이 맞는지 비교해 보자.

나만의 노트

1. 막대기 그림자로 정한 시간 눈금은 어떤 모습일까?
   사진이나 그림으로 표현해 보자!

2. 첫날 그림자로 정한 시간 눈금과 다른 날의 시간 눈금은 정확히 맞는가?

3. 땅에 시간 눈금을 표시한 해시계는 어떤 단점이 있을까?

4. 그 단점을 해결하려면 어떤 방법이 있을까?

왜 그럴까 궁금하지?
시간은 어떻게 정해진 걸까?

태양은 날마다 동쪽에서 떠올라 하늘을 가로질러 서쪽으로 집니다. 이런 움직임은 실제 운동이 아니라 '겉보기 운동'에 지나지 않습니다. 이는 지구가 하루에 한 바퀴씩 '자전'하기 때문에 생긴답니다. 마치 움직이는 자동차에서 움직이지 않은 길가 가로수를 보면 우리는 가만히 있는데 가로수가 뒤로 가고 있는 것과 같습니다. 움직이는 지구가 중심이 되어 바라보면 움직이지 않는 태양이 움직이는 것처럼 보이는 거지요.

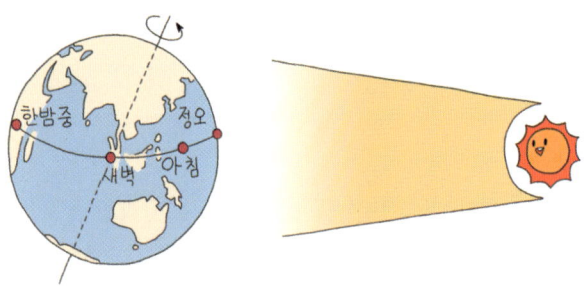

'하루'라는 시간도 날마다 한 바퀴씩 도는 지구의 자전으로 만들어졌습니다. 지구의 자전으로 생기는 현상들을 이용하면 시각을 나타낼 수 있답니다.

옛날 사람들도 지구의 자전으로 생기는 별·태양·달의 운동으로 시각을 표현했습니다. 그 가운데에서도 움직이는 경로 관찰이 가장 쉬운 태양을 시각을 나타내는데 가장 많이 사용했습니다. 그리고 움직이는 태양에 따라 달라지는 그림자로 '해시계'를 만들었지요. 햇살 좋은 날, 야외로 나가 막대기를 세우면 움직이는 태양을 따라 막대기 그림자가 달라집니다. 태양이 떠 있는 오전 9시쯤부터 오후 4시쯤까지 정각 때마다 막대기 그림자가 가리키는 곳에 시간 눈금을 표시해 보세요. 우리 손으로 훌륭한 해시계를 만들 수 있답니다. 하지만 날마다 해 뜨는 위치가 같지 않기 때문에 막대기 그림자의 위치는 똑같지 않습니다.

개념 돋보기

지구의 자전

지구는 하루에 한 바퀴를 시계 반대 방향으로 회전합니다. 지구의 자전으로 태양이 동쪽에서 떠서 서쪽으로 지는 현상을 보기 때문에 지구는 태양과 반대로 서쪽에서 동쪽으로 돈다고 보지요. 하루 24시간 동안 한 바퀴를 도는 지구의 속도를 계산하려면 지구 둘레를 알아야 합니다. 지구는 둘레가 약 40,000km 정도인데요. 40,000km를 24시간 동안 돌기 때문에 1시간 동안에는 1,600km를 돈다는 것이지요. 1시간에 100km로 달리는 자동차 안에서도 빠르다고 느끼는데 그보다 16배 더 빠르게 지구가 움직이고 있으니 신기하지요?

일상 속 과학 이야기! 밤에는 무얼 보고 시각을 알 수 있을까?

태양을 통해 낮 동안 불편함 없이 시각을 볼 수 있게 한 놀라운 발명품 해시계. 해시계는 태양이 떠 있는 낮에만 시각을 알 수 있다는 단점이 있다. 그렇다면 해가 진 밤에는 시각을 알 수 없을까? 옛날에는 밤하늘에 있는 별을 보면서 시각을 알 수 있었는데 대체 어떻게 시각을 알 수 있었을까?

낮에 움직이는 태양으로 시각을 알 수 있었다면 해가 진 밤에는 어떻게 시각을 알 수 있었을까요? 답은 밤하늘에 떠 있는 '별'에 있습니다.

하늘에서 움직이는 별도 지구의 자전으로 생기는 현상이기 때문에 시간을 알려 줄 좋은 지표가 됩니다. 그럼 별은 어떻게 시간을 알려 주는 기준이 됐을까요?

지구의 자전축과 북극성   별의 일주 운동

위 그림에서처럼 지구 자전축의 연장선에 북극성이 있습니다. 그래서 지구의 북반구에서는 위 그림처럼 밤하늘의 별들이 북극성을 중심으로 하루에 한 바퀴씩 돌고 있답니다. 그러므로 별이 움직이는 각도를 보면 밤에도 시각을 알 수 있겠지요?

여름과 겨울에 낮의 길이는 왜 다를까?

[초6] 지구와 달의 운동
[중3] 태양계

우리나라는 봄·여름·가을·겨울, 사계절을 느낄 수 있는 나라이다.
각 계절마다 따스하고 덥고 선선하고 춥고를 다양하게 느끼는 것도 사계절이 준 축복이 아닐까.
이처럼 계절에 따라 느끼는 기온이 다르듯, 하루의 시작과 끝을 알리는 밤낮 역시 계절에 따라 다르다는 사실, 알고는 있었지만 무엇 때문인지 궁금하지 않은가?
실제로 여름에는 늦은 시간까지 태양이 떠 있는 모습을 볼 수 있고 겨울에는 이른 시간인데도 태양이 진 모습을 볼 수 있다. 여기에서 질문의 답을 찾을 수 있는데 하늘에 떠 있는 태양, 그러니까 '태양의 고도'를 직접 재보며 그 이유를 자세히 알아볼까?

실험1 · 천체 고도계 만들기

Check List
☐ 음료수 빨대 ☐ 실 ☐ 셀로판테이프
☐ 나사나 지우개 같은 작은 물체 ☐ 마분지 ☐ 풀 ☐ 펀치

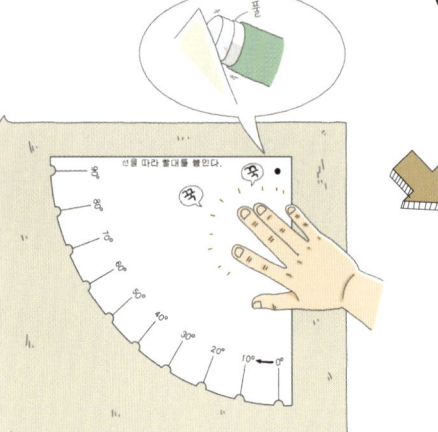

1 마분지에 오려 둔 실험 표본을 풀로 붙인다.

※실험 속 잠깐!
천체 고도계 표본은 331쪽에 있는 그림을 활용하세요.

2 마분지에 붙인 천체 고도계를 가위로 자른다.

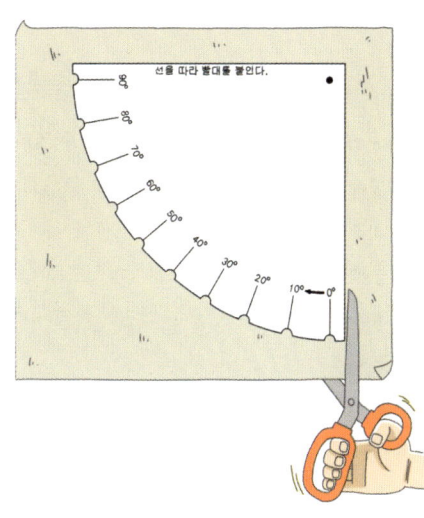

3 펀치로 천체 고도계의 둥근 가장자리를 따라 뚫어, 표시한 선 각각에 반원을 만든다.

4 천체 고도계와 같은 높이로 빨대를 자른다.

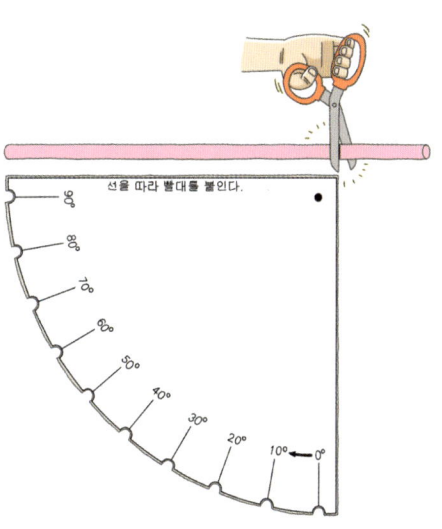

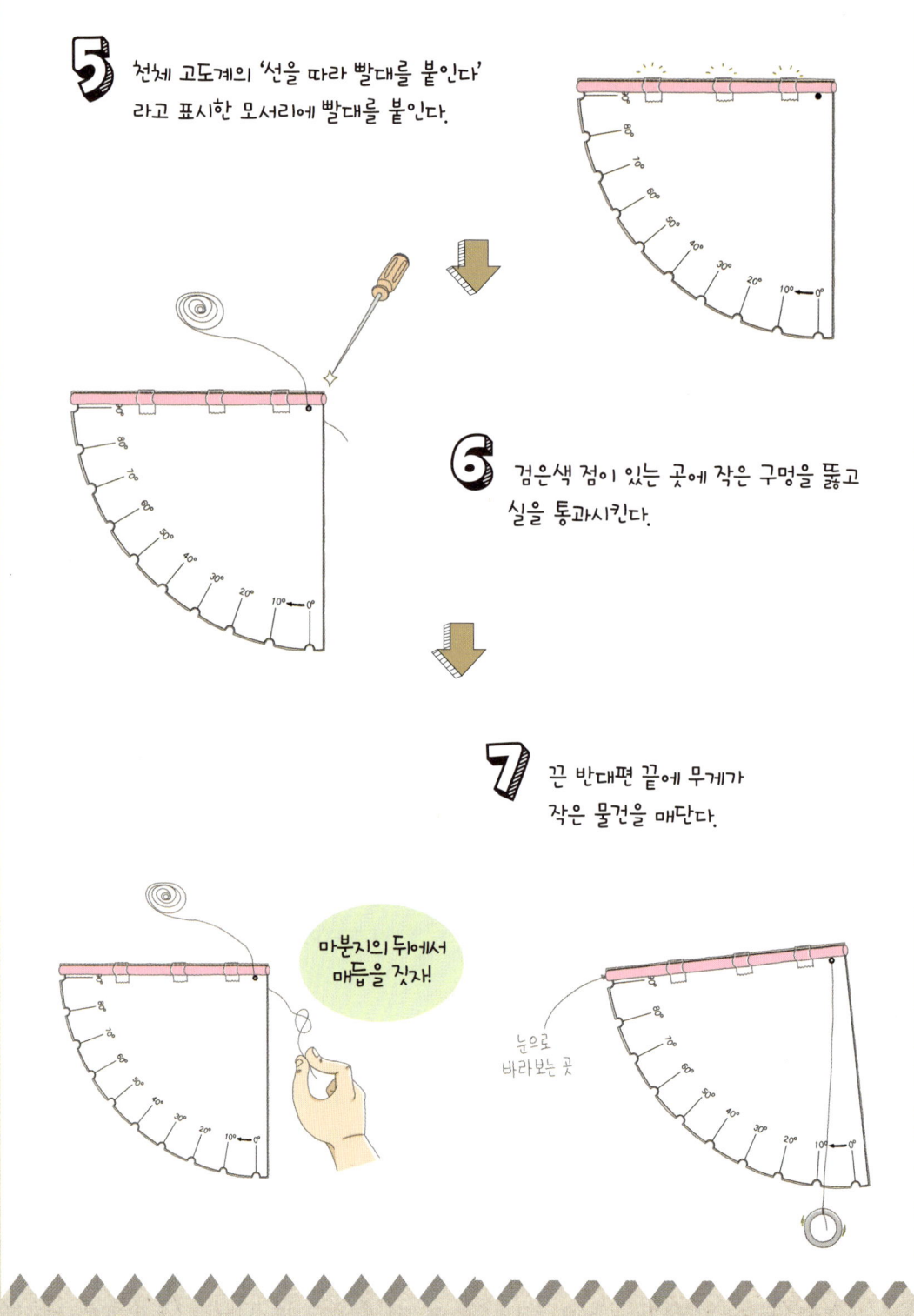

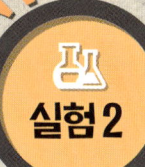

고도 측정하기

1 천체 고도계로 주위 나무나 빌딩 고도를 측정해 본다.

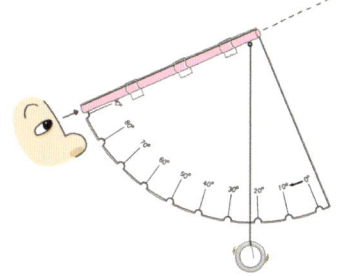
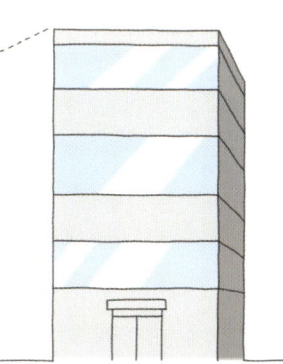

2 적당한 측정을 위해서 빨대를 통해 물체 꼭대기를 본다.

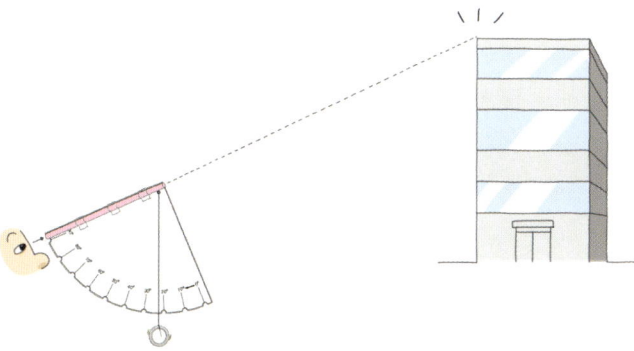

내가 궁금한 지구과학 **327**

3 다른 친구가 천체 고도계 옆에서 고도를 읽는다.

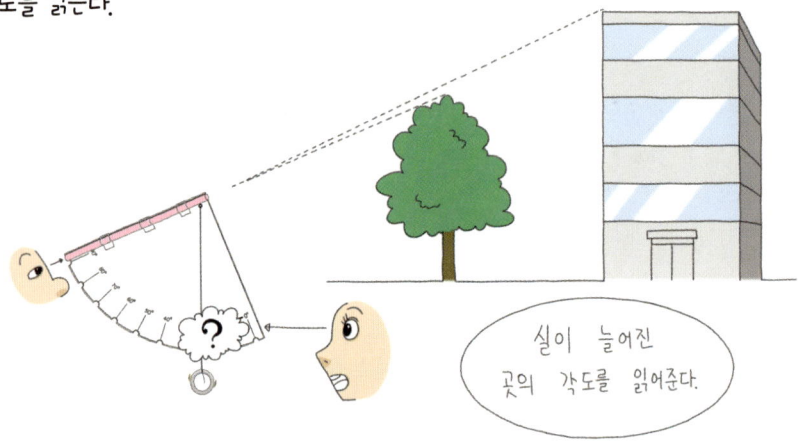

실이 늘어진 곳의 각도를 읽어준다.

4 만든 천체 고도계를 이용해 다른 높이의 여러 빌딩과 나무 끝의 고도를 측정하는 연습을 해 보자.

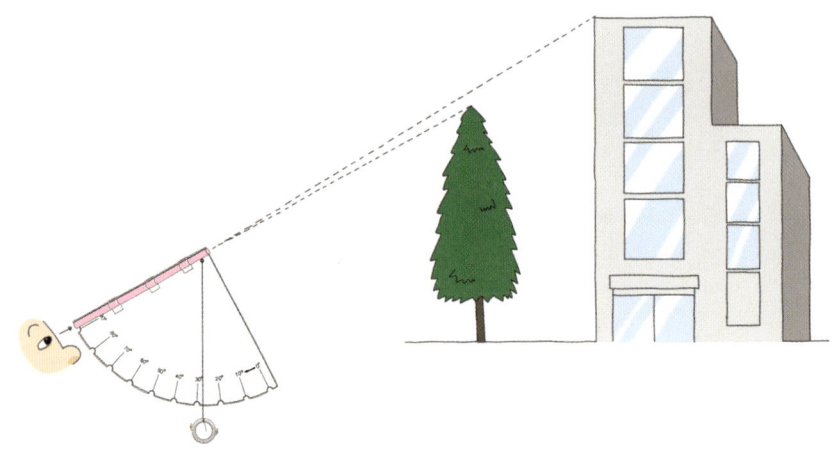

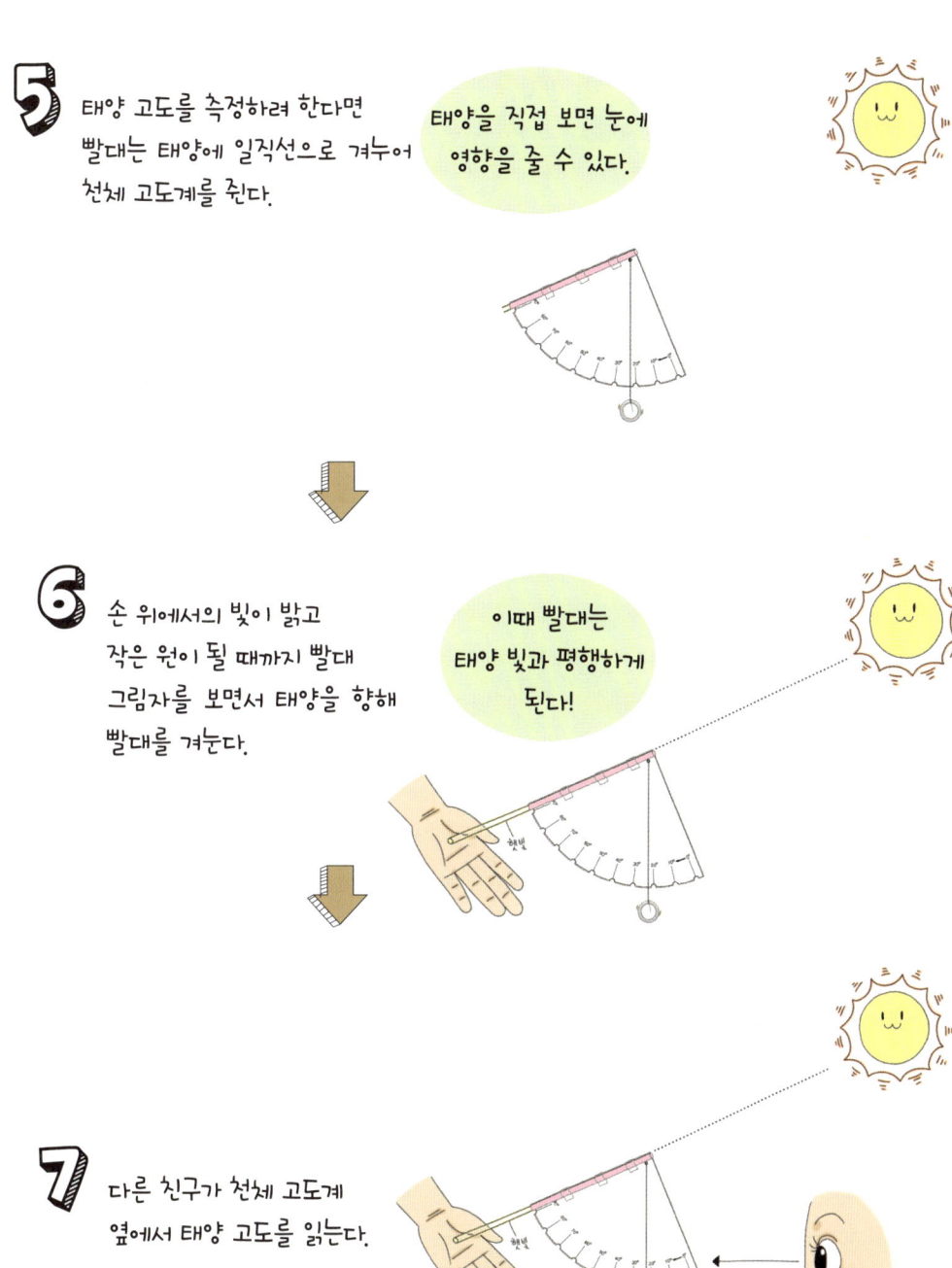

5. 태양 고도를 측정하려 한다면 빨대는 태양에 일직선으로 겨누어 천체 고도계를 쥔다.

태양을 직접 보면 눈에 영향을 줄 수 있다.

6. 손 위에서의 빛이 밝고 작은 원이 될 때까지 빨대 그림자를 보면서 태양을 향해 빨대를 겨눈다.

이때 빨대는 태양 빛과 평행하게 된다!

7. 다른 친구가 천체 고도계 옆에서 태양 고도를 읽는다.

8 하루 동안 30분이나 1시간 간격으로 태양 고도를 측정해 보자.

나만의 노트

1. 주위 나무나 빌딩 끝을 천체 고도계로 쟀을 때 고도는 몇 °일까?

2. 높이가 높아질수록 고도계 각도는 어떻게 될까?

3. 하루 동안 여러 번 태양 고도를 재면 몇 시쯤 제일 높게 나올까?

4. 태양과 별, 달의 고도가 시간에 따라 바뀌는 이유가 뭘까?

천체 고도계 표본

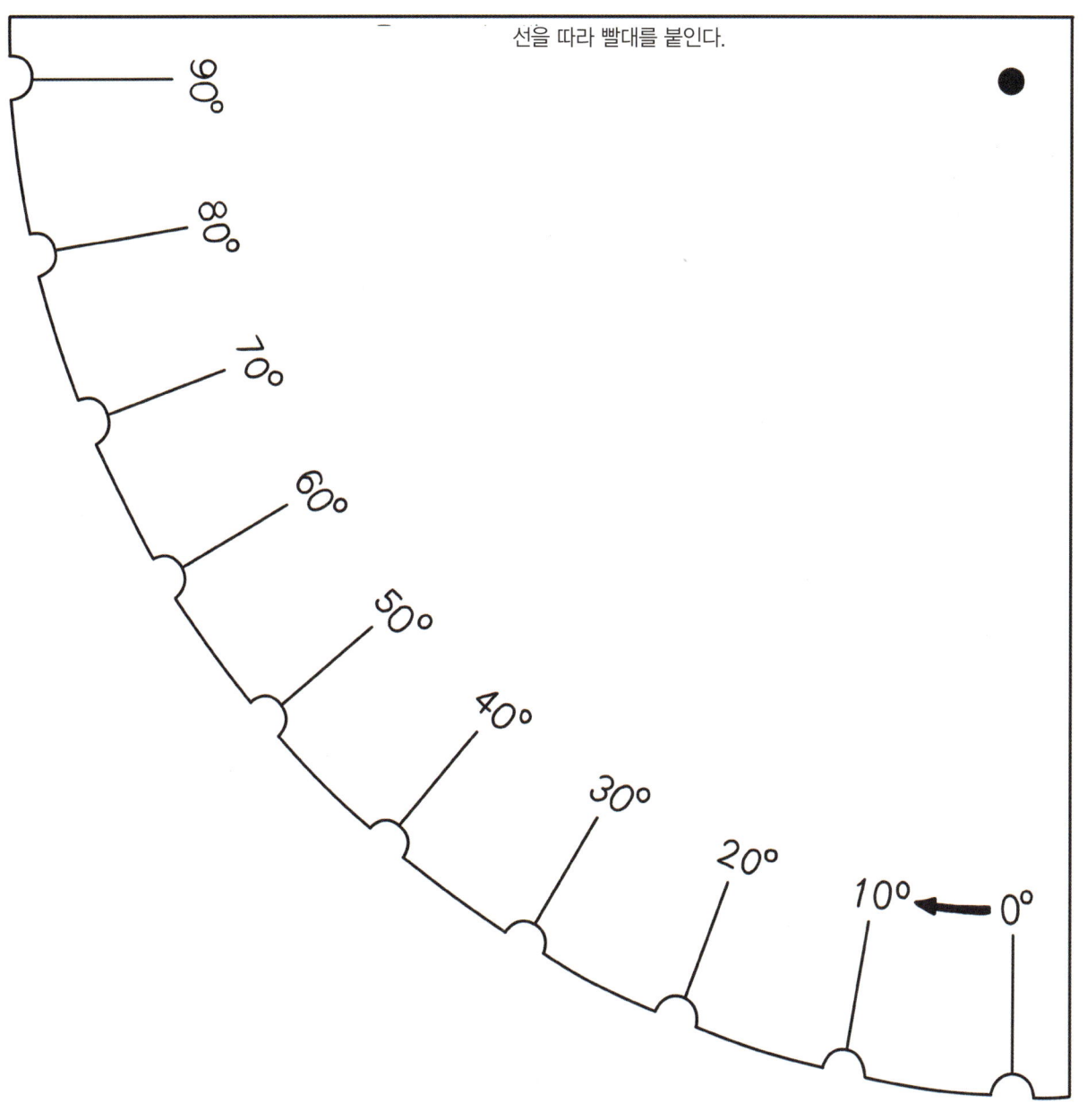

왜 그럴까 궁금하지?
여름과 겨울에 낮의 길이는 왜 다를까?

고도계로 주위 건물이나 나무의 각도를 재면 높은 건물일수록 '고도'가 높게 나옵니다. 고도는 땅으로부터의 각도를 뜻하기 때문입니다. 보통 하루에서 낮 12시에 태양 고도가 제일 높다고 생각하지요? 하지만 우리나라는 12시 30분쯤이 태양 고도가 제일 높은 시간이랍니다. 이때는 하루 가운데 그림자 길이가 제일 짧아요. 하루 중 태양의 고도가 제일 높은 시각의 고도를 '남중 고도'라고 합니다.

하늘에 떠 있는 태양·별·달을 하루 동안 관측해 보면, 고도가 시간에 따라 달라지는 것뿐 아니라, 모두 동쪽에서 떠서 점점 고도가 높아지다가 서쪽으로 지는 모습을 볼 수 있어요. 이는 태양·별·달이 스스로 운동하기도 하지만 더 큰 이유는 지구가 서쪽에서 동쪽으로 자전하기 때문이에요.

지구의 자전축이 공전 궤도면에 대해 기울어져 있어서 태양과 별 그리고 달이 하루 동안 움직이는 모습은 위도에 따라 다르게 보입니다. 중위도 지방에서는 아래 그림처럼 태양은 동쪽에서 떠올라 정오 때쯤 제일 고도가 높아졌다 저녁에 서쪽으로 진답니다. 우리나라의 경우 여름철에 태양은 북동쪽에서 떠서 더 오랜 시간을 하늘에 머물러

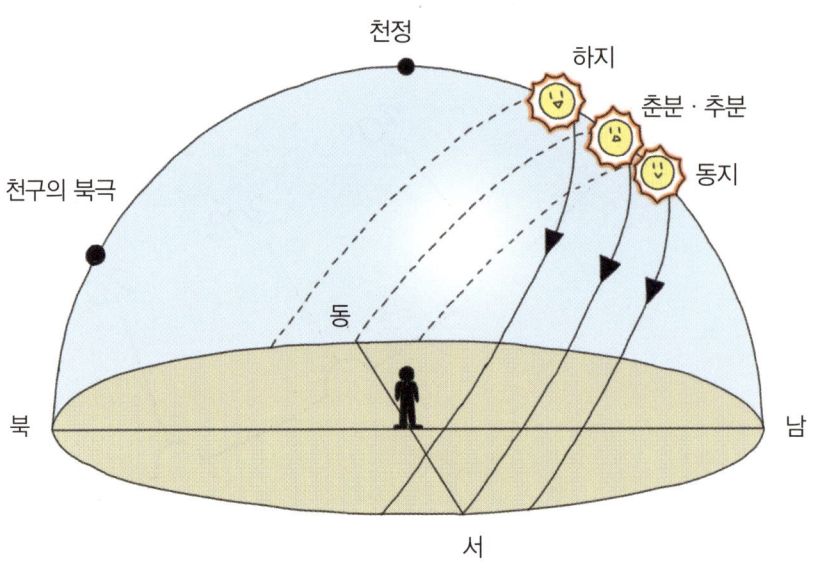

있다 북서쪽으로 집니다. 즉, 낮이 길고 밤이 짧아요. 그러므로 여름철에는 태양 에너지를 더 많이 받아 더 덥습니다. 그에 반해 겨울철에 태양은 남동쪽에서 떠서 남서쪽으로 집니다. 그림에서 보듯 하늘에 머물러 있는 시간이 짧아 낮이 짧고 밤이 길어요. 따라서 겨울에는 태양 에너지를 덜 받아 더 춥지요.

모든 천체는 동쪽에서 떠서 서쪽으로 집니다. 흔히 천체들이 정말 동쪽에서 서쪽으로 움직여서 그렇지 않느냐고 오해하는데요. 이는 관측자가 살고 있는 지구가 서쪽에서 동쪽으로 자전하기 때문에 생기는 '겉보기 운동' 때문이에요. 전철을 타고 바깥을 관찰해 보면 주위 벽들이 뒤로 움직이는 듯 보이는 현상도 일종의 겉보기 운동이랍니다.

개념 돋보기 🔍

계절에 따른 고도 살펴보기

- **고도** : 태양이 땅과 이루는 각. 고도가 높을수록 태양이 높이 떠 있다는 뜻!
- **남중 고도** : 하루 가운데 고도가 가장 높을 때의 고도.

계절	태양의 남중 고도	낮의 길이	밤의 길이	기온
봄	중간	중간	중간	중간
여름	높음	김	짧다	높음
가을	중간	중간	중간	중간
겨울	낮음	짧음	김	낮음

태풍은 왜 돌면서 불까?

[초6] 지구와 달의 운동 | [중3] 태양계

여름이면 엄청난 더위와 함께 찾아오는 무시무시한 태풍 소식!
태풍이 쓸고 지나간 자리에는 순식간에 아수라장이 되어 무엇도 온전하지 않다!
태풍이 무자비하게 지나간 자리를 살펴보자.
태풍은 어떻게 불 것 같은가?
직진으로? 아니면 지그재그로? 정답은 돌면서 분다!
회오리처럼 커다랗게 돌면서 부는 바람이자 많은 비와 강한 바람을 함께 지닌 태풍.
대체 왜, 굳이 빙글빙글 돌면서 부는 것일까? 놀이터에서 그 해답을 찾아볼까?

실험

Check List ☐놀이터 회전 놀이기구 ☐공 ☐물총

1 공과 물을 채운 물총을 준비해서 놀이터로 나가자.

몇 사람은 놀이기구에 올라타고 나머지 한 사람은 놀이기구를 돌린다.

 돌아가는 놀이기구에서 친구와 서로 주고받을 수 있게 가져온 공을 던져 본다.

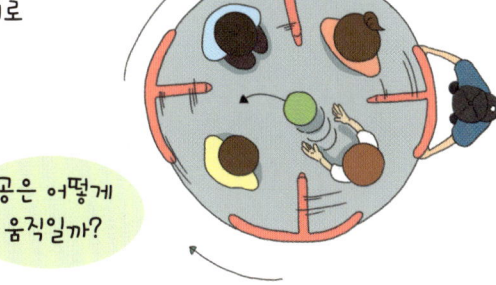

공은 어떻게 움직일까?

 돌아가는 놀이기구에서 친구 쪽으로 물총을 쏴 보고 물총에서 물이 나가는 방향을 관찰한다.

반복해서 해 보고 관찰하자!

놀이기구를 멈춘 뒤 공을 주고받아 보고, 물총을 쏴 보자.

공이나 물총의 물은 어떤 방향으로 움직일까?

나만의 노트

1. 돌고 있는 놀이기구에서 공을 던졌을 때 공의 운동 방향은?

2. 돌고 있는 놀이기구에서 물총을 쐈을 때 물의 운동 방향은?

3. 멈춰 있는 놀이기구에서 공을 던졌을 때 공의 운동 방향은?

4. 멈춰 있는 놀이기구에서 물총을 쐈을 때 물의 운동 방향은?

5. 돌고 있을 때와 멈춰 있을 때 차이는 왜 생길까?

왜 그럴까 궁금하지?
공이 휘어져서 날아가는 이유는 뭘까?

일기도에서 저기압이나 태풍 등이 중심부로 바람이 휘어져 감기듯이 부는 듯한 기호나 그림을 본 적이 있지요? 저기압이나 태풍 등의 바람은 왜 휘어져 감기듯이 불까요? 바로 지구의 자전으로 생기는 '전향력코리올리힘' 때문입니다. 전향력은 지구처럼 회전하는 큰 판 위에서 운동하는 물체에 생기는 가상의 힘이에요.

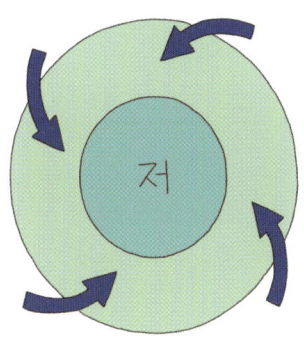 

지구는 하루 24시간 동안 한 바퀴를 회전합니다. 지구 둘레인 약 40,000km를 24시간 동안 돌기 때문에 1시간에는 1,600km 정도를 회전하지요. 실로 엄청난 속도인데 지구 위에 있는 사람이나 물체들도 지구와 함께 회전해서 이 속도를 느낄 수는 없답니다. 그렇지만 회전 속도 때문에 지구 위에서 운동하는 물체에 휘어지게 하는 가상의 힘이 생기는데 이 힘을 전향력코리올리힘이라고 부른답니다.

이 힘은 놀이터에서 그 원리를 눈으로 확인할 수 있습니다. 돌고 있는 놀이기구에서 공을 던져 보면 공이 어떻게 날아가나요? 실험에서처럼 똑바로 날아가지 않고 휘어지지요? 물총을 친구 쪽으로 쏘려고 했는데 친구를 맞히지 못하고 그 옆으로 날아가는 물을 확인했을 겁니다.

반대로 놀이기구를 멈췄을 때는 공이나 물총에서 나온 물이 똑바로 나가지요.

이는 돌고 있는 놀이기구에서 휘어지게 하는 가상의 힘이 작용하여 공이나 물총의 물이 휘어지는 것이랍니다.

개념 돋보기 🔍

전향력, 우리 주위에서 볼 수 있을까?

우리 주위에서 전향력이 나타나는 경우는 어떤 것이 있을까요?
앞에서 저기압, 태풍 등이 중심부로 바람이 불어 들어올 때 휘어져 감기듯 부는 것이 전향력의 영향이라고 살펴봤지요? 특히 태풍은 이동 방향에도 전향력이 작용합니다. 적도 지방에서 생겨서 북쪽으로 올라올 때 전향력 때문에 이동 경로가 점차 오른쪽으로 휘어집니다.

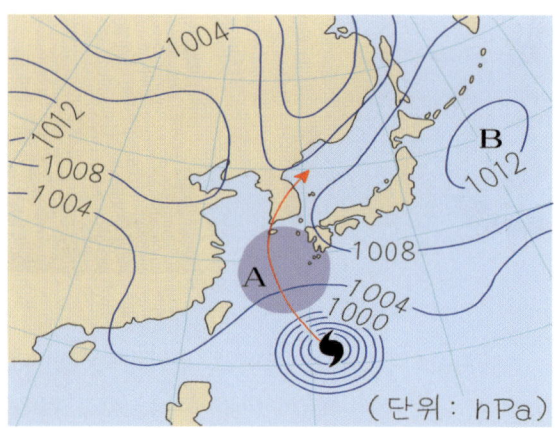

또 다른 예로는 비행기도 전향력에 많은 영향을 받습니다.
빠르게 회전하는 지구 위를 날아가기 때문에 목표 지점을 정확하게 날아가려면 전향력을 감안해서 비행 경로를 잡아야 하지요. 이외에도 전투기에서 미사일을 쏠 때나 탱크에서 대포를 발사할 때에도 전향력 효과를 따져서 목표물을 조준합니다.

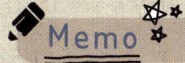

선생님이 알려 주는 초중등 핵심 과학

밑줄 쫙! 교과서 과학실험노트

초판 1쇄 발행 2016년 10월 17일
초판 5쇄 발행 2025년 4월 15일

지은이	서울과학교사모임
펴낸이	김영철
펴낸곳	국민출판사
등록	제6-0515호
주소	서울특별시 마포구 동교로 12길 41-13 (서교동)
전화	(02)322-2434(대표)
팩스	(02)322-2083
S N S	instagram.com/kukmin_book
편집	한수정, 임여진
영업	김종헌
경영지원	한정숙
표지디자인	최치영
내지디자인	블루

ⓒ 서울과학교사모임, 2016
ISBN 978-89-8165-271-5 73400

※ 이 책은 저작권법에 따라 보호받는 저작물이므로 무단전재와 무단복제를 금지하며,
   이 책의 전부 또는 일부를 이용하려면 국민출판사의 서면 동의를 받아야 합니다.
※ 잘못된 책은 구입한 서점에서 교환하여 드립니다.